高等院校财贸通识课程精品教材

新编经济法教程

主　编　朱长根　张　靖　谢代国
副主编　黄毅能　黄小艳　高欢梅

U0420069

北京理工大学出版社
BEIJING INSTITUTE OF TECHNOLOGY PRESS

内 容 提 要

本书主要介绍了经济法的相关知识,共十三章,分别为法的基础理论、经济法基础理论、合同法、消费者权益保护法、产品质量法、竞争法、会计与审计法律制度、税收法律制度、公司法、企业法、企业破产法、劳动法与劳动合同法、仲裁与民事诉讼。

本书内容系统、学练结合,紧跟时代,观点新颖,重点突出。本书具有以下特点:第一,教材编写依据最新颁布施行的有关法律法规,教材的内容以"够用、实用"为准,纳入教材体系的是市场经济活动中基本且具有普遍实用性的法律法规。第二,通俗易懂,实践性强。开篇以案例导入,引导学生思考,启迪学生思维,以案例作为理论的应用与印证,通过案例帮助学生提高分析问题、解决问题的能力。第三,本书注重举一反三,不拘泥于理论本身,利于读者活学活用。

本书适用于经管类专业,其他专业也可选用该教材,也可以作为国家机关、企事业单位中从事经济、法律工作人员的参考书。

版权专有　侵权必究

图书在版编目（CIP）数据

新编经济法教程 / 朱长根,张靖,谢代国主编 . —北京：北京理工大学出版社,2020.7（2022.1 重印）

ISBN 978-7-5682-8787-6

Ⅰ.①新… Ⅱ.①朱… ②张… ③谢… Ⅲ.①经济法-中国-教材 Ⅳ.①D922.29

中国版本图书馆 CIP 数据核字（2020）第 134131 号

出版发行 / 北京理工大学出版社有限责任公司
社　　址 / 北京市海淀区中关村南大街 5 号
邮　　编 / 100081
电　　话 / （010）68914775（总编室）
　　　　　（010）82562903（教材售后服务热线）
　　　　　（010）68948351（其他图书服务热线）
网　　址 / http://www.bitpress.com.cn
经　　销 / 全国各地新华书店
印　　刷 / 三河市天利华印刷装订有限公司
开　　本 / 787 毫米 × 1092 毫米　1/16
印　　张 / 15.25
字　　数 / 360 千字
版　　次 / 2020 年 7 月第 1 版　2022 年 1 月第 3 次印刷
定　　价 / 48.00 元

责任编辑 / 武丽娟
文案编辑 / 武丽娟
责任校对 / 刘亚男
责任印制 / 施胜娟

图书出现印装质量问题,请拨打售后服务热线,本社负责调换

前　言

社会主义市场经济必须要有法律手段作保障。发展社会主义市场经济、健全社会主义法治，需要大批既懂经济又懂法律的管理人才，掌握和运用经济法知识，也是对经济管理人员的基本要求。目前，经济法课程已经成为高校经管类专业开设的专业基础课程之一，本书正是为经管类专业开设经济法课程而编写的教材。

考虑到经济管理人员学习法律知识的特点，本书力求将最新的经济法律、法规以及民事法律的基本知识融入教材之中，避开经济法学界对许多问题的不同争论，注重理论与实践的结合，目的在于方便实际工作中的应用。本书突出案例教学和可操作性，作为高校经管类专业的经济法教材，对企业管理人员掌握和运用经济法知识也有较大的参考价值。本书以现行的立法为依据，围绕市场经济运行中最常见的经济法理论和实践问题，在法学理论、经济法理论、市场主体、宏观调控、市场规制、劳动合同和经济纠纷解决等方面进行了阐述，为了帮助读者对法律法规获得更为准确、更为深入的理解，本书在每一章都精选了与经济活动和日常生活密切相关的案例进行课程导入，案例均经过精心挑选，具有典型性和针对性，可供读者深入探究。

本书由朱长根、张靖、谢代国担任主编，黄毅能、黄小艳、高欢梅担任副主编，朱长根编写第一、二、四、九、十二、十三章，张靖编写第三、五章，谢代国编写第六、七章，黄毅能编写第八章，黄小艳编写第十章，高欢梅编写第十一章。朱长根负责全书大纲编写和统稿工作。

因成书时间仓促，编者水平有限，书中难免有不妥之处，敬请广大读者批评指正。

编　者

目　　录

第一章　法的基础理论 …………………………………………………………… 001
　　第一节　法的起源 ………………………………………………………………… 001
　　第二节　法的本质与特征 ………………………………………………………… 003
　　第三节　法的作用 ………………………………………………………………… 006
　　第四节　法律责任 ………………………………………………………………… 007

第二章　经济法基础理论 ………………………………………………………… 010
　　第一节　经济法的产生 …………………………………………………………… 010
　　第二节　经济法的调整对象 ……………………………………………………… 015
　　第三节　经济法与其他部门法的关系 …………………………………………… 019

第三章　合同法 …………………………………………………………………… 024
　　第一节　合同法概述 ……………………………………………………………… 024
　　第二节　合同的成立 ……………………………………………………………… 029
　　第三节　合同的效力 ……………………………………………………………… 036
　　第四节　合同的履行 ……………………………………………………………… 042
　　第五节　合同的变更、转让、终止 ……………………………………………… 048
　　第六节　合同担保 ………………………………………………………………… 058
　　第七节　违约责任 ………………………………………………………………… 064

第四章　消费者权益保护法 ……………………………………………………… 070
　　第一节　消费者权益保护法概述 ………………………………………………… 070
　　第二节　消费者的权利和经营者的义务 ………………………………………… 072
　　第三节　消费者权益的保护及争议解决 ………………………………………… 075

第五章　产品质量法 ……………………………………………………………… 080
　　第一节　产品质量法概述 ………………………………………………………… 080
　　第二节　产品质量监督管理 ……………………………………………………… 081
　　第三节　经营者的产品质量义务 ………………………………………………… 083
　　第四节　产品质量责任 …………………………………………………………… 085

第六章 竞争法 ··· 090

- 第一节 反不正当竞争法概述 ··· 090
- 第二节 不正当竞争行为 ··· 092
- 第三节 不正当竞争行为的法律责任 ··· 098

第七章 会计与审计法律制度 ··· 102

- 第一节 会计法律制度 ··· 102
- 第二节 审计法律制度 ··· 110

第八章 税收法律制度 ··· 117

- 第一节 税收与税收法律制度概述 ··· 117
- 第二节 流转税法 ··· 123
- 第三节 所得税 ··· 128
- 第四节 财产税 ··· 130
- 第五节 行为税 ··· 133
- 第六节 税收征收管理的法律制度 ··· 136

第九章 公司法 ··· 143

- 第一节 公司法的概述 ··· 143
- 第二节 公司法的基本制度 ··· 145
- 第三节 有限责任公司 ··· 150
- 第四节 股份有限公司 ··· 157
- 第五节 公司董事、监事、高级管理人员 ··· 163
- 第六节 公司债券与公司财务、会计 ··· 165
- 第七节 公司合并、分立、解散和清算 ··· 167

第十章 企业法 ··· 169

- 第一节 合伙企业法 ··· 169
- 第二节 个人独资企业法 ··· 176
- 第三节 "三资企业"法 ··· 179

第十一章 企业破产法 ··· 189

- 第一节 破产法概述 ··· 189
- 第二节 破产程序 ··· 192

第十二章 劳动法与劳动合同法 ··· 210

- 第一节 劳动法 ··· 210
- 第二节 劳动合同法 ··· 219

第十三章　仲裁与民事诉讼 …… 226
　　第一节　仲裁 …… 226
　　第二节　民事诉讼 …… 229
参考文献 …… 235

第一章
法的基础理论

第一节 法的起源

一、法的起源

马克思主义认为，法不是从来就有的，是人类社会发展到一定历史阶段才出现的社会现象。随着生产力的发展，产品有了剩余，出现了私有制和阶级剥削，原始社会的氏族联盟和氏族习惯就为国家和法所代替。法的产生有着经济的、政治的、社会的根源，与产品的生产、分配、交换以及私有制和阶级的出现、社会的发展是分不开的。

1. 私有制和商品经济的产生是法产生的经济根源

原始公社制度解体前，生产资料是共有的，产品实行平均分配，当时没有形成各种脱离氏族而独立的不同利益的经济主体，个人与集体浑然一体，利益上的一致使他们只需依靠传统习惯就可以把经济关系调整好了。在原始社会后期，随着劳动生产率的提高，发生了第三次社会大分工，出现了个人劳动产品的交换，逐渐促进了生产资料私有制的形成和发展，促进了财富向少数人的积累。到了父系氏族公社时期，随着公有制的解体、私有制的产生，出现了不同形式的所有制，在这些所有制的背后，存在对抗性的利益集团——奴隶主阶级和奴隶阶级。各个不同的利益集团为了自身的利益而进行着保护一种所有制和反对另一种所有制的斗争，这就使社会经济生活陷入混乱之中。如何才能调整这些经济关系呢？如何才能迫使奴隶服从奴隶主所有制的劳动条件进行生产呢？单靠原来的习惯显然是不行了。经济上占统治地位的奴隶主阶级为了维护自己赖以生存的经济条件，同时也是避免各利益集团在毫无限制的冲突和争夺中同归于尽，于是根据本阶级的利益和意志，制定或认可了一些特殊的依靠国家强制力保证实施的行为规则，维护社会秩序，保护奴隶制经济的发展，这种特殊的行为规则就是法。可见，法是为了维护某种所有制，调整一定的经济关系和秩序的需要而产生的。

2. 阶级的产生是法产生的政治根源

原始社会母系氏族公社以前，人们的关系是平等、互助的关系，那时的习惯也是符合氏族公社全体成员利益的，人们能自觉遵守。到了父系氏族时期，随着公社制度的解体，私有制和阶级开始产生。私有制的发展促使私有者吸收更多的劳动者为其创造剩余产品，战俘不再被杀死而是作为奴隶保留下来，奴隶制开始萌芽了。随着个体劳动成为普遍现象，产生了个体家庭私有制和子女继承制，社会逐渐向两极分化：一些氏族部落首领通过剥削和掠夺成为贵族和奴隶主，而广大自由民由于货币、高利贷以及土地所有权和抵押的出现而沦为债务人，进而沦为奴隶。社会逐渐分裂成奴隶主和奴隶、贵族与平民、剥削者与被剥削者，他们由于根本利益冲突进行着不可调和的斗争。奴隶主阶级为了维护其统治地位，除了组织国家暴力机关镇压被剥削阶级的反抗外，还把其阶级意志制定为法，把被统治阶级的活动约束在一定范围内，并调整统治阶级内部矛盾以及统治者与同盟者之间的关系。由此可见，私有制和阶级的形成需要由表现为凌驾于社会之上的力量来调整新的社会关系，需要一种特殊公权力来确定和维护社会成员的权利和义务，于是法就应运而生了。

3. 社会的发展是法产生的社会根源

社会的发展、文明的进步，社会公共事务也比以往原始社会愈加复杂和增多，原始社会中的简单的习惯已经不能再适应社会，于是需要新的社会规范来解决社会资源有限性和人的欲求无尽性之间的矛盾，解决社会冲突、分配社会资源、维护社会秩序。为适应这种社会结构和社会需要，法这一新的社会规范就出现了。

二、法产生的标志

1. 国家的产生

国家的产生彻底改变了社会规范的特征。在原始社会中，社会规范即习惯是人们在共同生产和生活中自然形成的，是凭借氏族成员内心的信念、自幼养成的习惯以及氏族首领的威信来保证实施的，其作用仅限于本氏族。而法是国家这种凌驾在社会之上的特殊公共权力系统制定、认可、实行并用强制力保证实施的，法的适用范围依其国家权力所及范围来界定。

2. 权利义务观念的形成

原始社会的习惯是从维护氏族生存的共同需要中形成的，世代沿袭并变成人们内在需要的行为模式，依习惯行事，是无所谓权利和义务的；法的出现，社会成员之间逐渐形成权利义务的观念，出现了权利义务的分离，这种分离首先表现在财产归属上有了"我的""你的""他的"之类的区别。其次，在利益（权利）和负担（义务）的分配上出现了不平等，即特权的出现。再次，在享有权利和承担义务上出现了明显的区别，有的人（贵族和富人）仅享受权利，而大多数人仅承担义务。

3. 法律诉讼和司法的出现

在原始社会，氏族内部围绕生产、分配、婚姻的纠纷，一般情况下都是由氏族成员自行解决（如血亲复仇），氏族之间的争端和冲突如边界纠纷、人身伤害、财产争夺等，则往往通过战争解决。在法产生后，一切凡是人不能自行解决的严重冲突则通过法律诉讼来解决，由此出现了司法活动和不断专门化的司法机关。法律诉讼和司法制度的出现，标志着公力救济替代了私力救济，文明的诉讼程序取代了野蛮的暴力复仇，使得人们之间发生的争端可以通过非暴力方式解决，从而避免或减少了给人类造成巨大灾难的恶性循环的暴力复仇现象，使社会的发展建立在理性的基础上。

三、法的发展

法的产生和发展是一个漫长的历史过程，与社会形态的演变同步进行，有其独特的发展规律，主要表现在以下两个方面：

1. 法的发展经历了从习惯到习惯法、再由习惯法到制定法的发展过程

原始社会时期的社会规范主要是习惯，随着私有制和阶级的形成，习惯打上了阶级的烙印，逐渐转变为习惯法，统治阶级选择性地利用原有的习惯，由国家加以确认，使之成为对本阶级有利的社会规范，而赋予法的效力，从而形成最早的习惯法。随着社会关系的复杂化和社会文明的发展，国家机关根据一定的程序把体现统治阶级意志和利益的规范以明确的文字形式表现出来，逐渐产生了制定法。最早的制定法，主要是习惯法的整理和记载，还有个别立法文件和一些判决的记载。以后，国家适应社会需要主动地制定新的法律规范，制定法成为法的主要渊源。因此，法的发展过程，是一个由简单到复杂、由不完善到完善、由自发形成到自觉形成的长期发展过程。

2. 法的发展经历了法与宗教规范、道德规范的浑然一体，到法与宗教规范、道德规范分化，法的相对独立的发展过程

原始社会的习惯融宗教、道德等社会规范于一体，国家产生之初的习惯法与宗教规范、道德规范等没有明显界限，三者互相渗透。随着社会的进化、法的发展成熟，法与宗教规范、道德规范开始分化，法在调整方式、手段、范围等方面自成一体、相对独立，在社会调整体系中占有独特的地位、发挥其特殊的作用。

第二节　法的本质与特征

案例讨论

张某（女）和李某（男）住在同一个村子里，从小两人关系就很好，成年后建立了恋爱关系，经两家长辈同意交换了订亲信物订了婚。后来李某进城上了大学，毕业后留在城市工作，与单位的一个同事建立了恋爱关系，逐渐嫌弃张某，向张某提出分手，张某坚决不同意，认为李某喜新厌旧。遂将其起诉至法院，状告李某道德败坏，要求履行婚约。但是法院却做出了不予立案的决定。

请问：法院的做法正确吗？

一、法的本质

法的本质是指这一事物内在的矛盾关系，它揭示各种各样法的外部联系背后的动因，即法存在的基础和变化的决定性力量。

1. 法的本质表现为法的正式性

法的正式性又称法的官方性、国家性，它指法是由国家制定或认可的并由国家强制力保

证实施的正式的官方确定的行为规范。法的正式性体现在法总是公共权力按照一定的权限和程序制定或认可的。在现代各国，法律越来越具有严格的形式主义特征，这种形式主义要求必须出自法定的国家机关——通常是经普选产生的立法机关。非经法定机关按程序创制的文件，不具备法的效力。近代以来，法的表现形式日益趋向规范化，包括法律文件的格式、名称、术语、结构都有一定的规格和要求。

2. 法的本质反映为法的阶级性

法的阶级性是指，在阶级对立的社会，法所体现的国家意志实际上是统治阶级的意志。按照马克思主义的观点，由于国家形成于阶级矛盾不可调和的历史时期，在阶级社会发展的各个阶段，由于各阶级在经济关系和政治关系中所处的地位不同，他们各自的阶级利益就不同，因而其意志也就不同。从其切身利益出发，每个阶级都希望将本阶级的利益提升为法律，使全社会共同遵行，这在事实上是不可能的。只有在阶级对抗中取得胜利的阶级才能掌握国家政权。因此，法所体现的国家意志性实际上只能是统治阶级意志，国家意志其实就是法律化的统治阶级的共同意志和根本利益。

3. 法的本质最终体现为法的物质制约性

法的物质制约性是指法的内容受社会存在这个因素的制约，其最终也是由一定的社会物质生活条件决定的。社会物质生活条件主要是指物质资料的生产方式、地理环境、人口等因素。生产方式是决定社会发展方向的根本因素，也是决定法的本质、内容的根本原因。地理环境、人口等因素对法的影响主要通过它们对社会生产方式的影响来决定。马克思主义理论认为：法律是社会的组成部分，也是社会关系的反映；社会关系的核心是经济关系，经济关系的中心是生产关系；生产关系是由生产力决定的，而生产力则是不断发展变化的；生产力的不断发展最终导致包括法律在内的整个社会的发展变化。这就提供了一种将法律置于物质的能动的社会发展中加以考察的唯物史观的分析框架。

按照这种观点，立法者不是在创造法律，而只是在表述法律，是将社会生活中客观存在的包括生产关系、阶级关系、亲属关系等在内的各种社会关系以及相对应的社会规范、社会需要上升为国家的法律，并运用国家权威予以保护。所以，法的本质存在于国家意志、阶级意志与社会存在、社会物质条件的对立统一关系之中。

二、法的特征

法作为一种特殊的社会规范，具有如下一些基本特征：

1. 法是调整人的行为的一种社会规范

法是调整人的行为的规范，有时我们也说法是调整社会关系的规范，这两种说法的意思实际上是一致的。因为社会是指以物质生产为基础而结成的人们的总体，社会关系即人与人之间的关系，社会规范则是维系人们之间交往行为的基本准则，进而也是维系社会本身存在的制度和价值。

法作为调整人的行为的一种社会规范，具有规范性和普遍性的属性。规范性是指法为人的行为提供了一个模式、标准和方向，从而为人们的行为规划出可以自由行为的基本界限。普遍性表现在：一是普遍有效性，即在国家权力所及的范围内，法具有普遍效力或约束力；

二是普遍平等对待性，即要求平等地对待一切人，要求法律面前人人平等。从法的规范性和普遍性这两个属性中还可以派生出法的其他一些属性，如连续性，即法在其生效期间一直有效；稳定性，即法不是朝令夕改的；效率性，即人人都可以依法行事，不必事先经过批准。

作为调整行为的社会规范，法律又不同于其他社会规范。法律是一种以公共权力为后盾的、具有特殊强制性的社会规范。而习惯、道德、宗教、政策等社会规范则建立在人们的信仰或确信的基础上，大致上通过社会舆论、传统的力量、社团内部的组织里或人们的内心发生作用。

2. 法由国家制定或认可

社会规范大体可以分为两类：一类是在长期的社会演变中自发形成的，如道德、习俗、礼仪等。这类规范内容上虽然也在不断变化和丰富，但这一变化过程总体上是自然的、自发的。另一类社会规范主要是人为形成的，如宗教规范、政治规范、职业规范等。这类规范的产生往往是人为的、自觉的。法是由国家制定或认可的，也就使法具有"国家意志"的形式。这一特征明显地表明了法与其他社会规范的差别。

国家制定的法，通常称为成文法或制定法。在封建社会中，一般以君主的名义制定。在资本主义社会中，一般由中央和地方、立法和行政机关分别制定。习惯经国家机关依法认可具有法律效力后，即成为习惯法。某种习惯的内容被吸收到制定的成文法后，这一习惯的内容就已经转化为成文法。法由国家制定或认可，对以成文法或制定法为主的国家，例如大陆法系国家（德国、法国等）以及当代中国，是特别适合的。对以英、美等国为代表的普通法系国家来说，成文法和判例法并重，即法院的判例同样具有一定的约束力，因而判例的形成也就意味着国家授权特定法院对判例法的制定或认可。

3. 法是以权利义务为内容的社会规范

法是通过设定以权利义务为内容的行为模式的方式，指引人的行为，具体规定人们可以或不可以、应该或不应该作出一定行为，将人的行为纳入统一的秩序之中，以调节社会关系。法所规定的权利义务，不仅是对公民而言，而且是针对一切社会组织、国家机构的。法不仅规定义务，而且赋予权利。法的存在，意味着人们谋求自身利益的行为的正当性，意味着现实的有生命的个人追求现实利益的正当性。这种调整社会关系的方式，使法进一步与其他社会规范相区别。

4. 法由国家强制力保证实施

规范都具有保证自己实现的力量。不按照自然法则办事，会招致自然界的报复；不按照社会规范行事，也会受到相应的惩罚。原始人严重违反氏族习惯，会被赶出氏族；社会成员违反公认的道德准则，会受到社会舆论的谴责；教会成员严重违反教规，会被驱逐出教；党员违反党章，会受到党纪制裁。可见，没有保证手段的社会规范是不存在的。法律强制是一种国家强制，是以军队、宪兵、法院、警察、监狱等国家暴力为后盾的强制。因此法就一般情况而言是一种最具有外在强制性的社会规范。同时，国家暴力还是一种"合法的"暴力，也就是说国家权力必须合法行使，包括符合实体法尤其是程序法的两方面要求。

通过对法的本质和特征的分析，对法的含义可以归纳为：法是反映统治阶级意志的，由国家制定或认可的，并以国家强制力保证其实施的行为规范的总和。

第三节　法的作用

法的作用，又称法的功能，指法对人们行为或一定的社会关系发生的影响。法的作用可以分为规范作用和社会作用。从法是一种社会规范来看，法具有规范作用，规范作用是手段，是法作用于社会的特殊形式；从法的本质和目的来看，法又具有社会作用，社会作用是法规制和调整社会关系的目的。

一、法的规范作用

法的规范作用是指法作为行为规则直接作用于人的行为所产生的影响。根据行为的不同主体，法的规范作用可分为指引、评价、预测、强制、教育五种作用。

1. 指引作用

指引作用是指法通过授权性行为模式（权利）和禁止性行为和命令性行为模式（义务）的规定，指引人们作出一定行为或不作出一定行为。指引的对象是每个人自己的行为，包括确定的指引和有选择的指引。义务性规范代表确定的指引，即法律明确规定：人们应该这样行为（如应履行合同）或不应该这样行为（如在履行合同时不应有欺诈行为）；并且一般还规定，如果违反这种规定，就应承担某种否定性的法律后果（如国家不予承认、加以撤销或予以制裁等）。授权性规范代表一种有选择的指引，即法律规定：人们可以这样行为；而且一般还规定，如果人们这样行为，将带来某种肯定性的法律后果（如国家承认其有效、合法并加以保护或奖励等）。

确定的指引是指人们必须根据法律规范的指引而行为；有选择的指引是指人们对法律规范所指引的行为有选择余地，法律容许人们自行决定是否这样行为。

2. 评价作用

评价作用是指作为一种社会规范，法律具有判断、衡量他人行为是否合法或有效的评价作用。评价作用的对象是指他人的行为。在评价他人行为时，总要有一定的、客观的评价准则，法是一个重要的普遍的评价准则，即根据法来判断某种行为是否合法。此外，作为一种评价准则，与道德评价、政治评价等一般社会评价相比，法还具有规范性、统一性、普遍性、强制性的特征。

3. 预测作用

预测作用是指人们根据法可以预先估计相互间将怎样行为以及行为的后果等，从而对自己的行为作出合理的安排。预测作用的对象是人们的相互行为。一方面，人们可以根据法律的规定对自己已经作出或将要作出的行为以及将必然导致的法律后果作出预先判断，从而自觉地调整自己的行为，另一方面，人们可以通过预测他人的行为作出判断，从而调整自己的行为。

4. 强制作用

强制作用指法对违法犯罪行为实施制裁和惩罚的功能，作用的对象是违法者的行为。法的强制行为不仅可以对违法犯罪者实施制裁，还会起到保护其他守法的社会成员的安全和利益的作用。

5. 教育作用

教育作用是指法以其所包含的强制性、责任性的信息给人以启示和教育，从而提高人们的法治观念和责任意识，达到预防违法和犯罪的目的。教育的对象是人们今后的行为。部分人因违法犯罪而受到制裁，固然对一般人以至受制裁人本人有教育作用，反过来，人们的合法行为以及其法律后果也同样对一般人的行为具有示范作用。

二、法的社会作用

法的社会作用是指法为达到社会目的或者政治目的而对一定的社会关系产生的影响，也称为"法的职能"。

1. 法的政治作用

法的政治作用，即法在调整各种政治关系（不同阶级、利益集团之间的统治与被统治、管理与被管理等之间的关系）、维护政治统治秩序方面的作用。法是调整社会关系的规范。在阶级对立的社会中，法的目的是维护对统治阶级有利的社会关系和社会秩序。维护统治阶级的统治是法的社会作用的核心。

2. 法的社会公共作用

法的社会公共作用，是指法在维护社会公共利益，执行社会公共事务方面的作用。一般包括以下五个方面：第一，维护人类社会的基本生活条件。包括维护最低限度的社会治安，保障社会成员的基本人身安全，保障食品卫生、生态平衡、环境与资源合理利用、交通安全等。第二，维护生产和交换秩序。即通过立法和实施法律来维护生产管理、保障基本劳动条件、调节各种交易行为等。第三，促进公共设施建设，组织社会化大生产。即通过一系列法律来规划、组织像兴修水利、修筑道路桥梁以及开办工业、组织农业生产等，对这些活动实行管理。第四，确认和执行技术规范。包括执行工艺和使用机器设备的标准，规定产品、服务质量和标准，对高度危险品（易燃、易爆品，枪支弹药）和危险作业（高空作业、高压作业、机动作业）的控制和管理，对消费者权益的保护等。第五，促进教育、科学和文化事业发展。如通过法律对人们的受教育权加以保护，鼓励兴办教育和科技发明，保护人类优秀的文化遗产，要求政府兴办各种图书馆、博物馆等文化设施。

第四节　法律责任

案例讨论：

某年9月30日，山东淄博市某中学初一学生殷宝军（12周岁）和宫翔（11周岁）课间休息时在教室外走廊追逐、嬉戏，宫翔用手挠殷宝军的胳肢窝，殷宝军笑得上气不接下气时突然昏倒在地，送到医院经抢救无效死亡。经对殷宝军尸体的解剖，其心脏、双肺、肝脏、脾脏、气管等均未见器质性病变。殷宝军父母在多次找学校和区教委协商无果的情况下,将宫翔和学校诉至法院。

请问:本案例中有哪些法律责任?

一、法律责任的概念

法律责任是指行为人违反法律规定,损害了法律上保护的权利义务关系导致相关主体受到侵害时应承担的某种不利的法律后果。与道义责任或其他社会责任相比,法律责任有两个显著的特点:①承担法律责任的最终依据是法律。承担法律责任的具体原因可能各不相同,但最终依据只能是法律。②法律责任具有国家强制性,即法律责任的履行由国家强制力保证实施。

二、法律责任的原因

导致法律责任产生的原因有三种:

1. 违法行为

广义的违法行为,指所有违反法律的行为,包括犯罪行为和狭义的违法行为。狭义的违法行为也称一般侵权行为,包括民事侵权行为和行政侵权行为,指除犯罪以外的所有非法侵害他人合法权益的行为。大量的法律责任都是由行为人实施违法行为而导致的。

2. 违约行为

违约行为是指违反合同约定,没有履行一定法律关系中作为义务或不作为义务的行为。违约责任是民事法律责任产生的重要原因。

3. 法律规定

法律规定成为法律责任的原因,是指从表面上看,责任人并没有从事任何违法行为,也没有违反任何契约义务,仅仅由于出现了法律所规定的法律事实,就要承担某种法律上的不利后果,如产品致人损害。法律规定可以导致民事法律责任和行政法律责任的产生。

三、法律责任的种类

法律责任的种类,即法律责任的各种表现形式。以引起责任的行为性质为标准,可以将法律责任分为:刑事责任、民事责任、行政责任。

1. 刑事责任

刑事责任是指行为人因其犯罪行为所必须承受的,由司法机关代表国家所确定的否定性法律后果。刑事责任产生的原因在于行为人的行为具有严重的社会危害性并足以构成犯罪,其结果是行为人向国家承担法律责任。它与民事责任由违法者向被害人承担责任有明显区别,刑事责任的大小、有无都不以被害人的意志为转移。

2. 民事责任

民事责任是指由于行为人违反民事法律或者违约所应承担的一种法律责任。民事责任是一种救济性的财产责任,其主要功能在于救济当事人的权利,赔偿或者补偿当事人的损失。

因此，民事责任承担的主要方式是：停止侵害、排除妨碍、消除危险、恢复原状、修理、重作、更换、消除影响、恢复名誉、赔礼道歉、赔偿损失、支付违约金、返还财产。民事责任主要是一方当事人对另一方当事人的责任，在法律允许的情况下，大多数民事责任都可以由当事人协商解决。

3. 行政责任

行政责任是指因违反行政法或因行政法的规定而应承担的法律责任。行政责任承担的方式多样化，首先，行为责任是行政责任中数量很大的责任形式，如停止违法行为、撤销违法的行政行为、履行职务或法定义务、恢复原状、返还原物等。其次，精神责任在行政责任中也占很大比重，如通报批评、承认错误、赔礼道歉等。再次，财产责任也是行政责任的重要形式，如赔偿损失、罚款等。最后，行政责任也包括人身责任，如拘留。

案例分析

本案涉及的法律责任主要有以下几个方面：

（1）本案中是否存在刑事责任？本案被告宫翔是一个不满14周岁的未成年人。根据我国刑法规定，不满14周岁是完全不负刑事责任的年龄阶段，即不满14周岁的，对任何犯罪都不负刑事责任。且本案中的行为并不构成犯罪，因此可以完全排除宫翔的刑事责任问题。

（2）宫翔是否要承担民事责任？我国民法规定，构成民事责任的条件有四项：①有民事违法行为。宫翔和殷宝军之间的嬉戏，本无违法。但是任何嬉戏超过一定限度，便有可能危及人身。本案已经超过了限度，达到了损害殷宝军生命的程度，构成违法行为。②有损害事实的发生。有违法性的行为不一定产生损害事实，而损害事实的存在是构成民事责任的必要条件。本案中殷宝军的死亡，是明显的损害事实。③违法行为和损害事实之间有因果关系。本案中，殷宝军死亡后经过尸检，其内脏器官均无病变，这样就排除了其他致死的原因，其死因是"笑得上气不接下气"而导致突然死亡。因此，宫翔的行为与殷宝军的死亡具有法律上的因果关系。④违法行为人的主观过错。很明显，本案中宫翔绝对没有故意致殷宝军死亡的故意。但是民事法律规定的过错，既包括故意，也包括过失。所谓过失，包括行为人对自己的行为结果应该预见而没有预见的心理状态。瘙痒使人发笑，但是过分了就会使人从快乐变为难受乃至痛苦，到了上气不接下气的程度，那就是危险了。对于宫翔这一年龄段的孩子来说，对瘙痒产生的难受的感觉应该是有体验的，也应该预见由此可能会产生的难受和痛苦。因此，宫翔的行为是存在主观过错的。综上，宫翔应该对殷宝军的死亡承担民事赔偿责任。由于宫翔（12周岁）是限制民事行为能力人，因此其民事责任由其监护人承担。

（3）学校是否需要承担法律责任？根据《中华人民共和国未成年人保护法》第13条的规定，学校应当关心、爱护学生，并尽到合理的注意义务。另外根据最高人民法院的司法解释，学校、幼儿园或者其他教育机构，未尽职务范围内的监督、保护义务，致使未成年人遭受伤害的，应当承担与其过失相应的民事责任。本案的悲剧发生在学校，宫翔和殷宝军的追逐、嬉戏、瘙痒发生在教室走廊，案件发生是在上课过程中的课间休息时间，学校没有对课间自由活动的学生进行指导和保护，应当认定存在监督管理方面的失误，因此也应当对本案承担一定的民事责任。

第二章
经济法基础理论

第一节 经济法的产生

一、经济法产生的客观社会原因

经济法产生的客观社会原因是市场缺陷的存在和社会经济结构的变化。

（一）市场缺陷的存在

资产阶级革命胜利后，建立了资本主义制度，崇尚自由、平等。在自由资本主义时期，国家的经济发展充分发挥价值规律的作用，国家并不怎么介入经济生活，充分发挥市场主体的积极性、创造性，再加上产业革命的完成，自由资本主义制度使社会经济发展发生了前所未有的、不可想象的变化，极大地促进了社会经济的发展和社会财富的增加。但随着经济的发展，周期性经济危机的爆发、社会矛盾的激化和其他社会问题的产生，人们发现，市场不是万能的，国家应转变职能，不能只是充当守护神，应对国家经济的发展承担起监督、管理的职责。市场的缺陷具体表现为三个方面：

1. 市场障碍的存在

所谓市场障碍是指市场调节机制作用的障碍。竞争是市场不可缺少的因素，是市场机制发生作用的前提和基础；没有竞争市场就没有动力，价值规律和市场机制便不能启动。但竞争必然伴随着限制竞争和不正当竞争这两件副产品。因为竞争的过程加快了部分经营者扩大其资本与经营规模的进程，以致形成了对市场的支配地位和垄断，导致部分限制竞争行为的产生；追求利益的心理驱使某些竞争者采取各种不正当的竞争行为。这两种行为的后果是使某些竞争者获得超额利润，正当竞争者的利益受到损害，市场调节机制不能充分有效地发挥作用。

2. 市场的唯利性

市场的唯利性是指投资经营者所关注的是经济利益，并往往表现为眼前可实现的利益；对于当前赢利率低或无利可图甚至亏本或者投资期限长、风险大的行业或产品，人们往往不愿投资。而在这些领域中，有些如公共和公益事业、新技术和新产品开发以及其他与国计民生关系密切或可能制约国民经济长远发展和总体效益的行业，即使不能赢利或亏损，也应当进行适度投资。而这显然是不能指望市场机制发挥作用的。

3. 市场调节机制的被动性及滞后性

这是因为市场调节是一种事后调节。因为从投资、生产运营到市场价格形成和信息反馈，需要经过一段时间。各个企业和个人掌握的信息不足和滞后，不能适时调整其投资经营决策，往往等到市场供求严重失调、产品大量滞销过剩时才作出反映，这是市场的第三个缺陷。

（二）社会经济结构的变化——大型组织的产生及其影响

现代的商业组织起源于中世纪的庄园制度，以及 17 世纪初期的殖民公司，真正将企业发展起来，则是由现代的运输业和通信业，尤其是铁路的发展决定的。现代企业的规模扩大、不断的一体化，是一个渐进的过程，直到 19 世纪中期，企业的规模受到技术、交易和制度的限制，不存在大的企业，主要的交易结构是生产商和代理商之间的联系，合伙公司仍然是商业企业的标准合法形式。而到了 19 世纪末期，随着科学技术的应用和管理技术的改进，降低了企业内部交易的成本，以前不能涉足的大型项目成了人们的投资重点，融资的需要促进了金融市场、资本市场的发展，会计和信用制度也发展起来，这进一步加剧了资本集中。另一方面，为了应付出于社会整体生产缺乏计划所带来的危机对产业的冲击，巨型企业开始出现，这种巨型企业采用各种形式组织起来，如托拉斯、辛迪加、康采恩等。

在大型企业形成垄断的同时，小企业也不甘示弱，它们组成行业协会，寻求政府和社会的支持，工人、农民等也组织起来，如 1886 年美国劳工联合会成立，1870 年成立了农人协进会。

越来越多的大型组织逐渐成为社会发展的主导性力量，导致社会结构发生了根本性变化。由原来的二元结构发展到私人—组织—国家的三元结构。

企业组织的扩大，首先是对私人权利造成了损害。表现之一是垄断的形成，导致了消费者利益受损和经济生活中的公平竞争弱化。大组织通过对市场份额的占有、对生产的独占，在向他人提供产品的时候，导致契约双方的谈判实力处于不平等的地位。"契约自由"导致了卡特尔协议、滥用权利等行为的膨胀，这些行为的目的在于限制竞争，从而损害了小企业和消费者的利益。

而企业扩大之后，权力出现了。这不仅仅存在于企业的上下级关系、雇佣关系中，也存在于企业和个人、大企业和小企业之中。组织扩大之后，首先在生产领域获得了权力，包括控制权，改变了生产者和消费者之间的关系。在竞争机制中，消费者通过价格机制来控制经济体系，而在组织扩大之后，公司日益进入非竞争性的定价活动之中，越来越多的格式合同使市场交易发生了变化，非垄断方的自由和权利变成了 Yes、No 的选择权。大型企业同样对国家提出了挑战，他们在政治上操纵选举和国家政策，财团、财阀、富有的家族逐步控制了国家，自然包括立法、司法，首先是对内控制，然后是对外影响政治生活。

（三）国家的能动反应

基于市场缺陷的存在和大型组织的挑战，国家作出了相应的反应。

如美国在罗斯福执政后，变自由放任的经济政策为国家干预政策。美国在制定《谢尔曼法》的过程中，一位参议员对经济权力集中发表了猛烈的批评"如果这种结合导致的集中权力被赋予一个人，那么这是一种君王般的特权；这是与我们的政府形式相矛盾的，应当遭到州和全国当局的强烈抵制。如果我们不能忍受一个拥有政治权力的君主，我们同样不能忍受一个对生产、运输、生活必需品的销售拥有权力的君王；如果我们不能服从任何帝王，同样也不应当服从任何在贸易方面拥有阻碍竞争和固定任何商品价格的独裁者。"经济权力的集中和国家对不正当经济权力的打击，这两个步骤几乎是同时发生的，用"道高一尺，魔高一丈"来表示这个过程是最恰当不过了。在这个过程延续了100年以后，我们可以看出，国家是从以下几方面来作出反应的：

（1）消除市场竞争的障碍，阻止组织的扩大，限制组织的成长。这是国家的最早反应，由此出现了反垄断法、反不正当竞争法等新型法律。如美国的大型企业组织起源于铁路和通信业，国家的第一个反应也在于此。1870年伊利诺伊州在宪法中要求政府"通过各项法律去矫正铁路的弊端，防止在客货运费方面不公正的区别对待和敲诈行为"。1890年通过的《谢尔曼法》明确表示："任何以契约、托拉斯或其他形式的联合、共谋、垄断而限制贸易的行为是违法或犯罪的行为。"

（2）针对市场普通主体不愿介入的公共、公益事业等行业和产品，大规模发展出国家所有权，同时也是为了解决微观上自由竞争和私人行为的无序性，国家自觉或不自觉地通过国有产业来替代私有组织。一来可以实现现代企业的生产和效率，二来可以填补空白，三来可避免私人挑战国家和大企业侵犯私人权利。

（3）调整总量平衡、保持社会均衡发展成了国家的核心职责，这促使大批新型法律规范的产生。以往的私法仅仅调整微观主体和微观行为，竞争的宏观无序性往往导致总量失衡，导致频繁的经济危机的产生。法律无能为力，而新的法律规范的制定，则是以政府的有形之手来引导市场这支无形之手。当然这方面政府的管理受制于市场的规律，而不是政府的意志。如美联储降息，表面看取决于美联储主席，实际上主席决定是否降息，取决于商业银行之间的贴现率，他是被动的。

（4）企业内部的机构设置、权利安排、财务事宜等，成为法律规范的对象。在自由经济时期，这些问题由企业自主安排，国家法律不予干涉。而今企业和公司法、会计法、税法、审计法等的颁布，使这些社会关系纷纷被披上法律的外衣。

二、经济法产生的理论基础

（一）公私法划分理论

公私法的划分是罗马人提出的，并且把它提到非常重要的地位，这是和罗马社会的特性紧密相关的。但真正将公法和私法发展成为重要概念，并进一步将其发扬光大的主要是17、18世纪的大陆法学家们，这时资本主义发展需要私法的自由主义精神，需要对国家的权力加以限制，通过公私法的划分，可以达到某种对君权乃至政府权力的限制。实际上公私法的划分更多的是私法占据了主导性地位，这源于资本主义崇尚对私人所有权的维护以及财产的自由流转的需要，自由、契约、交易这些概念构成了社会的主调，极大地促进了资本主义发展。

私法理论将主体制度抽象成为人（包括法人），主体被抽象化，这一过程被著名法学家梅因称为"从身份到契约"，不考虑主体的特性、身份、大小，而是统一为"人"的制度。不仅主体如此，权利也是如此，将人对物的权利抽象成物权，将人对人的权利抽象成债权。这种高度抽象的概念促进了形式正义的发展，相同的情况同样对待，是这种正义观念的经典写照。在私法中国家与私人是一样的主体，只有法律形式的不同，而没有实力大小和结构复杂与否之分。公法则主要用来解决国家权力的法治化问题，行政法解决文官制度、国家和私人之间因公权的冲突等，刑法从根本上是一种制裁手段，是所有法律的最严格处罚方法的体现，诉讼法则用来解决诉讼中的程序问题。公法将国家和国家行为也高度抽象化，国家被看成了一个整体。这种高度抽象化的法律体系，排除了法律体系中人的多样性和复杂性。法官被默认为如同判案机器，没有意志和思维，国家不存在权力。由于不希望在一个运作良好的系统中出现"人"这个不稳定的因素，所以法律责任被等同于法律制裁。

以公私法划分理论为基础的传统法律体系的特点：

（1）高度抽象的主体制度，整个法律体系中只有两个主体——私人和国家；

（2）追求形式正义，追求没有人的意志干扰，追求客观标准；

（3）不存在权力、责任这些概念的独立性。

以公私法划分为基础的二元结构，从罗马帝国到16、17世纪，历经千余年，社会已经发生了变化，这种严格形式化的私法体系在对社会经济的调整上，自始就显得心有余而力不足。私法的精髓在于富有任意性规范，更多的自由、更少的国家监管，更被动、消极的司法。公司、海商、保险、票据为什么被拉出来成立一个法律部门，是因为商法多强制性规范，其效率价值取向和民法精神有所冲突。

民法的精神在于意思自治，在于个人的自由，通过个人的意思表示形成法律上有效的行为，从而获得法律上的救济。富有民法精神、最具代表性的民法概念是"民事法律行为"。民事法律行为是对物权、债权、婚姻、继承等行为作统一的概括，希望借此制定统一适用的原则性规范。这一概念的目的在于更好地实现当事人意思自治，意味着当事人受自己的承诺约束的原则得到确立，当事人的意思表示成为产生法律约束力的手段，进一步强化和明确了意思自治。民事法律行为的核心就在于通过法律外壳实现意思自治，当事人的意志不仅仅被认为是客观的法律秩序，而且也是主观的法律权利和义务的来源。

民法既然以实现当事人的自由意志为己任，则其规范必多是任意性规范，如我们常见的"当事人另有约定的，从其约定""但双方另有约定的不在此限"等，体现了对私人意志的尊重。但法律不能允许这种自由漫无边际，因此民事法律行为就是保证这种自由的边界，如果你的行为不符合要件，说明是不合格的或不法的民事行为，则得不到民法的保护。这种行为的效力，要么是被法律宣布为无效，要么取决于法律关系中某一方或者双方的意思表示，或者某种事实状态的改变。

即使在自由经济时代，仅仅依赖于民事法律行为的任意性规范，是不可能对所有的经济性行为作出调整的。因为基于其他目标，如社会安全、公正等需要对特定领域的行为作出限制、规制，这就是民事法律行为的强制性规范。民事法律行为巧妙地将强制性规范与任意性规范的矛盾统一到了一起，解决了意志自由和强制性规范之间的矛盾，为民法的进一步发展开辟了道路。在民事法律行为制度下，其他有关的法律不过是添加一些强制性规范而已。

（二）垄断时期原来的公私法理论受到了新挑战

到了 19 世纪末以后，民商法的自由主义精神和个体权利本位受到了挑战。首先，生产的社会化和垄断的出现，使得个体与社会的矛盾突出起来。少数垄断组织的自由往往限制和剥夺了广大中小经营者和消费者的自由，他们权利的行使往往侵犯他人的权利。特别是大企业独家或以契约、投资等办法同其他企业联合起来，对市场进行垄断、限制竞争，或者从事其他不正当竞争，使价值规律和市场调节机制失灵。垄断组织实施的限制并非采取特权、暴力等方式，而是按照当时法律为合法的方式，垄断同盟和其他限制性契约的订立正是利用了民法的"契约自由"原则；垄断价格的制定也符合价格自由的规定，这使民法感到困惑。其次，随着生产社会化、科技发展和整个社会的文明进步，新技术、新产品的研制开发需要进行长期投资和风险投资，社会公共、公益事业需要扩大投资。而这些领域的投资盈利率低、风险大，民间投资者往往不愿涉足，国家又无权干涉，因为投资自由是无可非议的法律原则。经营者唯利是图，垄断组织对超额垄断利润的追逐，也是当时法律无可指责的。垄断组织内部的组织性和计划性同整个社会的无组织、无计划状态的矛盾，引发的生产过剩、社会投资结构失调和周期性经济危机，民商法对此尤其无能为力。总之，自 19 世纪末以来，社会更加发达和融为一体，社会公共利益越来越重要，它同各社会个体利益直接有关。这使人们对整个自由资本主义时期立法的自由主义倾向和个人权利本位发生动摇。

对此思想理论界出现大致两种思潮：改良主义和马克思主义。前者主张对个人的自由和权利应加以限制，强调社会利益和团体主义，认为个人和社会是一个有机整体，个人不能离开社会，社会利益是全体个人最高利益之所在。就经济领域而言，主张国家应代表社会利益对私人经济进行必要干预；在立法上提倡社会本位。马克思主义则认为，生产社会化同生产资料资本主义私人占有的矛盾，是资本主义社会的基本矛盾，在资本主义条件下这一矛盾无法解决，必须通过无产阶级革命推翻整个资本主义制度，建立新的社会主义制度；在社会主义社会，国家应重新组建自己的经济基础，因而需要全面组织管理社会经济；而法律则是无产阶级国家意志的体现，它最终由社会主义国家所赖以存在的经济基础所决定，并为这种经济基础服务。

这两种思想理论后来对社会实践发生了重大影响。马克思主义成为国际共产主义运动和后来建立的一批社会主义国家的最高指导思想；而改良主义理论则影响到各资本主义国家的政治、经济和法律制度的变革和进化。仅就法律领域而言，从 19 世纪末开始，资本主义国家纷纷修订或重新制定各种有关法律。

在资本主义国家的法律改革中，首当其冲的就是民商法，这就是民商法的社会化。其基本精神是对自由主义和个人权利本位的绝对化作出修正；其核心内容是调整财产所有权的绝对性、契约自由和过错责任这三大基本制度。但这些改革并不能解决因生产社会化和整个社会发展而引发的个体同社会之间的全部矛盾，不能满足社会和时代发展对法律的全部要求。

民商法由其本身固有特性决定，所以它是调整平等主体之间的财产关系和人身关系的，个人权利和意志自由成为它的出发点和立足点；虽然在现今社会它还需要考虑和维护社会利益，但它排在第一位的是维护个体利益，以个人权利为本位，从这一角度来兼顾社会利益。这是民商法作为私法，与其他公法和经济法的不同之处，而经济法应是以社会为本位的。因而虽然在 19 世纪末民商法进行了社会化改革，但仍嫌不足，需要经济法问世。由经济法和民商法配合，分别从个体和社会总体两个不同的角度，共同协调个体与社会的矛盾，建立一种新的社会市场经济法律秩序。

第二节　经济法的调整对象

自从法学界提出"经济法"这一命题后，论证与质疑就一直伴随着经济法的整个发展历程。这些论证最为根本的分歧集中在经济法的调整对象上，即经济法是否具备独立的调整对象，经济法有哪些具体的调整对象。

肯定说认为经济法有自己的调整对象，其主要观点有：杨紫烜先生的经济协调关系说，认为经济法调整国家协调本国经济运行过程中发生的特定经济关系；李昌麒先生认为，经济法调整需要由国家干预的经济关系；刘文华先生认为，经济法是国家为了保证社会主义市场经济的协调发展而制定的，是有关调整经济管理关系和市场运行关系的法律规范的统一体系；漆多俊先生认为，经济法调整在国家调节社会经济过程中因国家调节而引起的，以国家为一方主体的社会关系；王保树先生认为，经济法调整发生在政府、政府经济管理机关和经济组织、公民个人之间的以社会公共行为为根本特征的经济管理关系。

经济法学界内外部、经济法学界内部论争的症结在哪里呢？法律部门划分的标准。

一、传统法部门划分的理论

传统法理学的一般观点认为，划分法律部门的主要标准是法律所调整的对象，同时还应适当考虑法律调整的方法。而所谓法律调整的对象，也就是法律规范所调整的社会关系，凡调整同一社会关系的法律规范就构成同一法律部门。

所谓调整对象就是社会关系。社会关系是一个极大的范畴，是十分复杂、交叉和多层次的，以社会关系作为划分部门法的标准，是非常空泛、开放与不确定的，因为世界上从来就没有先验地存在着某几类泾渭分明的社会关系。所以这个"标准"并不是真正的标准，它本身还需要标准来划分。法理学也意识到这一点，所以提出：除了调整对象外，还要适当考虑法律调整的方法。如刑法所调整的社会关系是多方面的，其之所以成为独立的法律部门，就是因为它是以刑罚制裁的方式对这方面的社会关系进行调整的。表面上看这些理由很能说得通，实际上一推敲，就知道这其实也是很模糊的一种理论。首先这两个标准之间的关系是什么，是缺一不可，还是择一即可？

由于"调整对象"这一标准是虚拟和空泛的，而"调整方法"这一标准却是清晰的、实在的，把这两个标准"统一""结合"之后，第一个标准不知不觉地被第二个标准所吸收和异化，从而令"调整对象说"反而依附于"调整方法说"，最后这一理论被引申为"要形成一个法律部门，此种社会关系质的特性必须达到需要特种法律调整方法的程度"。至此所谓的"双标准说"沦为"调整方法单标准说"。

显然，若是顺着这一理论的逻辑进行推演，经济法是不具备"独立"的调整对象的，因为其没有独立的调整方法。而从法理的层面讲，调整方法只有民事、行政、刑事三种，当代法律实践还未催生出不同于这三种方法的其他调整方法。

然而如果完全接受这一划分方法，就会导致一种结果，即"经济法本身连带婚姻家庭法、劳动法等成为法的部门都会成问题了，这样实体法就只有民法、行政法和刑法这三个部门了"。这显然是一种现代社会法律实践完全无法接受的结果，但确实又是这一逻辑的必然结果。法理学界也意识到实践与理论的抵牾，所以在提出这一划分标准后，又在具体列举法律部门时列出宪法、行政法、民商法、经济法、劳动法、自然资源和环境法、刑法、诉讼法、军事法、国际法等多种法律部门，从而呈现出外延否定和修正内涵的理论局面。

二、对传统理论的批判与超越

既然依据"调整对象暨调整方法说"划分法律部门无法适应现代社会法律实践的需要，那么应该以什么理论来取而代之呢？我国国内有学者提出，应对划分法律部门的标准进行改造，"改按社会活动的领域和法律调整的宗旨来划分法律部门"，而且"既然是法律部门，当然也就是独立的部门，不独立又何以能成为部门"。（史际春、邓峰著《经济法概论》第132~134页）显然该观点摒弃了传统法部门划分理论，提出以社会活动领域为主的法律部门划分法，不过该观点对"客观论"的改造似乎过于彻底，以至于把"调整对象说"也随"调整方法说"一并抛弃。法律调整的不是别的，正是社会关系，是人与人之间的关系。法律的生命力就植根于社会关系，这是法学发展史上最基本和最为成功的理论抽象之一，不可轻易抛弃。我们至今定义法律部门无一例外地采用"某某法是调整某某社会关系的法律规范的总称"。

需要说明的是，在一个法律部门中规定使用各种法律调整方法进行综合调整早已是大量存在的现实。现代社会的立法实践是：立法者为了达到对某一类社会关系的有效调整，往往在同一法律中将民事、行政、刑事等各种调整方法根据需要有机结合、综合使用。

因此，划分法律部门的标准仍是"调整对象说"。但由于"调整对象"是一种空泛的、未定的标准，还需要其他条件进行结合使用，现在这一"其他条件"不再是"调整方法"，应当是：根据现实需要，抽象其共性。也就是说，划分法律部门不再有万能的标准，而应根据法律实践的客观需要，结合一定的前瞻性认识，对调整社会生活中某一类具备一定共性的社会关系的同质法律规范进行综合形成一个法律部门。这样是否形成一个法律部门就取决于两点：

第一，这些法律规范调整的社会关系具备某种共性。

第二，将这些具备共性的法律规范进行综合并上升到法律部门的高度是必要的。

这又需要我们考察：

（1）实践中这类法律规范的存在是否已经达到一定的数量。

（2）将这些规范综合为法律部门是否具备理论上的价值，即能更好地认识和总结规律，并更好地指导实践。

显然，不是任何具备所谓共性的法律规范都可以"占山为王、自立门户"，自称为一独立的法律部门。从某种意义上讲，每一个法律部门的形成都是渐进的，是长期法律实践选择的结果；因而也是历史的，具备客观必然性的。现有的几个法律部门，无一不是这样产生的，如军事法。回到经济法命题上，我们知道，经济法成为一个独立的法律部门是具备以上条件的。

首先，经济法的调整对象是具备"共性"的，这个共性就是"国家协调（干预、管理、调节）经济而发生的社会关系"。

其次，具备这一共性的法律规范已经达到十分庞大的规模，任何人都不可能视而不见。

再次，在现代市场经济条件下，国家的经济调控职能已经成为国家生活中最为重要的职能之一，把国家管理经济活动方面的法律规范进行归纳、抽象、总结和整合，有利于提高对国家管理经济活动的认识。

综上所述，法律部门的划分标准仍是"独立的调整对象"，只是这一独立并不意味着"绝对专有"，而应理解为一种"共性"，至于这一共性是什么，为什么独立，则应根据现实的需要和历史的沉淀进行抽象。社会关系是极其复杂的，交叉、重叠，你中有我、我中有你，不能把社会关系理解为一张薄饼，用一种方法进行平面式的瓜分；法律部门的划分应是立体式的、多元的。在当今社会连带关系大量产生、多元主体多元利益交叉整合的时代里，法学的思维应是立体的、多维的与开放式的。

三、经济法的调整对象

杨紫烜教授认为，经济法的具体调整对象有：企业组织管理关系、市场管理关系、宏观调控关系、社会保障关系、对外经济关系。顾功耘先生认为，经济法的具体调整对象包括：

（一）宏观调控关系

现代市场经济的运行是一个极其复杂的过程，当经济运行到一定复杂与发达的程度，"市场之手"的缺陷就会暴露，其个体利益取向的单一与短视会令社会经济发展的整体陷入资源配置无序化与严重浪费的泥潭，社会迫切需要另一种超然于市场之上的力量对此进行规制与引导。同时由于经济全球化导致了竞争的无国界，各个国家无论大小、强弱，都在全力推动经济增长，在世界经济一体化的今天，任何国家任由其经济的自然发展与演变是远远不能适应各国经济发展的需要的，需要国家之手的全面干预与促进，我们把这种由于国家引导和促进产生的经济产生的关系称为"宏观调控关系"。相应地调整这类经济关系的法律可称为"宏观调控法"，包括计划法、产业结构法、财政税收法、金融调控法和价格法等。

（二）微观规制关系

竞争是市场经济的必然要求，无竞争则无市场。然而竞争优胜劣汰的过程会使市场主体之间的力量差距拉大，这一差距达到一定程度之后，垄断与限制竞争就随之产生；除了垄断，竞争的发展必伴随着不正当竞争。不管是垄断还是不正当竞争，都会使市场机制失灵，严重者使国家经济整体发展受到影响。因此，对市场这只无形之手的消极影响应由国家之手予以修正。同时由于垄断组织实力强大，不正当竞争普遍猖獗，为保证法律的顺利实施，这些法律规定多以强制性规范为主。具体以反垄断法为龙头，还包含有反不正当竞争法、反倾销与反补贴法、消费者权益保护法、产品质量法、广告法等，其意义在于对市场障碍的排除，维护经济发展的微观秩序。

（三）国有参与关系

国有参与是国家基于宏观经济调控目的，动用财政力量进行社会投资，比例再分配社会财富的一系列活动。从这点来看，国有参与关系是从宏观调控关系中分化出来的，但基于国有参与在世界范围的经济实践中的重要性，以及这类关系之间的共性——通过国家直接参与市场经营活动，实现对国民经济整体调控的目的，而把它单列为经济法的具体调整对象。在成熟的市场经济国家里，国有参与往往集中在高风险、高投入、基础性行业以及一些公用企业领域里，而在我国国有参与的外延却要大很多。对国有参与的程度、广度，国家正在进行梳理。2005年2月28日媒体报道：国家退出著名民企——天津狗不理。

（四）对外管制关系

在世界经济一体化的今天，各国经济都成为世界经济的一部分。对于发展中国家来说，在原不合理的国际经济旧秩序下，无原则无计划的开放国内经济是危险和被动的。发展中国家必须掌握一定的国际经济交往的主动权，才能化弊为利、发展自己。由于各国（不论发展程度如何）在对外经济交往中，采用的手段往往十分强硬，故称为"对外管制"。如美国《1988年综合贸易和竞争法》规定了美国贸易代表对采取"不公正贸易行为"的国家实施报复的职责、权力，同时赋予美国厂商提起听证、调查或民诉程序，以"指控"外国政府的政策措施或外国厂商有关知识产权、不公正定价、不实广告、窃取商业机密等侵权行为的权利，规定的制裁措施包括取消给予外国国家的优惠措施、限制进口、提高关税、迫使外国修改政策法律、对外国厂商发布停止销售或进口的禁令、科处罚金等。对于已加入世贸组织的我国来说，如何运用国家对外管制的权力，来为我国经济的全面、持续、均衡发展，提供条件、时间、空间，已是一个十分迫切的研究课题。

（五）市场监管关系

有些学说将市场监管笼统归于宏观调控领域，其实宏观调控主要应定位在国家运用价格杠杆、财政杠杆、利率杠杆以及结构调整杠杆等对国民经济实施整体的、间接的影响和导向。这些措施需要作用于具体市场上，而市场是充满噪声的、反应是滞后的，甚至需要经历破坏性的运动过程来作出正确选择，因此为了保证国家经济意图的正确贯彻和顺利实施需要国家对市场继续予以关注，并不断作出调整，确保市场对宏观调控要素作出适当而又积极的反应，这一过程即为市场监管，市场监管的微观因素令宏观调控难以将其完全涵盖。

有些学说将市场监管列入微观规制领域，微观规制主要应定位在竞争法的范畴，包括反垄断法、反不正当竞争法、消费者权益保护法以及产品质量法等。它的反应是被动的、个别的、滞后的，手段是强制的，规则是稳定的；而市场监管除了市场秩序的维持外，主要配合宏观调控，保证其落到实处，它的特性应该是积极的、灵敏的、主被动结合的、事前预防与事后处理相统一的，手段是综合的、有弹性的，规则是灵活的。这些特征正是承袭于宏观调控领域的，可见市场监管中的宏观因素又令其特立独行于微观规制关系之外。

将市场监管关系单列是符合现实需要的。以金融市场监管为例，现代虚拟经济的发达导致了金融市场的高流动性、高泡沫性、高投机性和高风险性，在投机家的恶意炒作等内外部条件下，金融市场对经济的负面影响可能被极度放大。20世纪末亚洲金融危机的教训仍令人触目惊心。对金融市场实施有效监管在许多国家被当作首要经济研究课题。即使在市场经济高度发达又崇尚自由的美国，国家对市场的监管力度和广度也是有增无减，由美联储主席亲自监管的经济数据就高达14 000多个。何况在我国这一缺乏市场意识的经济土壤上培育各类市场，自然更需要国家的理性监管。市场监管作为宏观与微观两领域的结合，无论把它单独归属于宏观调控领域，还是微观规制领域，都不足以很好地表彰其独有的内在特性与其对经济发展所具有的极端重要性。而把它予以单列，必将有助于促进我国经济管理的进一步发展与完善。

以上五类调整对象中宏观调控是核心、灵魂，其他关系服从于宏观调控。在国家管理经济中，任何领域都或多或少会受到宏观调控因素的渗透与影响，国家即使进入微观层面，也是"宏观着眼，微观着手"的。即使是强制性的反垄断领域，也常常要受到宏观政策的异化，否则就无法解释美国在提出肢解微软的同时，却促使波音与麦道合并。"宏观性""整体性"是经济法的精髓所在。经济法应以宏观调控法为统帅，以微观规制法、国有参与法、对外管制法为主体，以市场监管法为保障，形成有机、统一的整体。

第三节 经济法与其他部门法的关系

一、经济法与商法

商法是民事特别法，它和民法都是调整平等主体之间民事关系的规范；对市场关系来说，民法提供了民事主体、民事权利、民事行为和民事救济的一般规定，而商法提供各种商事组织和商事交易的具体规则。前者以普遍性、稳定性和原则性著称，后者以技术性、普遍性和灵活性见长。

在经济法与商法的关系中，商法作为调整市场运行机制之法与经济法发挥着功能互补的作用，商法从保护商人的利益出发，着眼于商事交易秩序；而经济法则从保护社会整体利益出发，维护市场的整体秩序；相对来说商法具有基础性、前置性，经济法主要解决市场已经运行，但在运行过程中产生了问题，如贫富分化、市场失灵等现象危及整个市场秩序存在时，才由政府自上而下对这些运行机制中的偏差进行纠正。

商法乃市场运行机制之法，就其基本原则来说乃维护市场正常运行、提高商事交易效率和保障商事交易安全。

二、经济法与民法

经济法与民法的区别，现在看来实际上并不复杂，仅从两者调整对象和利益本位的不同就决定了经济法与民法是两个相对独立的法律部门。民法是调整平等主体之间财产关系与人身关系的法律，以个体利益为本位；而经济法是调整国家干预管理经济的法律，以社会整体利益为本位。

三、经济法与行政法

与其说经济法与民法、商法之间的关系因亲近而争论颇多，深究起来，不如说经济法与行政法的关系更值得玩味，难怪有人至今都认为经济法不过是行政法的一个分支而已。

经济法是国家行使管理经济职能，参与、干预、调控国民经济的产物。行政法的行政是指国家行政机关进行的执行、管理活动。经济法调整的经济管理关系和行政法调整的行政管理关系都是纵向的管理关系。经济法的经济管理关系大多是由行政机关作为管理主体形成的行政管理关系，行政法的行政管理关系中亦有相当大部分涉及经济领域，并具有经济性的内容，因此这部分行政管理关系亦可称为经济管理关系，而且政府对经济的管理往往是通过"建立新的机构或者对现存的机构授予权力"来实现的。如何看待政府的市场管理行为，既然经济法与行政法对此的调整是重叠的，可否只由一个法律部门来调整？不可以，两个法律部门对此的调整是不同的。

1. 首先行政法、经济法两学科对此研究的焦点不同

现代行政法起源于对政府权力的控制，以保护国民不因行政权力的滥用而受到损害。现代行政法的产生是和行政国家联系在一起的。当行政发展到特定的阶段，即国家行政职能大为增加、行政权力大为扩张时，社会必须创立一种机制，在扩大行政权的同时加强对行政权的控制、制约和监督，使之正当行使而不致被滥用，以保护人民的自由和权利不受侵犯，这时作为独立法律部门的行政法才形成。因此，行政法的调整对象虽然是行政关系，主要是行政管理关系，其主体包括行政主体和行政相对人，但行政法并非对行政主体和行政相对人的实体权利义务内容给以同样的关注。行政法所充分关注的只是行政组织及其设置、行政权的行使、制约、监督和行政相对人受到行政权力侵害时所能获得的救济。行政法并不关注行政相对人的实体权利义务。由于政府公共行政的范围日益扩大，政府对社会生活的各个方面实施管理，因此对于行政的具体社会经济内容，行政法不可能也没必要予以关注；如果将行政的具体社会经济内容也纳入行政法的研究范畴，则无异于宪法将民商法、刑法、诉讼法等具体部门法的内容纳入自身的研究视野。

从其他角度，我们也可以看出行政法只是以行政机关的权力（权利）义务为主要规范对象，我国的行政法学者几乎都把行政合法原则与行政合理原则作为行政法的基本原则，或者说行政合法原则和行政合理原则几乎成为行政法的公理性原则。众所周知，原则是主体的最高行为规范。无疑，这两个原则均是针对行政主体提出的；因此，尽管有些行政法学者不认为行政法主要规范行政主体的行为，但如果承认了行政合法和行政合理原则是行政法的基本原则，则实际上也默认了这一事实。另外国内外的行政法学教材或者著作的内容大体相当，都只是阐述行政法主体、行政行为、行政赔偿、行政诉讼的内容，丝毫不涉及相对人实体的权利义务，当然也根本不涉及作为行政相对人的市场主体经济上的权利义务内容。

经济法则与行政法不同，其关注的焦点是市场主体经济上的权利义务。具体而言，经济

法主要规定生产者、销售者、经营者、消费者、纳税人、银行等经营性主体经济上的实体权利义务内容。经济法的产生是和国家经济职能扩大、国家介入经济生活密不可分的。19 世纪末以后，生产社会化和垄断形成，限制竞争行为十分严重，阻碍了价值规律和市场机制作用的充分发挥，限制和剥夺中小企业自由进出市场的权利，损害了消费者的利益。因此，国家必须介入经济生活，以国家强制力确定经营者哪些行为属于应予反对的限制竞争行为。也就是说，国家要通过立法规定经营者在竞争领域的权利和义务（主要是规定禁止性的限制竞争行为和不正当竞争行为），以为企业树立行为的准则，规范企业在竞争领域的行为；同时要规定反垄断执法机构的执法权力和执法程序，以保障反垄断法的实施。对限制竞争和不正当竞争行为的规定主要是依据是否有利于市场机制作用的发挥和是否影响自由、公平的竞争秩序和能否保障社会整体的效率和利益。因此，作为经济法典型的竞争法关注的焦点主要是企业在竞争中的实体权利义务（主要是禁止性的义务和对垄断的受害者提供救济途径），只是为了保障法律的实施，保障市场主体的权利义务得以实现，同时规定了执法机构。经济法的其他部门法也不例外，产品质量法主要规定生产者和销售者的产品质量义务和责任，消费者权益保护法主要规定经营者的义务和消费者的权利，税法主要规定纳税人、课税对象和税率，为纳税人履行纳税义务确立法律标准，商业银行法规定银行的性质、地位、业务范围等。经济法通过规范市场主体的行为，限制私法自治，以维护社会公共利益。由此可以看出经济法重在为市场主体树立"游戏"的规则，明确市场参加者（主要是企业）经济上的权利义务。

由此，可以得出这样的结论，行政法主要规范行政机关的行为，而不关注市场主体经济上的具体权利义务，而经济法主要规范市场主体的行为，关注市场主体经济上的具体权利义务。

2. 对经济管理机构而言，经济法与行政法具有不同的功能：设定权力与控制权力

关于行政法的功能，国外的通说认为行政法的基本功能是控制政府、防止政府权力的滥用。近年来我国的行政法学者也认为行政法就其实质而言可以界定为控制和规范行政权的法，并就对行政权加以控制和规范的原因以及行政法如何控制和规范行政权做了深入的阐述：行政法通过三个方面来控制和规范行政权：其一，通过行政组织法，控制行政权的权源；其二，通过行政程序法规范行政权行使的方式；其三，通过行政法制监督法、行政责任法、行政救济法制约行政权的滥用。控权理论能够合理解释行政法的产生原因，同时也符合行政法的实践。从控权的理论出发，行政组织法并非行政法的典型，因为设定权力只是为了控制行政权的权源。然而事物总是两个方面的，行政组织法既然是对行政权力的设定，认为行政法有"设权"的功能则不足为过，只是从行政法的概貌，尤其是考察作为行政法典型的行政程序法和行政法的重要组成部分的行政救济法的功能而言，行政法的主要功能是"控权"而不是"设权"，或者说"设权"是间接和从属的功能，"控权"是直接和主要的功能。即使这样，我们仍不能完全否认行政法微弱的"设权"作用，否则就难免陷入形而上学。

经济法则与此不同，经济法不是也不应是控制政府权力的法。控制和规范政府权力不是经济法的首要任务，否则经济法便无从产生。经济法的产生恰恰是国家扩大自身的经济职能，为弥补市场的缺陷和失灵，改变"守夜人"的角色，自觉对经济进行干预和调控的产物。政府对经济的干预，主要通过为市场参加者设定权利义务（其中的义务主要是强行性

的义务），并且建立相应政府机构行使监督、管理等权力，保障市场参加者实体权利义务的实现，以维护经济秩序和社会整体利益。国家不再只是中立的裁判者，而是置身于具体的经济关系之中。美国几大执法机构的诞生很能说明问题。美国现代意义上第一个行政机构是州际商业委员会，该委员会的建立是由1887年的《州际商业法案》所确立的，目的是保证铁路运费的合理性和非歧视性。1914年美国国会决定制定新的反托拉斯法以补充《谢尔曼法》，因此，国会成立了联邦贸易委员会以执行联邦贸易委员会法，该法的第五部分规定了禁止的"不公正的竞争方法"，联邦贸易委员会被授权作为执法机关具体认定哪些商业作法属于该法所禁止的不公正竞争方法。这些机构的成立说明国家对经济的介入和干预离不开行政机构。在政府通过经济法干预经济活动的领域中，经济法主要是通过设定行政机构的行政职权来实现政府干预经济的目标，保障经济秩序的。换言之，现代行政权力的扩张和强化很少表现在行政法的内容之中，而大量表现在经济法之中。经济法的法律规范一方面是市场主体（主要是企业）的权利义务，另一方面是有关行政机关的行政职权。经济法可谓是设定政府权力管理经济之法，经济法的首要目标不是控制行政权力，控制和规范行政权力主要是行政法的任务，但是，基于现代法治要求的政府权力法定的基本原则，对行政机关权力的设定同时也是对行政机关权力的限制，行政机关行使的权力不能超出法律规定的范围。因此，经济法对政府权力的规范和控制是间接和从属的，就经济法的本质和功能而言，王保树教授认为：经济法的本质只能概括为"确认和规范政府干预经济之法"。

概言之，在国家经济管理中，行政法的主要功能是控制政府权力，设权是其从属和间接功能；经济法的主要功能是设定政府权力，控权是其从属和间接功能。经济法保障经济秩序和社会整体利益；行政法保证经济自由和行政相对人（市场主体）的权利不受行政机关的分割。

3. 其价值目标分别是程序正义和实体正义

现代行政法的典型是行政程序法，通过对行政机关行使权力的程序进行规范和制约，最能达到行政法控权的目的。行政权对于行政相对人权益的影响不仅在于其权限的范围，而且在于权力行使的方式，后者甚至更为重要。一个行政机关，权力即使再大（如可以限制公民的人身自由），如果其行使方式有严格的程序规范，通过一整套公开、公正、公平的程序规则，其对相对人权益的威胁并不会太大；相反，即使其权力很小（如可以对公民进行小额罚款），但如果其行使方式没有程序制约，可以任意行为，其对相对人权益可能造成重大威胁。正是在这个意义上美国著名的行政法学家伯纳德·施瓦茨精辟地指出："行政法的要害不是实体法，而是程序法。"尤其是在当今立法中，公法和私法融合，行政机关大量介入传统的民商法领域；大量的行政机关管理职权都规定在经济法中，行政法更应以程序法为其主要内容和典型。19世纪末20世纪初，西方发达国家认识到行政程序在控制政府权力方面的作用，陆续制定了行政程序法典。美国的行政程序法最为发达，贯穿了保护民权的基本精神。"二战"之前，美国的律师界和国会议员对罗斯福新政期间建立的行政机关的工作提出了尖锐的批评，最重要的批评是这些机关在处理事务时程序任意，缺乏证据。罗斯福于是委托律师机构研究行政程序。由于"二战"的影响，1946年美国最终通过了《行政程序法》，该法对行政行为一般形式的程序作了规定，联邦政府的行政改革迈进了重要的一步。纽约州则不同，由于认为行政机关庞大，性质、任务、职权各异且行政机关的行政内容极为宽泛，而且制定一部综合性的行政程序是不可行的，因此直到 1975 年才制定州行政程序法。1976 年的德国程序法、1990 年的意大利行政程序法、1993 年的日本行政程序法的规定，都说明了行政程序法的制定虽然立法难度很大，但其对权力的控制作用日益受到重视。现代行政法的程序化趋势向人们表明：行政程序是行政机关行使行政权力的重要方式。行政法对程序正义的追求还体现在对行政相对人的救济上，在行政相对人对行政机关的行政行为不服时，可以要求行政机关复议或者将行政行为提交法院进行司法审查。作为程序法的行政诉讼法是行政救济的典型代表，通过对行政相对人诉权和具体诉讼权利的保护，尤其是对诉讼程序的设计以保护行政相对人的利益。"无救济即无权利"，通过对相对人的救济以此督促行政机关权力的行使不超出法律的范围，并使行政权力的行使符合法定程序。在具有经济内容的行政中，行政法对正义价值的追求不体现在国家干预经济的内容及其手段正确与否上，而体现在防止权力在运用过程中被滥用，并以有效的方式来监督权力的行使上。

经济法中的正义主要是实体的正义。经济法重在规范市场主体的行为，规定市场参加者经济上的权利义务。因此，经济法的正义主要体现在这种实体权利义务分配上的正义。经济法的产生源于对垄断的规制。垄断等限制竞争行为的大量出现，破坏了市场主体之间的公平竞争，损害了中小企业和消费者的经济利益，经济上的公平正义受到破坏。因此，国家介入经济生活，禁止限制竞争行为，维护经营者的公平竞争。现代经济法一方面从市场规制的角度出发，禁止垄断、限制竞争、不正当竞争等破坏竞争秩序的行为以维护自由公平的竞争环境；规定交易主体（经营者）对交易对象（产品和服务）和交易媒介（价格）等交易要素所负的义务来保障交易的安全和有序；对作为弱者的市场交易主体一方的消费者给以特殊的保护，以维护交易的公平并保持社会的稳定。市场规制法保证了市场主体之间的公平竞争和公正交易。另一方面则从国家宏观经济的角度，通过税收、金融、产业指导等经济手段，引导市场主体作出能够促进社会发展的选择，规定纳税人、商业银行等金融机构、一般企业在国家宏观经济及其调控中的义务和权利，为经济发展创造良好的社会环境和法律环境，保证经济收益的公平和社会分配的公平。因此，经济法的正义主要体现在个体（主要是个业）之间经济利益的衡平以及个人和社会之间（由国家作为代表）经济利益的衡平；并具体体现在市场参加者经济上的权利义务。经济法追求经济上的实质正义，平衡各主体之间的意志和利益，维护社会整体利益，保障最大多数人的福祉。

经济法的实体正义的另一含义是，现代行政权力扩张和强化越来越多地表现在经济法之中，在经济法的法律中，直接规定行政机关的行政职权。因为，经济法是国家介入经济的产物，国家作为一方主体参与经济法律关系，因此，经济法必须把作为一方主体的国家机关（主要是行政机关）的具体职权加以设定和规范。

在国家管理经济中，经济法主要是通过实体法规范（设定行政权力的内容）来实现政府管理经济的目标，行政法主要是通过程序法规范（设定行政行为的程序）来实现政府管理经济的目标。相对于以行政程序法为核心的行政法，经济法重在规定市场参加者经济上的实体权利义务并对行政机关授予行政权力。

第三章
合同法

学习提要：

合同的概念；合同法的基本原则；合同的订立包括要约、承诺两个阶段；不同效力的合同；合同的履行原则；合同履行中的三大履行抗辩权；合同的变更和终止；合同保全中的代位权和撤销权；违约责任的归责原则和承担方式。

第一节 合同法概述

开篇案例：

案情：甲在某电影院看电影，散场后将随身携带的公文包遗忘在座位上，同场看电影的乙发现后将公文包拾起，等候片刻后见无人取包，遂将该包带走放于家中保管。甲离场后，发现公文包丢失，找寻之后没有找到，便在报纸上刊登寻包启事，表示"一周内有知情者送还酬谢1万元"。乙看到报纸后与甲联系，双方在约定的时间、地点交接时，就酬金问题发生争执。

要求：根据上述情况，分析回答下列问题：

1. 本案中寻包启事的性质是什么？
2. 本案如何处理？

一、合同的概念和分类

（一）合同的概念

合同是关于债的合意。理解合同的概念才能奠定掌握合同法的基石。《合同法》第2条规定："本法所称合同是平等主体的自然人、法人、其他组织之间设立、变更、终止民事权利义务关系的协议。"

简单地讲，对合同可以用四个字来概括，就是"合意加债"。

1. 合同是当事人之间的合意

（1）两个意思表示一致即构成合意。

合意是合同成立的一个标志。前一个意思表示是要约，后一个意思表示是承诺。甲要买蓝色的车，乙要卖黑色的车，标的不具有同一性，合同不能成立。

（2）意思表示有瑕疵，不影响合意的存在。

意思表示有瑕疵，是指表示意思与内心意思（效果意思）不一致。如甲以欺诈的手段与乙订立合同，乙的表示意思与内心意思不一致，即意思表示有瑕疵。但甲与乙的两个表示意思取得了一致，达成了意思合致，因此甲与乙之间的合同成立。因欺诈、胁迫、乘人之危订立的合同，以及重大误解和显失公平的合同，统统是意思表示有瑕疵的合同，同时也是已经成立的合同，都是可撤销的合同。

（3）合意就说明合同是两个意思表示的结合。

一个意思表示不能构成合同。比如说，"自己代理"是代理人以被代理人的名义同自己签订合同，它实际上是一个意思表示，不是两个意思表示，因此不能构成合同。在获得被代理人追认时，视为两个意思表示的结合，构成合同。

（4）合意可以是明示形式，也可以是默示形式，还可以是混合形式。

明示是以口头语言、文字来表达意思，默示是以行为表达意思；混合形式是指合意可以由一方明示表达的意思与另一方默示表达的意思结合（参见《合同法》第26条第1款）。

2. 合同在当事人之间是一个债的关系

（1）当事人订立合同的目的和宗旨，是要创立、变更、终止债权债务关系。

我国《合同法》第2条给合同下的定义是民事合同，但从内容来看，我们的合同实际上讲的是债权合同，债权合同是民事合同的一种。当事人订立合同实际上是为了设立债权债务关系，或是为了变更已有的债权债务关系，或是为了终止已有的债权债务关系。

（2）债权合同具有相对性。

合同的相对性，是指合同这个"法锁"，只在当事人之间发生效力，第三人不受合同的拘束。合同当事人不得向第三人主张合同设定的权利。但相对性是一个基本原则，不是绝对的。为了实现交易安全等价值目标，《合同法》还明文规定在特定的情况下，合同的效力及于第三人。如《合同法》第73条、第74条、第75条规定了代位权和撤销权，使合同的效力扩张至第三人。

（3）合同是商品交换的法律形式。

商品交换是通过建立债的关系来实现的，所以人们常说，合同是商品交换的法律形式。从交换的角度看，合同是当事人通过自己的意志建立起来的交易关系。一个合同就是一个交易关系。当然，有偿合同是交易关系，无偿合同不是交易关系。《合同法》规定的绝大多数有名合同都是有偿合同。《合同法》拥有一整套交易规则，所以说《合同法》是市场交易法丝毫不过。

（4）债权合同是平等主体之间的法律关系。

既然合同是商品交换的法律形式，是当事人之间的债权债务关系，那合同就只能是平等主体之间的法律关系。法律要求交易的双方是对等的主体，合同双方要彼此承认是平等的人，平等是进行交易的前提。

（5）债权合同是关于财产关系的合同。

合同是商品交换的法律形式，是财产流转的法律形式。财产关系与身份关系有不同的属性和不同的规则。《合同法》调整债权合同，是调整财产流转的法律，是调整市场关系的法律。婚姻、收养、监护等有关身份关系的协议，适用其他法律的规定（第2条第2款）。

（二）合同的分类

1. 双务合同和单务合同

划分标准：按当事人承担合同义务的不同状况所进行的分类。

双务合同：双方当事人均须向对方承担合同义务的合同。合同一般都有双务性质，如买卖合同。

单务合同：只有一方当事人向对方承担合同义务，权利方没有相应义务的合同。如赠与合同、无偿保管合同。还有，在借用合同中，只有借用人负有按约定使用并按期归还借用物的义务。

其区分类似于无偿、有偿合同的区分，一般而言，单务合同也即无偿合同，双务合同也即有偿合同，但它们并非一一对应关系。

2. 有偿合同和无偿合同

划分标准：按当事人从合同中取得利益是否支付代价所进行的分类。

有偿合同：一方当事人按约从对方取得利益时应当支付对价的合同。

无偿合同：一方当事人按约从对方取得利益时并不支付对价的合同。如赠与合同、保证合同。

商事交易合同以有偿为常态，无偿为例外。

3. 诺成合同和实践合同

划分标准：按合同成立的依据不同所进行的分类。

诺成合同：以当事人双方意思表示一致为成立或者生效要件的合同。如赠与合同。

实践合同：除当事人双方达成合意外，以交付合同标的物为成立或生效要件的合同。如定金合同、借用合同、自然人之间的借贷合同和保管合同。

4. 要式合同和不要式合同

划分标准：按合同形式是否设置特殊要求所进行的分类。

要式合同：法律规定或者当事人约定采取特殊形式的合同。

不要式合同：对合同形式没有法定或者约定的特别要求的合同。非典型合同都是不要式合同。

商事交易合同以不要式为常态，要式为例外（合同的本质在于信用）。

5. 有名合同和无名合同

划分标准：按法律是否明确规定合同名称所进行的分类。

有名合同：也称典型合同，指法律明确规定其名称及规则的合同。《合同法》明确规定了15种：①转移财产权的合同：买卖合同，供应电、水、汽、热力合同，赠与合同，借款合同，租赁合同与融资租赁合同。②交付工作成果的合同：承揽合同、建设工程合同。③提供劳务的合同：运输合同、保管合同、仓储合同、委托合同、行纪合同、居间合同。④技术合同。

无名合同：也称非典型合同，指法律没有规定其名称及规则的合同。实践中无名合同的数量可能更多。如甲、乙双方达成协议，约定甲将房屋无偿提供给乙居住，乙则无偿教甲的女儿学钢琴。我国无名合同适用《合同法》总则的规定或参照适用《合同法》分则、单行法最相类似的规定，如借用合同可参照租赁合同规则。

6. 实定合同和射幸合同

划分标准：按在订立时能否确定合同的法律后果所进行的分类。

实定合同：也称确定合同，指在订立时即能确定合同法律后果的合同。一般合同均为实定合同。

射幸合同：又称机会合同，指在订立时不能确定合同法律后果，而是取决于合同成立后是否发生偶然事件的合同。如保险合同、抽奖合同、赌博合同等。

7. 束己合同和涉他合同

划分标准：按合同是否对当事人以外的第三人具有法律效力所进行的分类。

束己合同：合同所约定的权利义务只对合同当事人有效，与第三人无关的合同。多数合同属此。

涉他合同：合同所约定的权利义务不但对合同当事人有效，而且也涉及第三人利益的合同，包括向第三人履行的合同和由第三人履行的合同（《合同法》第64、65条）。如甲向乙购买一批服装，乙到丙厂去批购，约定由丙直接向甲发货。

8. 明示合同和默示合同

划分标准：按当事人是否通过明确的意思表示签订合同。

明示合同：当事人通过语言、文字等方式明确地表达签订合同的意愿，从而达成合意的合同。

默示合同：当事人之间没有明确的意思表示，而从当事人的行为中推定合同成立的合同。如一方发货，另一方接受且并未依法提出质量异议的，当事人双方之间就形成事实合同关系。另如买早餐、商场购物等。

二、合同法的概念和适用范围

（一）概念

合同法是调整平等民事主体利用合同进行财产流转或交易而产生的社会关系的法律规范的总和。

（二）适用范围

《合同法》的适用范围应该为各类由平等主体的自然人、法人和其他组织之间设立、变更和终止民事权利义务关系的协议，简单地说，《合同法》应适用于各类民事合同。

但是，根据《合同法》第2条的规定："婚姻、收养、监护等有关身份关系的协议，适用其他法律的规定。"男女之间的婚姻协议，是身份合同，适用《婚姻法》的规定。夫妻之间的财产协议、家庭之间的分家析产协议，适用《合同法》的规定。收养协议，适用《收养法》的规定。监护协议适用《民法通则》的规定。

三、合同法的基本原则

合同法的基本原则，是指合同立法的指导思想以及调整合同主体间合同关系所必须遵循的基本方针、准则，其贯通于合同法律规范之中。合同法的基本原则也是制定、解释、执行和研究合同法的基本依据和出发点。

（一）平等原则、公平原则

（1）平等原则是指民法赋予民事主体平等的民事权利能力，并要求所有民事主体共同受法律的约束。

（2）公平原则要求民事主体本着公正的观念从事活动，正当行使权利和履行义务，在民事活动中兼顾他人利益和社会公共利益。

（二）自愿原则（意思自治原则）

（1）概念：合同当事人取得权利义务或从事民事活动时应基于其意志的自由，不受国家权力和其他当事人的非法干预。我国《合同法》第4条明确规定："当事人依法享有自愿订立合同的权利，任何单位和个人不得非法干预。"

（2）自愿原则（意思自治原则）的表现：合同当事人依法享有在缔结合同、选择相对人、决定合同内容以及在变更和解除合同、选择合同补救方式等方面的自由。

（三）诚实信用原则

1. 概念

诚信原则是指当事人在从事民事活动时，应诚实守信，以善意的方式履行其义务，不得滥用权利及规避法律或合同规定的义务。

2. 诚信原则具体体现

（1）合同订立阶段应依循诚信原则。

（2）合同订立后至履行前应依循诚信原则。

（3）合同的履行应依循诚信原则。

（4）合同终止以后应遵循保密和忠实的义务。

（四）合法原则

《合同法》第7条规定："当事人订立、履行合同，应当遵守法律、行政法规，尊重社会公德，不得扰乱社会经济秩序，损害社会公共利益。"

合法原则具体内容包括如下几点：

第一，合法原则首先要求当事人在订约和履行中必须遵守全国性的法律和行政法规。

第二，合法原则还包括当事人必须遵守社会公德，不得违背社会公共利益。

◎开篇案例解答：

寻包启事属于悬赏广告。悬赏广告为单方允诺，并不构成合同。拾得人有义务返还拾得物于失主，而失主作为悬赏人也应该兑现其允诺，即给付乙报酬。

悬赏广告是指以广告的方式，对完成一定行为的人给付报酬的意思表示。关于悬赏广告的性质，学界多有争论，其中以合同说和单方法律行为说为主要的两种对立观点。笔者赞同后者。

将悬赏广告作为合同至少有两个法律问题难以解释：其一，行为人完成悬赏行为却不知有悬赏广告者，不能成立合同。因为承诺是对要约表示同意的意思表示（《合同法》第21条），而同意要约显然以知道要约为前提，不知要约显然不能构成承诺。其二，行为人系无行为能力人的，因为无行为能力人所为的意思表示无效，因此不成立悬赏合同。若因此认为这两种情形行为人不享有赏酬给付请求权，似乎不尽妥当。较为合适的是：悬赏广告是悬赏人的单方法律行为，这种单方允诺也可以发生债的效果。

第二节　合同的成立

开篇案例：

案情：甲企业（本题以下称"甲"）向乙企业（本题以下称"乙"）发出传真订货，该传真列明了货物的种类、数量、质量、供货时间、交货方式等，并要求乙在10日内报价。乙接受甲发出传真列明的条件并按期报价，亦要求甲在10日内回复；甲按期复电同意其价格，并要求签订书面合同。乙在未签订书面合同的情况下按甲提出的条件发货，甲收货后未提出异议，亦未付货款。后因市场发生变化，该货物价格下降。甲遂向乙提出，由于双方未签订书面合同，买卖关系不能成立，故乙应尽快取回货物。乙不同意甲的意见，要求其偿付货款。随后，乙发现甲放弃其对关联企业的到期债权，并向其关联企业无偿转让财产，可能使自己的货款无法得到清偿，遂向人民法院提起诉讼。

要求：根据上述情况，分析回答下列问题：

(1) 试述甲传真订货、乙报价、甲回复报价行为的法律性质。

(2) 买卖合同是否成立？并说明理由。

一、合同成立的概念和条件

（一）概念

合同的成立是指订约当事人就合同的主要条款达成合意。

（二）合同成立的条件

(1) 存在双方或多方订约当事人。

(2) 订约当事人对主要条款达成合意。

(3) 合同的成立应具备要约和承诺阶段。

以上只是合同的一般成立要件。实际上由于合同的性质和内容不同，许多合同还可能具有其特定的成立要件。

二、合同成立的一般程序

《合同法》第13条规定："当事人订立合同，采取要约、承诺方式。"合同作为关于债的合意，需要当事人相互交换意思表示，以求相互取得一致。订立合同的过程，就是双方当事人采用要约和承诺方式进行协商的过程。要约，是订立合同过程中的首要环节。没有要约，就不存在承诺，合同也就无从产生。没有承诺，要约没有获得响应，也就失去了存在的价值。

（一）要约

合同是当事人之间意思表示一致的结果。法律上把订立合同的意思表示称为要约和承诺。要约是订立合同的第一个步骤。

1. 含义

要约是一方当事人希望和他人订立合同的一种意思表示。发出要约的人称为要约人，接受要约的人则称为受要约人、相对人和承诺人。

2. 要约应具备下列条件

第一，要约的内容应当具体确定。

一般应当包括合同的主要条件，如标的，价款，数量，履行的时间、地点和方式等。

如中国甲公司向美国乙公司发盘（要约在我国对外贸易实践中的称呼，或称发价）："购古巴白糖100吨，每吨650美元，CIF上海（成本＋运费＋保险费，指定目的港），10天内电复有效。"假如美国乙公司电复"完全同意你方条件"，合同即成立，因为要约的内容已属十分确定。

第二，要约人应当表明经受要约人承诺，要约人即受该意思表示约束。如某汽车销售商于报纸上发一广告，称"新到一批德国原产奥迪轿车，价格××元人民币，见报后10天内保证有货。""见报后10天内保证有货。"即表明广告发布者有受拘束的意思表示。

要约人要明确表示按所提条件同对方签约的意思。既然有受意思表示拘束的意图，则表明当事人有意订立合同这点在判断商业广告是否属于要约时非常重要。如当事人在广告中表述"先到先买，卖完为止""5日内保证有货"等表示均可以视为有意受该意思表示拘束，因此当为要约，而非要约邀请。

要约邀请：希望他人向自己发出要约的意思表示。一般向不特定人发出。寄送的价目表、拍卖公告、招标公告、招股说明书为要约邀请。商业广告一般为要约邀请。只有在商业广告的内容符合要约规定时才视为要约。

第三，要约必须送达受要约人才能生效。

要约通常仅约束要约人。实际上是指要约在到达受要约人之后作出承诺之前，要约人是否可以撤销或者更改要约。

（1）生效：各国普遍认为到达受要约人时生效。

（2）撤回：要约人在要约生效以前（要约到达受要约人之前或至少与要约同时到达）

主动撤回自己发出的要约，目的在于阻止要约生效。要约即使是不可撤销的，也可以撤回。

（3）撤销：要约到达受要约人之后即要约生效之后（即撤销要约的通知应当在受要约人发出承诺通知之前）要约人发出撤销通知，使已经生效的要约失去法律效力。

我国《合同法》第19条规定，有下列情形之一的，要约不得撤销：一是要约人确定了承诺期限或者以其他形式明示要约不可撤销；二是受要约人有理由认为要约是不可撤销的并已经为履行合同作了准备。

（4）失效：要约在下列情形下失效：一是要约有效期间已过，未规定有效期的，则依通常情形可期待承诺到达期间或合理的时间已过，具体由法院确定；二是被要约人依法撤回或撤销要约；三是被受要约人拒绝；四是受要约人对要约的内容作出实质性变更，形成反要约或被视为一项新的要约。

我国《合同法》第20条规定，有下列情形之一的，要约失效：（一）拒绝要约的通知到达要约人；（二）要约人依法撤销要约；（三）承诺期限届满，受要约人未作出承诺；（四）受要约人对要约的内容作出实质性变更。

我国《合同法》第30条明确规定：有关合同标的、数量、质量、价款或者报酬、履行期限、履行地点和方式、违约责任和解决争议方法等的变更，是对要约内容的实质性变更。

（二）承诺

1. 含义

承诺的具体方式通常为依法或者按约发出承诺通知（口头、书面或其他），但有时也可以根据交易习惯或者合同约定以其他方式作出，如可以通过行为作出承诺（如发货行为、服务行为等）。

2. 一项有效的承诺应具备下列条件

第一，承诺必须由受要约人或其代理人作出。

第二，承诺必须在要约的有效或者合理期限内作出。

我国《合同法》第23条明确规定，承诺应当在要约确定的期限内到达要约人。要约没有确定承诺期限的，承诺应当依照下列规定到达：（一）要约以对话方式作出的，应当即时作出承诺，但当事人另有约定的除外；（二）要约以非对话方式作出的，承诺应当在合理期限内到达。

同时，第24条规定，要约以信件或者电报作出的，承诺期限自信件载明的日期或者电报交发之日开始计算。信件未载明日期的，自投寄该信件的邮戳日期开始计算。要约以电话、传真等快速通信方式作出的，承诺期限自要约到达受要约人时开始计算。

有关逾期的承诺问题，我国《合同法》第28条规定：受要约人超过承诺期限发出承诺的，除要约人及时通知受要约人该承诺有效的以外，为新要约。第29条规定：受要约人在承诺期限内发出承诺，按照通常情形能够及时到达要约人，但因其他原因承诺到达要约人时超过承诺期限的，除要约人及时通知受要约人因承诺超过期限不接受该承诺的以外，该承诺有效。

第三，承诺应与要约的内容相一致。英美法中的镜像规则：承诺对于要约，就像镜子反映物体那样毫无二致，否则就不是承诺而是一项新的要约。

第四，承诺的传递方式应符合要约的要求。

邮寄承诺的生效时间，大陆法系和英美法系不同规则。英美法国家实行投邮主义或者说投邮生效原则，即在以邮寄信函方式承诺时，承诺一经投邮立即生效，即使表示承诺的信函在传递过程中灭失，也不影响合同的成立。大陆法系实行到达主义，在中国数据电文进入系统时间视为承诺到达。

承诺是否可以撤回，取决于承诺生效时间。投邮主义，承诺不可撤回。到达主义，撤回通知须先于或与承诺同时到达要约人。我国《合同法》第27条有相关规定。

（三）合同成立的时间和地点

1. 时间

①通常情况下，承诺一旦生效合同即可成立。②采用合同书形式订立的，自双方当事人签字或盖章时合同成立。③采用信件、数据电文等形式订立的，可在合同成立前要求签订确认书，签订确认书时合同成立。我国《合同法》第36、37条有两个例外规定。第36条：法律、行政法规规定或者当事人约定采用书面形式订立合同，当事人未采用书面形式但一方已经履行主要义务，对方接受的，该合同成立；第37条：采用合同书形式订立合同，在签字或者盖章之前，当事人一方已经履行主要义务，对方接受的，该合同成立。

2. 地点

依据我国《合同法》34条规定，承诺生效的地点即为合同成立的地点。

三、缔约过失责任

1. 含义

在合同订立的过程中，一方因违背诚实信用义务致使另一方信赖利益的损失，所应承担的损害赔偿责任为缔约过失责任。

2. 基本特点

过失发生在合同订立过程中；一方违背其诚实信用义务；造成对方的信赖利益损失。

因缔约过失责任产生的损失表现为信赖利益或消极利益的损失。信赖利益与有效合同所产生的履行利益或积极利益是不同的。信赖利益赔偿的结果，是使当事人达到合同未曾发生时的状态；而履行利益赔偿的结果，是使当事人达到合同完全履行时的状态。信赖利益的损失包括因他方的缔约过失行为而致信赖人的直接财产的减少，如支付各种费用等，也包括信赖人的财产应增加而未增加的利益，如信赖合同有效而失去某种应该得到的机会。

3. 根据我国《合同法》第42、43条的规定，缔约过失责任主要有如下几种类型

（1）假借订立合同，恶意进行磋商。如甲、乙两人各开一酒店，两酒店相邻，生意都很兴隆。后甲因投身其他行业欲将酒店转手给丙，丙出价80万元。乙闻知后担心财力雄厚的丙家接手甲的酒店后，在日后竞争中自己落于下风。于是乙积极与甲磋商，表明自己有决心买下酒店并出价100万元。甲见乙出价高，遂终止与丙的磋商，转而一心一意与乙谈判。乙见丙退出，即对甲提出自己无意买下该酒店。乙对甲承担缔约过失责任。

（2）故意隐瞒与订立合同有关的重要事实或者提供虚假情况。如甲欲购买乙的汽车，

经协商，甲同意 3 天后签订正式的买卖合同，并先交 1 000 元给乙，乙出具的收条上写明"收到甲订金 1 000 元"。三天后，甲了解到乙故意隐瞒了该车证照不齐的情况，故拒绝签订合同。甲有权要求乙返还 1 000 元并赔偿在买车过程中受到的损失。

（3）有其他违背诚实信用原则的行为。如甲公司于 6 月 5 日以传真方式向乙公司求购一台机床，要求"立即回复"。乙公司当日回复"收到传真"。6 月 10 日，甲公司电话催问，乙公司表示同意按甲公司报价出售，要其于 6 月 15 日来人签订合同书。6 月 15 日，甲公司前往签约，乙公司要求加价，未获同意，乙公司遂拒绝签约。甲公司有权要求乙公司承担缔约过失责任。

（4）当事人在订立合同过程中知悉的商业秘密，无论合同是否成立，不得泄露或者不正当地使用。泄露或者不正当地使用该商业秘密给对方造成损失的，应当承担损害赔偿责任。

四、合同的形式与内容

（一）合同的形式

1. 含义

合同的形式，是合意的外在表现方式。合意是当事人表示意思的结合，是当事人思想意志的结合。这种结合，不能只停留在脑海之中，需要外在的形式表现出来。这种外在的表现形式，就是合同的形式。《合同法》第 10 条规定："当事人订立合同，有书面形式、口头形式和其他形式。法律、行政法规规定采用书面形式的，应当采用书面形式。当事人约定采用书面形式的，应当采用书面形式。"据此，合同的形式可以分为口头形式、书面形式和其他形式

2. 口头形式

口头形式是以口头语言表达合意。口头语言是作用于听觉器官的，但有例外，就是哑语。哑语是作用于视觉器官的。口头形式多用于即时清结的合同。即时清结的合同，是指订立与履行同时完成的合同。口头形式的优点是迅速、简便，提高交易的效率。缺点是发生纠纷的时候，举证困难，不易分清是非，不利于交易安全的保护。我们常用的成语"空口无凭"，可以说是对口头形式合同弱点的概括。口头形式的运用，具有局限性。比如，进行不动产交易的时候，要办理过户手续，只有口头协议，没有书面形式的合同，主管登记的部门不予办理过户手续。

3. 书面形式

（1）书面形式的含义。书面形式的合同是当事人以书面文字形式达成合意的合同。《合同法》第 11 条规定："书面形式是指合同书、信件和数据电文（包括电报、电传、传真、电子数据交换和电子邮件）等可以有形地表现所载内容的形式。"这里的"有形"，主要是指视觉形象。

（2）书面形式的种类。书面形式包括两种：其一，纸面形式；其二，数据形式。①纸面形式。纸面形式的特点是首先有"纸"，其次，纸面形式所记载的文字是作用于视觉器官

的。但是也有例外，即盲文。合同书、信件、确认书等一般表现为纸面形式。有人认为"电报、电传、传真"是数据形式，因它们须表现在纸面上，因此本书把它们归入纸面形式。合同书是规范的书面形式，它可以由当事人同时、同地签订，也可以由当事人在异地分别签订。分别签订，在时间上肯定有前后之分，这样就可以明确地区分要约和承诺。信件、确认书、电报、电传、传真是当事人在异地签订合同时所采用的方式，很容易区分要约和承诺。②数据形式。数据形式所反映的信息，与纸面形式一样，是作用于视觉的。但数据形式不要求必须落实在纸面上。电子数据交换（EDI）和电子邮件，是数据形式，是书面形式的一种。

4. 默示形式

以行为表示意思而成立的合同，为默示形式的合同。行为可以构成要约，也可以构成承诺。默示合同是与明示合同相对应的概念。用语言、文字为意思表示的合同为明示合同。

5. 混合形式

混合形式是明示与默示形式的混合。如一方以书面通知的方式发出要约，另一方以行为承诺。这种情况在实践中也比较常见，并不影响合同的成立。

（二）合同的内容

合同的内容，是指合同当事人约定享有的债权和承担的债务。合同内容通过合同条款来体现，由当事人约定，依合同种类的不同而有所不同。根据我国《合同法》第12条规定，合同一般包括以下条款：

1. 当事人的名称（姓名）和住所

当事人的名称（姓名）和住所，是每一个合同必须具备的条款。当事人是合同法律关系的主体，合同中如果不写明当事人，就无法确定权利的享受者和义务的承担者，因此，订立合同，不仅要把当事人都写到合同中去，而且要把各方当事人名称或者姓名和住所都记载准确、清楚。

2. 标的

标的是指合同当事人双方权利和义务所共同指向的对象。标的是合同成立的必要条件，是一切合同的必备条款。没有标的，合同关系无法建立。

合同标的的种类有物和行为两大类。所谓物，是指为人类所能控制并能满足人们一定需要、有一定经济价值的物质客体。所谓行为，是指人的活动。具体说，合同标的可分为四种：

（1）有形财产，是指具有价值和使用价值并且法律允许流通的有形物，如生产资料与生活资料、货币与有价证券等。

（2）无形财产，是指具有价值和使用价值并且法律允许流通的不以实物形态存在的智力成果，如商标、专利、著作权、技术秘密等。

（3）劳务，是指不以有形财产体现其成果的劳动与服务，如运输、保管、行纪、居间等行为。

（4）工作成果，是指在合同履行过程中产生的、体现履约行为的有形物或者无形物，如承揽合同中承揽人完成的工作成果，建设工程合同中承包人完成的建设工程，技术合同中研究开发人完成的研究开发成果等。

合同对标的的规定应当清楚明白，准确无误。对于名称、型号、规格、品种、等级、花色等都应规定得细致、准确、清楚，防止差错。特别对于不易确定的无形财产、劳务、工作成果等更要尽可能地描述准确、明白。

3. 数量

数量是指标的的数量，是以计量单位和数字来衡量的标的的尺度。在大多数合同中，数量是必备条款。对于有形财产，数量是对单位个数、体积、面积、长度、容积、重量等的计量；对于无形财产，数量是个数、件数、字数以及使用范围等多种量度方法；对于劳务，数量为劳动量；对于工作成果，数量是工作量及成果数量。合同的数量要准确，应选择使用双方当事人共同接受的计量单位、计量方法和计量工具。根据不同情况要求不同的精确度、允许的尾差、磅差、超欠幅度、自然耗损率等。

4. 质量

质量是指标的的具体特征，是标的的内在素质和外观形态的综合，如商品的品种、型号、规格、等级和工程项目的标准等。合同中必须对质量明确加以规定。国家有强制性标准规定的，必须按照规定的标准执行。如有多种质量标准的，应尽可能约定其适用的标准。当事人可以约定质量检验的方法、质量责任的期限和条件、对质量提出异议的条件与期限等。

5. 价款或者报酬

价款或者报酬，是指一方当事人向对方当事人所付代价的货币表现。价款一般是指提供财产的当事人支付的货币，如买卖合同的货款、租赁合同的租金、借款合同中借款人向贷款人支付的本金和利息等。报酬一般是指对提供劳务或者工作成果的当事人支付的货币，如保管合同中的保管费、仓储合同中的仓储费、运输合同中的票款或者运费等。作为主要条款，在合同中应明确规定其数额、计算标准、结算方式和程序。

6. 履行期限、地点和方式

履行期限，是指合同中规定的一方当事人向对方当事人履行义务的时间界限。它是衡量合同能否按时履行的标准。履行地点，是指合同规定的当事人履行合同义务和对方当事人接受履行的地点。履行地点关系到履行合同的费用、风险由谁承担，有时还是确定所有权是否转移、何时转移的依据，也是发生纠纷后确定由哪一地法院管辖的依据。履行方式，是指合同当事人履行合同义务的具体做法。不同种类的合同，有着不同的履行方式。有的需要以转移一定财产的方式履行，如买卖合同；有的需要以提供某种劳务的方式履行，如运输合同；有的需要以交付一定的工作成果的方式履行，如承揽合同等。履行方式还包括价款或者报酬的支付方式、结算方式等。

7. 违约责任

违约责任，是指合同当事人一方或者双方不履行合同义务或者履行合同义务不符合约定时，按照法律或者合同的规定应当承担的法律责任。违约责任是合同具有法律约束力的重要体现，在合同中非常重要，一般有关合同的法律对于违约责任都尽量作出较为详尽的规定。但法律的规定是原则性的，不可能面面俱到，照顾到各种合同的特殊情况。因此，当事人为了保证合同义务严格按照约定履行，为了及时地解决合同纠纷，可以在合同中明确规定违约责任条款，如约定定金或违约金，约定赔偿金额以及赔偿金的计算方法等。

8. 解决争议的方法

解决争议的方法是指合同当事人对合同的履行发生争议时解决的途径和方式。解决争议的方法主要有：当事人协商和解；第三人调解；仲裁；诉讼。解决争议的方法的选择对于纠纷发生后当事人利益的保护是非常重要的，应慎重对待。如果意图通过诉讼解决争议，可以不进行约定。如果选择适用仲裁解决，则要经过事先或者事后约定，还要明确选择的是哪一个仲裁机构，否则将无法确定仲裁条款的效力。

◎ 开篇案例解答：

（1）甲传真订货行为的性质属于要约邀请。因该传真欠缺价格条款，邀请乙报价，故不具有要约性质。乙报价行为的性质属于要约。根据《合同法》的规定，要约要具备两个条件，第一，内容具体确定；第二，表明经受要约人承诺，要约人即受该意思表示约束。乙的报价因同意甲方传真中的其他条件，并通过报价使合同条款内容具体确定，约定回复日期则表明其将受报价的约束，已具备要约的全部要件。

甲回复报价行为的性质属于承诺。因其内容与要约一致，且于承诺期限内作出。

（2）买卖合同成立。根据《合同法》的规定，当事人约定采用书面形式订立合同，当事人未采用书面形式但一方已经履行主要义务，对方接受的，该合同成立。本题中，虽双方未按约定签订书面合同，但乙已实际履行合同义务，甲亦接受，未及时提出异议，故合同成立。

第三节　合同的效力

开篇案例：

甲、乙公司于 2011 年 4 月 1 日签订买卖合同，合同标的额为 100 万元。根据合同约定，甲公司应于 4 月 10 日前交付 20 万元的定金，以此作为买卖合同的生效要件。4 月 15 日，乙公司在甲公司未交付定金的情况下发出全部货物，甲公司接受了该批货物。4 月 20 日，乙公司要求甲公司支付 100 万元的货款，遭到拒绝。经查明：甲公司怠于行使对丙公司的到期债权 100 万元，此外甲公司欠丁银行贷款本息 100 万元。4 月 30 日，乙公司向丙公司提起代位权诉讼，向人民法院请求以自己的名义代位行使甲公司对丙公司的到期债权。人民法院经审理后，认定乙公司的代位权成立，由丙公司向乙公司履行清偿义务，诉讼费用 2 万元由债务人甲公司负担。丁银行得知后，向乙公司主张平均分配丙公司偿还的 100 万元，遭到乙公司的拒绝。

要求：根据有关法律规定，回答问题：

甲、乙公司签订的买卖合同是否生效？并说明理由。

合同的效力指合同的法律效力。合同效力是指依法成立的合同对当事人具有法律约束力。合同的效力，是法律赋予的。合同有效，当事人应按合同约定履行债务，实现债权，合同具有履行效力。如果无效，法律认定其不能产生当事人追求的法律后果，当事人不能按合同的约定履行债务，实现债权，故有人简称无效合同为不发生履行效力的合同，法律对当事人意图设立的债权债务关系不予认可和保护。

一、合同的生效

依法成立的合同，自成立时生效。法律、行政法规规定应当办理批准、登记等手续生效的，依照其规定。有效合同就是依法成立并对当事人双方产生法律约束力的合同。

（一）合同的生效要件

①行为人具有相应的民事行为能力。②当事人的意思表示真实。③不违反法律和行政法规的强制性规定。④不违反社会公共利益。⑤符合法定或者约定的特定形式。

（二）附条件合同的生效

当事人双方约定的决定合同生效与否的不确定事件。

当事人对合同的效力可以约定附条件，附生效条件的合同，自条件成熟时生效。附解除条件的合同，自条件成熟时失效。

构成条件的事实要件：A. 应为将来发生的事实；B. 应是发生与否具有不确定性的事实；C. 应是当事人约定的合法的事实。

如甲、乙约定，当甲的弟弟考上外地大学，甲的房屋就让乙进来居住是附生效条件的合同。如丙、丁约定，当丙的弟弟大学毕业从外地分配到北京工作，丁就从丙的房屋中搬出是附解除条件的合同。

（三）附期限合同的生效

当事人约定的作为合同生效或者终止条件的时间。

生效期限：合同的效力在期限到来之时才发生；终止期限：合同的效力自期限到来之时消灭。

与附条件的区别关键在于期限是一定能够到来的，而条件是不确定的。如甲、乙双方约定，合同成立后第一场大雪后，甲卖给乙一套滑雪设备。这份合同是附期限的合同。另如甲将其所有的房屋出租给乙，双方口头约定租金为每年5万元，乙可以一直承租该房屋，直至乙死去。该租赁合同为附终止期限的合同。

二、效力待定合同

（一）主体不合格的合同

主体不合格的合同主要是指缺乏合同能力或者主体资格的人订立的合同，包括无民事行为能力人订立的合同和限制民事行为能力人依法不能独立订立的合同。

我国《合同法》第47条规定：限制民事行为能力人订立的合同，经法定代理人追认后，该合同有效，但纯获利益的合同或者与其年龄、智力、精神健康状况相适应而订立的合同,不必经法定代理人追认。相对人可以催告法定代理人在一个月内予以追认。法定代理人未作表示的,视为拒绝追认。合同被追认之前,善意相对人有撤销的权利。撤销应当以通知的方式作出。

如某15岁少年买一双普通的球鞋不必经追认就有效,买一台3 000元的空调须经追认。

(二) 欠缺代理权的合同

欠缺代理权的合同指行为人没有代理权、超越代理权或者代理权终止后以被代理人名义订立的合同,未经被代理人追认,对被代理人不生效,由行为人承担责任。

如甲委托乙前往丙厂采购男装,乙觉得丙厂女装市场看好,便自作主张以甲的名义向丙订购。丙未问乙的代理权限,便与之订立了买卖合同。对此,甲有追认权,丙有催告权、撤销权。

在此处,我们还要注意掌握表见代理和表见代表合同的效力。

表见代理:是指代理人虽不具有代理权,但具有代理权的表面要件,这些表面要件足以使无过错的相对人相信其有代理权,从而法律规定被代理人须对之负授权责任的无权代理。表见代理的行为有效。如甲公司业务经理乙长期在丙餐厅签单招待客户,餐费由公司按月结清。后乙因故辞职,月底餐厅前去结账时,甲公司认为,乙当月的几次用餐都是招待私人朋友,因而拒付乙所签单的餐费。依表见代理,甲应当付款。

表见代表:是指代表人有超越代表权的行为,而其行为足以使无过错的相对人相信其有代表权,从而法律规定由代表人所在单位负责任的无权代表。我国《合同法》第50条:法人或者其他组织的法定代表人、负责人超越权限订立的合同,除相对人知道或者应当知道其超越权限的以外,该代表行为有效。如某公司股东会决议,董事长只有签订标的额600万元以下合同的权利,但该公司董事长与他人签订了标的额为1 000万元的合同并在合同上签了字。公司内部决定,不为他人所知,故相对人是善意相对人,表见代表应当有效。

代表行为与代理行为不同,代理行为要受到委托人授权范围的限制,代表行为无须被代表的法人或者其他组织的同意,因为被代表的法人等的人格已经吸收了法定代表人的人格,法定代表人具有当然的对外代表效力。

三、可撤销合同

(一) 可撤销合同的概念

可撤销合同,是指当事人在订立合同时,因意思表示不真实,法律允许撤销权人通过行使撤销权而使已经生效的合同归于无效。合同被撤销后自始没有法律约束力。合同被撤销的,不影响合同中独立存在的有关解决争议方法的条款的效力。

(二) 导致合同撤销的事由

1. 重大误解

重大误解,是指当事人因对标的物等产生错误认识,致使该行为结果与自己的意思相悖，并造成较大损失的情形。因重大误解订立的合同，是已经成立的合同。不能将因重大误解而成立的合同与未成立的合同相混淆。如甲方要将标的物卖给乙方，而乙方以为是送给自己，甲、乙双方没有达成合意，因此只能认定合同未成立，不能以重大误解为由进行救济。

2. 显失公平

显失公平，是指自始（合同订立时）显失公平，是一方当事人利用优势或者利用对方没有经验，致使双方的权利义务明显不对等（对价不充分）。这种合同违反了公平原则的要求。

3. 欺诈

欺诈，是指一方在订立合同时，故意制造假象或者掩盖真相，致使对方陷入错误而订立合同。欺诈有刑法上的效果和民法上的效果。刑事欺诈，除侵害相对人的利益之外，应当认为同时损害了国家利益，合同应为无效。民事欺诈有三种情况：第一，采用欺诈手段订立合同，合同可撤销；第二，采用欺诈手段订立担保合同，合同无效；第三，其他的民事欺诈，按照《民法通则》的规定，民事行为无效。比如，因被欺诈而订立遗嘱。

4. 胁迫

胁迫，是指一方采用违法手段，威胁对方与自己订立合同，被胁迫一方因恐惧而订立合同。被胁迫一方也有意思表示，因此被胁迫订立的合同，与其他可撤销的合同一样，也是成立的合同。如果采用暴力手段，拿着别人的手指盖章或签字，这种情况称为"绝对强制"或"人身强制"，当事人之间根本不存在合同，不能按可撤销合同处理。"绝对强制"和"人身强制"应当认定合同不成立或者按无效处理。

5. 乘人之危

乘人之危订立合同，是指一方当事人乘对方处于危难之机，为谋取不正当利益，迫使对方违背自己的真实意愿与己订立合同。

四、无效合同

（一）无效合同的概念

无效合同，是指虽经当事人协商成立，但因不符合法律要求而不予承认和保护的合同。

无效合同自始无效，在法律上不能产生当事人预期追求的效果。合同部分无效，不影响其他部分效力的，其他部分仍然有效。无效合同不发生效力是指不发生当事人所预期的法律效力。成立无效合同的行为可能具备侵权行为、不当得利、缔约过错要件而发生损害赔偿、返还不当得利的效力。无效合同是自始不发生当事人所预期的法律效力的合同。当事人不能通过同意或追认使其生效。这一点与无权代理、无权处分、限制行为能力人的行为不同，后者可以通过当事人的追认而生效。无效合同的无效性质具有必然性，不论当事人是否请求确认无效，人民法院、仲裁机关和法律规定的行政机关都可以确认其无效。这与可撤销的合同不同，对于可撤销的合同，当事人请求撤销，人民法院或仲裁机关才予以撤销。

(二) 导致合同无效的事由

1. 一方以欺诈、胁迫的手段订立合同，损害国家利益

一方以欺诈、胁迫的手段订立合同，如果只是损害对方当事人的利益，则属于可撤销的合同。一方以欺诈、胁迫手段订立合同，损害了国家利益的，则为无效合同。国有企业的利益，不能等同于国家利益。

一份合同，同时存在无效事由和撤销事由的时候，合同只能确认无效，而不能按照可撤销处理，否则就会放纵当事人的违法行为。

2. 恶意串通，损害国家、集体或者第三人利益

恶意串通是指合同当事人或代理人在订立合同过程中，为谋取不法利益与对方当事人、代理人合谋实施的违法行为。比如，卖方的代理人甲某为了获取回扣，将卖方的标的物价格压低，买方和代理人甲某都得到了好处，而被代理人卖方却受到了损失。恶意串通成立的合同，行为人出于故意，而且合谋的行为人是共同的故意。行为人的故意，不一定都是当事人的故意，比如代理人与对方代理人串通，订立危害一方或双方被代理人的合同，就不是合同当事人的故意。行为人恶意串通是为了谋取非法利益，如在招标投标过程中，投标人之间恶意串通，以抬高或压低标价，或者投标人与招标人恶意串通以排挤其他投标人等。

3. 以合法形式掩盖非法目的

当事人订立的合同在形式上、表面上是合法的，但缔约目的是非法的，称为以合法的形式掩盖非法目的的合同。例如，订立假的买卖合同，目的是逃避法院的强制执行；订立假的房屋租赁合同以逃避税收，等等。

4. 损害社会公共利益

当事人订立的为追求自己利益，其履行或履行结果危害社会公共利益的合同或者为了损害社会公共利益订立的合同都是损害社会利益的合同。比如，实施结果污染环境的合同，从事犯罪或者帮助犯罪的合同，为了"包二奶"而订立的赠与合同，损害公序良俗（公共秩序和善良风俗）的合同等，是损害社会公共利益的合同。损害社会公共利益的合同，当事人主观上可能是故意，也可能是过失。

5. 违反法律、行政法规的强制性规定

（1）概说。强制性规定，又称为强行性规范，是任意性规范的对称。对强行性规范，当事人必须遵守，如果违反则导致合同无效；对任意性规范，当事人可以合意排除适用。全国人大和全国人大常委会颁布的法律中的强制性规范、国务院颁布的行政法规中的强制性规范，是确认合同效力的依据，不能以地方法规和规章作为否定合同效力的依据。

（2）对两种具体情况的规定。

1）最高人民法院《关于适用〈中华人民共和国合同法〉若干问题的解释（一）》第10条规定："当事人超越经营范围订立合同，人民法院不因此认定合同无效。但违反国家限制经营、特许经营以及法律、行政法规禁止经营的除外。"违反国家限制经营、特许经营、禁止经营的规定，属于违反强制性规定。

2）《最高人民法院关于企业被人民法院依法宣告破产后，在破产程序终结前经人民法院允许从事经营活动所签合同是否有效问题的批复》已于 2000 年 11 月 14 日由最高人民法院审判委员会第 1138 次会议通过，自 2000 年 12 月 9 日起施行。该批复指出："企业被人民法院宣告破产后，破产企业应当自人民法院宣告破产裁定之日起停止生产经营活动。但经清算组允许，破产企业可以在破产程序终结之前，以清算组的名义从事与清算工作相关的生产经营活动。清算组应当将从事此种经营活动的情况报告人民法院。如果破产企业在此期间对外签订的合同，并非以清算组的名义，且与清算工作无关，应当认定为无效。"

（三）无效的免责条款

免责条款是当事人在合同中确立的排除或者限制其未来责任的条款。我国《合同法》第 53 条规定："合同中的下列免责条款无效：（一）造成对方人身伤害的；（二）因故意或者重大过失造成对方财产损失的。"人身安全权是不可转让、不可放弃的权利，也是法律重点保护的权利。因此不能允许当事人以免责条款的方式事先约定免除这种责任（这种责任通常表现为违约责任与侵权责任竞合）。对于财产权，不允许当事人预先约定免除一方故意或因重大过失而给对方造成的损失，否则会给一方当事人提供滥用权利的机会。

（四）无效合同财产后果的处理

1. 返还财产

合同被确认无效后，因该合同取得的财产，应当予以返还。返还财产，是依据所有权返还，还是依据不当得利返还，目前还存在着争议。因我国《合同法》不承认无效合同的履行效力，因此，返还在原则上是根据所有权要求返还。

2. 折价补偿

不能返还或者没有必要返还的，应当折价补偿。折价补偿，不能使当事人从无效合同中获得利益，否则就违背了无效合同制度的初衷。为实现这一目标，可以同时适用追缴或罚款的措施。

3. 赔偿损失

赔偿损失以过错为条件。有过错的应当赔偿对方因此所受到的损失，双方都有过错的，应当各自承担相应的责任。

4. 收归国库所有、返还第三人

当事人恶意串通，损害国家、集体利益或者第三人利益的，因此取得的财产收归国家所有或者返还给第三人。收归国家所有又称为追缴。追缴的财产包括已经取得的财产和约定取得的财产。如果不追缴约定取得的财产，当事人仍会因无效合同获得非法利益。

◇ 开篇案例解答：

买卖合同生效。根据《担保法》的规定，当事人约定以交付定金作为主合同成立或者生效要件的，给付定金的一方未支付定金，但主合同已经履行或者已经履行主要部分的，不影响主合同的成立或者生效。在本题中，甲公司虽未按照合同约定交付定金，但乙公司已经交付全部货物并且甲公司接受了货物，视为主合同已经履行。

第四节 合同的履行

开篇案例：

案情：甲、乙两公司采用合同书形式订立了一份买卖合同，双方约定由甲公司向乙公司提供100台精密仪器，甲公司于8月31日前交货，并负责将货物运至乙公司，乙公司在收到货物后10日内付清货款。合同订立后双方均未签字盖章。7月28日，甲公司与丙运输公司订立货物运输合同，双方约定由丙公司将100台精密仪器运至乙公司。8月1日，丙公司先运了70台精密仪器至乙公司，乙公司全部收到，并于8月8日将70台精密仪器的货款付清。8月20日，甲公司掌握了乙公司转移财产、逃避债务的确切证据，随即通知丙公司暂停运输其余30台精密仪器，并通知乙公司中止交货，要求乙公司提供担保；乙公司及时提供了担保。8月26日，甲公司通知丙公司将其余30台精密仪器运往乙公司，丙公司在运输途中发生交通事故，30台精密仪器全部毁损，致使甲公司8月31日前不能按时全部交货。9月5日，乙公司要求甲公司承担违约责任。

要求：根据以上事实及《合同法》的规定，回答下列问题：
1. 甲、乙公司订立的买卖合同是否成立？并说明理由。
2. 甲公司8月20日中止履行合同的行为是否合法？并说明理由。

合同的履行，是债务人完成合同约定义务的行为，是法律效力的首要表现。当事人通过合意建立债权债务关系，而完成这种交易关系的正常途径就是履行。履行一般是作为方式，如交付标的物、交付货款、加工制作、运输物品等，履行也可以是不作为，如当事人依照约定不参与某一交易。

当事人可以通过合意设定履行义务，但履行不是任意行为。《合同法》第60条规定："当事人应当按照约定全面履行自己的义务。当事人应当遵循诚实信用原则，根据合同的性质、目的和交易习惯履行通知、协助、保密等义务。"

一、一般规则

（一）合同履行的原则及附随义务

1. 合同履行的原则

（1）适当履行原则：指当事人根据合同所约定的标的、数量和质量，在适当的履行期限和地点，以适当的履行方式，全面履行合同义务。

（2）协作履行原则：指当事人不仅适当地履行自己的义务，而且应当根据诚实信用原则协助对方当事人履行其义务。如，当债务人履行给付义务时，债权人应当适当受领；为债务人的交货创造条件、提供方便；当合同不能履行时，应当积极采取措施避免或减少损失。

（3）经济合理原则：指当事人在履行合同义务时，应当讲求经济效益，力争付出最小的成本，获取最大的合同利益。

我国《合同法》第 60 条规定：当事人应当按照约定全面履行自己的义务（即适当履行原则）。

当事人应当遵循诚实信用原则，根据合同的性质、目的和交易习惯履行通知、协助、保密等义务（包含了协助履行原则）。

2. 附随义务

当事人应当遵循诚实信用原则，根据合同的性质、目的和交易习惯履行通知、协助、保密等义务。

（二）合同条款的补缺

（1）根据我国《合同法》第 61 条的规定，合同生效后，当事人就质量、价款或者报酬、履行地点等内容没有约定或者约定不明确的，可以协议补充；不能达成补充协议的，按照合同有关条款或者交易习惯确定。

（2）依照上述履行原则仍不能确定的，适用我国《合同法》第 62 条的规定：①质量要求不明确的，按照国家标准、行业标准履行；没有国家标准、行业标准的，按照通常标准或者符合合同目的的特定标准履行。②价款或者报酬不明确的，按照订立合同时履行地的市场价格履行；依法应当执行政府定价或者政府指导价的，按照规定履行。③履行地点不明确，给付货币的，在接受货币一方所在地履行；交付不动产的，在不动产所在地履行；其他标的，在履行义务一方所在地履行。④履行期限不明确的，债务人可以随时履行，债权人也可以随时要求履行，但应当给对方必要的准备时间。⑤履行方式不明确的，按照有利于实现合同目的的方式履行。⑥履行费用的负担不明确的，由履行义务一方负担。（此处的"履行义务一方"，根据目的解释规则和诚实信用解释原则，应当理解为"应履行义务一方"。）

（三）涉他合同的履行

根据合同相对性原则，合同关系仅仅是合同当事人之间的权利和义务关系，仅仅对合同当事人产生法律约束力，合同不能对当事人以外的第三人赋予权利或者设定义务。如甲、乙双方约定，由丙每月代乙向甲偿还 500 元，期限 2 年。丙履行 5 个月后，以自己并不对甲负有债务为由拒绝继续履行。甲遂向法院起诉，要求乙、丙承担违约责任。法院应判决乙承担违约责任。

但随着社会经济关系的不断发展，实践中出现了大量的涉他合同，如担保合同、保险合同等。

（1）向第三人履行的合同：我国《合同法》第 64 条规定：当事人约定由债务人向第三人履行债务的，债务人未向第三人履行债务或者履行债务不符合约定，应当向债权人承担违约责任。

（2）由第三人履行的合同：我国《合同法》第 65 条规定：当事人约定由第三人向债权人履行债务的，第三人不履行债务或者履行债务不符合约定，债务人应当向债权人承担违约责任。

二、合同履行中的抗辩权

抗辩权又称异议权,指对抗请求权或者否认对方权利主张的权利。

(一) 同时履行抗辩权

1. 含义

双务合同的当事人在合同中没有约定先后履行顺序的,一方当事人在对方未为对待给付之前,可拒绝履行自己的合同义务的权利。

2. 同时履行抗辩权的构成要件

构成要件包括:①当事人须因同一双务合同而互负义务。②当事人双方互负的债务没有先后履行顺序且均已届清偿期。③要求对方履行的当事人自己尚未履行债务或未按约定履行债务。

3. 效力

同时履行抗辩权属于延期的抗辩权,不具有消灭对方请求权的效力。

我国《合同法》第 66 条规定:当事人互负债务,没有先后履行顺序的,应当同时履行。一方在对方履行之前有权拒绝其履行要求。一方在对方履行债务不符合约定时,有权拒绝其相应的履行要求。

(二) 后履行抗辩权

1. 含义

双务合同的当事人在合同中约定先后履行顺序的,按约后履行的一方当事人在对方未履行之前,可拒绝履行自己合同义务的权利。

2. 后履行抗辩权的构成要件

构成要件包括:①当事人因双务合同互负债务。②当事人一方须有先履行的义务。③先履行一方到期未履行债务或未适当履行债务。

这是诚实信用原则和适当履行原则的具体化。

3. 效力

后履行抗辩权属于延期的抗辩权,不具有消灭对方请求权的效力,只是暂时阻止先履行一方请求权的行使。

(三) 不安抗辩权

1. 含义

双务合同中按约应当先履行义务的一方当事人在对方签约后出现财产状况恶化或者明显减少,有难为对待给付之虞,极有可能危及其债权的实现时,通过请求对方履行或者提供担保仍未保障权利,可以中止履行其自己的合同义务的权利。

2. 不安抗辩权的构成要件

构成要件包括:①当事人须因双务合同互负债务。②当事人一方须有先履行的义务且已届履行期。③后履行义务一方有丧失或可能丧失履行债务能力的情形。这些情形包括：经营状况严重恶化；转移财产、抽逃资金，以逃避债务；丧失商业信誉；有丧失或者可能丧失履行债务能力的其他情形。特别需要注意的一点是，上述情形的存在必须有确切证据证明，如果当事人没有确切证据而行使不安抗辩权，应当承担违约责任。④后履行义务一方没有对待给付或未提供担保。

3. 不安抗辩权的效力

根据我国《合同法》第68条、第69条的规定，不安抗辩权的主要效力分为两个方面：①中止合同，先履行一方有权中止履行，并负有及时通知对方的义务。②解除合同。中止合同后，后履行一方在一定期限内仍没有恢复履行能力或者提供担保的，中止履行义务的一方可以解除合同。

第68条：应当先履行债务的当事人，有确切证据证明对方有下列情形之一的，可以中止履行：（一）经营状况严重恶化；（二）转移财产、抽逃资金，以逃避债务；（三）丧失商业信誉；（四）有丧失或者可能丧失履行债务能力的其他情形。

当事人没有确切证据中止履行的，应当承担违约责任。

第69条：当事人依照本法第68条的规定中止履行的，应当及时通知对方。对方提供适当担保时，应当恢复履行。中止履行后，对方在合理期限内未恢复履行能力并且未提供适当担保的，中止履行的一方可以解除合同。

三、合同保全

（一）概念

（1）概念：为防止债权人的债权因债务人的财产不当减少而遭受到危害，法律允许债权人不受合同相对性的约束，对债务人或者第三人采取的保全措施。

（2）合同保全制度是合同相对性规则的例外，合同保全制度使得合同当事人可以对第三人主张权利，从而对第三人产生法律效力。只有在合同有效的前提下，才可以采取保全制度。

（3）合同保全不同于合同担保。合同担保是积极促进债的履行，时间上多发生在被担保的合同订立之时，或订立之后至履行之前。而合同保全的适用则发生在合同履行期间，并以债务人的不当行为危及债权人利益为前提。

（二）代位权

1. 含义

代位权指因债务人怠于行使其到期债权，对债权人造成损害的，债权人可诉请以自己的名义代为行使债务人债权的权利。债权人对次债务人的代位权诉讼成立的，由次债务人向债权人履行清偿义务。具体如图3-1所示。

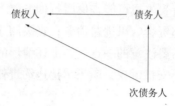

图 3-1 代位权

2. 代位权行使的条件

《合同法司法解释（一）》第 11 条规定："债权人依照合同法第 73 条的规定提起代位权诉讼，应当符合下列条件：（一）债权人对债务人的债权合法；（二）债务人怠于行使其到期债权，对债权人造成损害；（三）债务人的债权已经到期；（四）债务人的债权不是专属于债务人自身的债权。"

根据这条规定，对于代位权行使的条件在掌握中应当注意以下几点：

（1）债权人的债权必须已届清偿期。虽然在构成要件中并没有强调债权人的债权已届清偿期，但是《合同法司法解释（一）》第 13 条规定："《合同法》第 73 条规定的'债务人怠于行使其到期债权，对债权人造成损害的'，是指债务人不履行其对债权人的到期债务，又不以诉讼方式或者仲裁方式向其债务人主张其享有的具有金钱给付内容的到期债权，致使债权人的到期债权未能实现。"因此，债权人对债务人的债权必须已届清偿期，债权人才能行使代位权。

（2）债务人的债权不能是专属于债务人自身的债权。《合同法》第 73 条规定，债权人可以代位行使的权利必须是非专属于债务人的权利，又根据《合同法司法解释（一）》第 12 条的规定，"专属于债务人自身的债权"具体是指"基于扶养关系、抚养关系、赡养关系、继承关系产生的给付请求权和劳动报酬、退休金、养老金、抚恤费、安置费、人寿保险、人身伤害赔偿请求权等权利"。

3. 代位权行使的效力

《合同法司法解释（一）》第 20 条规定："债权人向次债务人提起的代位权诉讼经人民法院审理后认定代位权成立的，由次债务人向债权人履行清偿义务，债权人与债务人、债务人与次债务人之间相应的债权债务关系即予消灭。"据此，代位权行使的效果主要有：

（1）法律认可代位权取得的财产可以直接向债权人清偿，即法律承认代位权人有优先受偿的权利。当然如果有多个债权人行使代位权，则法院应当将多个代位诉讼合并审理，并最后按照行使代位权的债权比例清偿债务。

（2）债权人与债务人、债务人与次债务人之间相应的债权债务关系即予消灭。

4. 代位权诉讼中的其他问题

（1）诉讼主体。根据《合同法》第 73 条规定，债权人行使代位权，必须要以自己的名义提起诉讼，因此代位权诉讼的原告只能是债权人。同时根据《合同法司法解释（一）》第 16 条的规定，债权人以次债务人为被告向人民法院提起代位权诉讼，未将债务人列为第三人的，人民法院可以追加债务人为第三人。

（2）代位权的行使范围。根据《合同法》第 73 条的规定，代位权的行使范围以债权人的债权为限。

(3) 行使代位权的费用负担。《合同法》第 73 条规定，"债权人行使代位权的必要费用，由债务人负担"。同时根据《合同法司法解释（一）》第 19 条的规定，"在代位权诉讼中，债权人胜诉的，诉讼费由次债务人承担，从实现的债权中优先支付。"费用由债务人承担的原因在于，行使代位权是合同保全的一种措施，故债权人在行使代位权的过程中产生的费用，也是债务人向次债务人追索债权及向债权人清偿债务过程中产生的费用，理应由债务人支出。而胜诉所产生的诉讼费由次债务人承担也是合理的，因为次债务人在债务已经到期的情况下没有清偿债务，本身就有过错。

（三）撤销权

1. 含义

因债务人放弃其到期债权或者无偿转让财产，对债权人造成损害的，债权人可以请求法院撤销债务人行为的权利。具体如图 3-2 所示。

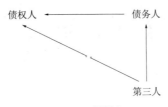

图 3-2 撤销权

撤销权的行使必须依一定的诉讼程序进行，因此，撤销权又被称为撤销诉权或废罢诉权。

2. 撤销权行使的要件

①债务人实施一定的处分财产的行为。②债务人的处分行为已经生效。③债务人的处分行为对债权造成了损害。④债务人或者第三人有主观上的恶意。

根据我国《合同法》第 74 条的规定，撤销权行使的要件是：

（1）债务人实施了有害于债权的处分财产的行为。处分财产的行为不包括事实上的处分，而仅限于法律上的处分。具体包括：A. 放弃到期债权；B. 无偿转让财产；C. 以明显不合理的低价转让财产，且受让人知道该情形的（受让人主观上为恶意）。

（2）债务人处分财产的行为已经危害债权人债权的实现。

3. 撤销权的效力

债权人行使撤销权的效力基于判决发生，其效力及于债权人、债务人和受益人。撤销之诉发生效力后，债务人与受让人之间的行为自始无效。在财产已经为受让人（受益人）占有或受益的情况下，撤销权人可以要求受让人返还财产和收益与债务人。

4. 撤销权中的其他问题

（1）诉讼主体。在撤销权诉讼中，原告是债权人，被告是债务人，受让人是第三人。如果原告未列受让人为第三人的，法院追加。两个以上债权人均提起撤销之诉，可合并审理。

（2）诉讼时效与除斥期间。由于撤销权兼具请求权与形成权的性质，因此关于撤销权行使的期间也应当根据具体情况分析：①《合同法》第 75 条规定的 1 年性质上应当属于诉讼时效,而非除斥期间。起算点为自知道或者应当知道撤销事由之日起。②《合同法》第75条规定的5年性质上属于除斥期间,起算点为债务人的行为发生之日起。

(3) 必要费用负担。债权人胜诉的,律师代理费、差旅费等必要费用由债务人负担;第三人有过错的,应当适当分担。

◎开篇案例解答:
(1) 甲、乙公司订立的买卖合同成立。根据《合同法》的规定,采用合同书形式订立合同,在签字或者盖章之前,当事人一方已经履行主要义务,对方接受的,该合同成立。虽然甲乙双方没有在合同书上签字盖章,但甲公司已将70台精密仪器交付了乙公司,乙公司也接受并付款,所以合同成立。

(2) 甲公司8月20日中止履行合同的行为合法。根据《合同法》的规定,应当先履行债务的当事人,有确切证据证明对方有转移财产、逃避债务的情形,可以中止履行合同。

第五节　合同的变更、转让、终止

开篇案例:
案情:某油运公司与长江沿岸的炼化企业签有长期原油运输合同,2006年因沿江输油管道开通,某炼化企业改用输油管道输送原油,并节省了大笔运费,双方经多次磋商变更合同,某油运公司因只能承运极小部分零星油品,业务收入急剧下降。
问题:某油运公司有无权利向对方当事人请求进行合理补偿?

一、合同变更

1. 含义

合同变更,有广义和狭义两种。

广义指合同的变更,即合同的主体发生变化,也即合同当事人向第三人全部或部分转让其合同权利、合同义务或者合同权利和义务。

狭义的合同变更是指在不改变主体的前提下,当事人就原合同的内容进行修改或者补充而形成新的权利和义务关系。

但从我国法律规定来看,则是采用狭义,即专指合同内容的变更,而不包括合同主体的变更。其含义是指合同的主体不变,当事人双方在合同成立之后,尚未履行或尚未完全履行以前,当事人就合同的内容达成修改和补充的协议。

具体情形有协议变更和诉请变更。

当然合同内容的变更是在保持原合同效力的基础上,再形成新的合同关系,这种新的合同关系应当包括原合同的实质内容。如果新的合同关系产生以后没有吸收原合同的实质内容,就不属于合同的变更,而是合同消灭以后订立的一个新合同。

2. 合同变更须具备一定的条件

首先,有原合同关系的存在。

其次，合同变更须经过当事人协商一致。当然法律也规定了一些特殊情况下的单方面的合同变更，如重大误解、显失公平等可撤销合同的当事人，可以不经对方同意，径自请求法院或者仲裁机构予以变更。

最后，如果当事人对合同变更的内容约定不明确的，推定为未变更。

二、合同转让

（一）概述

1. 含义

如前所述广义的合同变更，合同转让即合同当事人一方将合同权利、合同义务或者合同的权利和义务全部或者部分地转让给第三人的行为。

2. 特点

特点也是与前述狭义的合同变更的不同之处。

（1）合同内容原封不动，即不改变合同中原有的权利和义务。

（2）合同主体发生变化，即起码有一方当事人被替换。

（3）通常涉及第三人。

3. 要件

（1）以合法有效的合同关系为前提。

（2）符合法定程序和手续。

（3）转让双方达成合意。

（二）合同权利的转让

1. 含义

合同权利的转让也称合同债权的转让，指合同债权人依约向第三人转让全部或者部分合同债权的行为。具体如图3-3所示。

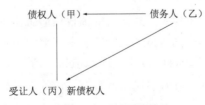

图3-3 合同权利的转让

债权转让是不改变权利内容，但改变了权利主体。债权转让可以是全部转让，也可以是部分转让。在债权全部转让时，受让人将完全取代转让人的地位而成为合同当事人。在债权部分转让情况下，受让人作为第三人将加入原合同关系之中，与原债权人共同享有债权。不管采取何种方式转让，都不应增加债务人的负担。

2. 债权转让的条件

（1）须有有效的债权存在。如果债权不存在，则转让行为无效。作为转让人只担保债权的存在与否，但不担保债务人是否具有清偿能力。因此，诉讼时效已过的权利同样可以作为转让的对象。

（2）转让双方之间须达成转让协议。

（3）转让的合同权利须具有可让与性。

下列权利不得转让：A. 根据合同性质不得转让的权利。这种类型的权利主要有：①基于个人人身信任关系而发生的债权，如雇佣人对受雇人的债权。②以选定债权人为基础发生的合同权利，如某个特定演员的演出活动。③属于从权利的债权，如保证合同等。B. 按照当事人的特别约定不得转让的债权。C. 法律规定禁止转让的债权。

例1：甲与乙订立买卖合同，甲已先给付货物，乙尚未付款100万元。甲与丙在6月1日达成协议，将甲对乙的债权让与丙，甲于6月5日当面通知乙。问：该债权让与何时生效？何时对乙生效？答：6月1日债权让与生效，但在6月5日开始对乙生效。（理由如下①②③）

例2：设例1中甲一直未通知乙，6月3日，丙请求乙付款。问：乙能否拒付？答：乙有权拒绝。（理由如下④）

特别需要指出的是：①债权转让，不以征得债务人的同意为要件。②债权人转让权利，只要与受让人达成一致，合同即生效。③债权转让的效力要对债务人发生效力，则以通知债务人为必要。通知人应为债权人，通知方式为不要式。④未经通知，该转让对债务人不发生效力，债务人仍然可以向原债权人履行义务。⑤通知一旦到达债务人，除非受让人同意，不得撤销。

3. 债权转让的效力

（1）债权转让的对内效力。对内效力是指债权转让在转让双方即转让人和受让人之间发生的法律效力。

具体表现为：A. 债权由让与人转让给受让人。①如果是全部转让，则受让人将作为新债权人成为权利的主体；转让人则将脱离原合同关系，由受让人取代其地位。②如果是部分权利转让，则受让人将加入合同关系，成为债权人。B. 在转让合同权利时从属于主债权的从权利，如抵押权、利息债权、定金债权、违约金债权及损害赔偿请求权等也将随主权利的移转而发生移转，但该从权利专属于债权人自身的除外。C. 转让人应保证其转让的权利有效存在且不存在权利瑕疵。即让与人对其让与的债权负瑕疵担保责任。

（2）债权转让的对外效力。对外效力是指合同权利转让对债务人所具有的法律效力。

具体表现为：A. 债务人不得再向转让人即原债权人履行债务。债务人仍然向原债权人履行债务，不构成合同的履行，造成受让人损害的，债务人负损害赔偿责任。原债权人接受履行的事实则构成不当得利，受让人和债务人均可请求其返还。B. 债务人负有向受让人即新债权人作出履行的义务。C. 债务人接到债权转让通知后，债务人对让与人的抗辩，可以向受让人主张。D. 债务人接到债权转让通知时，债务人对让与人享有债权，并且债务人的债权先于转让的债权到期或者同时到期的，债务人可以向受让人主张抵销。

（三）合同义务的转让

1. 含义

合同义务的转让也称债务承担，是指合同的债权人、债务人和第三人之间达成合意，将原合同的债务转由第三人承担的行为。具体如图 3-4 所示。

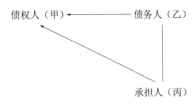

图 3-4　合同义务的转让

债务承担包括两类：①免责的债务承担。由债务人将合同义务全部转移给第三人，由该第三人取代债务人的地位，成为新的债务人。如甲欠乙 10 万元，甲、丙订立债务承担协议，由丙偿还，乙同意。此种情形下，甲不再对乙欠债。②并存的债务承担。债务人将合同义务部分转移给第三人，由债务人和第三人共同承担债务，原债务人并不退出合同关系。在并存的债务承担中，第三人与原债务人对债权人共同承担连带责任。此种情形不需债权人同意，通知即可。如甲欠乙 10 万元，甲丙订立债务承担协议，甲、丙约定，对乙的债权 10 万元，二人承担连带责任。该约定一经通知乙，即对乙生效。

我国《合同法》只规定了免责的债务承担，但是学理上均承认有并存的债务承担。

2. 债务承担的条件

(1) 有合同义务存在。

(2) 转让的合同义务具有可让与性。依据法律的规定或合同的约定不得移转的义务，不得移转。如因扶养请求权而发生的债务不得移转。

(3) 经过债权人的同意。同意的方式，明示、默示皆可。在免责的债务承担中，债务人的履行能力不同会影响债权人的利益，因此债务承担应当经债权人同意。但在并存的债务承担中，原债务人并不退出合同关系，不影响债权人的利益，故并存的债务承担无须债权人的同意。

3. 债务承担的效力

免责的债务承担发生如下效力：

(1) 合同义务全部移转的，新债务人将代替债务人的地位而成为当事人，债务人将不再作为债的一方当事人。

(2) 合同义务移转后，新债务人可以主张原债务人对债权人的抗辩。我国《合同法》第 85 条规定："债务人转移义务的，新债务人可以主张原债务人对债权人的抗辩。"新债务人享有的抗辩权包括同时履行抗辩权、合同撤销和无效的抗辩权、合同不成立的抗辩权、诉讼时效已过的抗辩权等。当然，这些抗辩事由必须是在合同义务移转时就已经存在的。不过，专属于合同当事人的合同的解除权和撤销权非经原合同当事人的同意，不能移转给新的债务人享有。

(3) 合同义务移转后，新债务人应当承担与主债务有关的从债务。但专属于原债务人自身的从债务是例外，并不随之移转。

(四) 合同权利义务的概括移转

1. 含义

合同权利义务的概括移转指原合同当事人一方将自己在合同中的权利和义务一并转让给第三人,由第三人概括地继受原合同的全部权利和义务。

我国《合同法》第88条规定:"当事人一方经对方同意,可以将自己在合同中的权利和义务一并转让给第三人。"这是对合同权利义务的概括移转的规定。

合同权利义务的概括移转,可以依据合同发生,也可以因法律的规定而产生,在法律规定的移转中,最典型的就是因企业合并而发生的权利义务的概括移转。

2. 合同移转

合同当事人一方与第三人达成概括移转权利义务的协议后,必须经另一方当事人同意后方可生效。因为其中有义务的移转,故必须有合同另一方当事人的同意。取得另一方同意之后,第三人将完全代替原合同当事人一方的地位,原合同当事人则完全退出合同关系。根据我国《合同法》第89条的规定,在合同权利义务的概括移转时,要适用《合同法》第79条、第81条至第83条、第85条至第87条的规定,实际上就是将债权转让的部分规定与债务承担的部分规定一起适用于合同权利义务的概括移转。

3. 企业合并

《合同法》第90条规定:"当事人订立合同后合并的,由合并后的法人或者其他组织行使合同权利,履行合同义务。当事人订立合同后分立的,除债权人和债务人另有约定的以外,由分立的法人和其他组织对合同的权利和义务享有连带债权,承担连带债务。"这是基于法律规定而产生的合同权利义务的概括移转。

如甲、乙两公司订有买卖合同,甲交货10吨,乙付款100万元。订立合同后,乙分立为丙、丁两公司。乙分立前甲已经交付货物,乙分立时丙、丁约定,对甲之债务承担分配原则如下:丙为70%,丁为30%。后甲请求丙付100万元。丙称:至多70万元,多一分不给。这里丙的主张就很无理。因为丙、丁的协议对丙、丁是有效的,但内部约定不得对抗甲,二人仍负连带责任。

三、合同终止

根据我国《合同法》第91条的规定,我国合同终止的原因主要有:①债务已经按照约定履行。②合同解除。③债务相互抵销。④债务人依法将标的物提存。⑤债权人免除债务。⑥债权债务归于一人。⑦法律规定或者当事人约定终止的其他情形。

合同终止以后,在当事人间产生如下效力:①合同当事人之间的权利义务消灭。债权担保及其他从属权利及义务消灭。②返还负债字据。③附随义务仍然存在。根据《合同法》第92条的规定,合同的权利义务终止后,当事人应当遵循诚实信用原则,根据交易习惯履行通知、协助、保密等义务。④合同终止后,合同中有关解决争议方法的条款、结算条款和清理条款继续有效。

（一）清偿

清偿，亦称履行，是指债务人按照合同的约定向债权人履行义务、实现债权目的的行为。中国《合同法》采用"按约定履行"的表述。

1. 清偿的主体

清偿的主体，即清偿当事人，包括清偿人与清偿受领人。

（1）清偿人。清偿人是清偿债务的人。清偿人包括必须为清偿之人和得为清偿之人。清偿人包括债务人、债务人的代理人、第三人。第三人清偿称为代为清偿。在代为清偿的情形，第三人是债务人的履行人，并非合同当事人，无须征得债权人同意，故与债务承担不同。

（2）清偿受领人。清偿受领人是指受领债务人给付的人，即受领清偿利益的人。债权人原则上有权受领清偿利益，但也有例外，如债权人已被宣告破产，则其债权应由破产清算人受领；如对债权人的债权采取强制执行措施，债权人不得自行受领。除债权人以外，债权人的代理人、债权人的破产管理人、债权质权的质权人、持有真正合法收据的人（通常称为表见受领人）、代位权人、债权人和债务人约定受领清偿的第三人等都可以受领清偿。债务人向无受领权人清偿的，其清偿为无效。

2. 代物清偿

代物清偿是指以他种给付代替原定给付，债权人受领该给付而使合同关系消灭。

代物清偿须具备以下要件：①有债权债务存在。②以他种给付代原定给付，如原给付为台式电脑，后给付笔记本电脑。以财产代替劳务也属代物清偿。③代物清偿须经双方当事人同意。

3. 清偿抵充

（1）概念。清偿抵充是指对于同一债权人负担数宗债务，而其给付的种类相同，清偿人所提出的给付又不足以清偿全部债务时，决定其清偿抵充何种债务的制度。

（2）构成要件。清偿抵充须具备三个要件：①债务人对同一债权人负担数宗债务。②债务人负担的数宗债务的种类相同。③债务人的给付不足以清偿全部债权。

（3）确定方法。债务人负担的数宗债务，往往其性质、数额、履行期等均可能有所不同，而且范围又涉及本债务、利息及费用。本债务的清偿抵充方法，有三种：

1）约定抵充。即当事人之间事先约定债务人的清偿系抵充何种债务。约定抵充可以在清偿之前为之，也可以在清偿之时为之。

2）指定抵充。即由当事人一方以其意思指定清偿人的清偿应抵充的债务。指定抵充应在清偿时进行，一经指定不得撤回；指定权人为清偿人。

3）法定抵充。即在当事人未指定时依法律规定决定清偿人的清偿应抵充的债务。《国际商事合同通则》规定：在当事人未指定清偿的抵充时，应按下列标准之一及指明的顺序偿还债务：①到期之债务，或者首先到期之债务。②债权人享有最少担保之债务。③对债务人属于负担最重之债务。④最先发生之债务。若以上标准均不能适用，则按比例偿还各项债务。

如果债务人除本债务外，尚应支付利息和费用，则清偿抵充应以法定顺序进行：首先抵充费用，其次抵充利息，再次抵充本债务。

(二) 合同解除

合同解除指已有效成立的合同具备合同解除条件时合同关系归于消灭。

《合同法》确定的合同解除包括协议解除和单方解除，单方解除又分为约定解除和法定解除。合同解除以当事人之间存在有效合同为前提。合同解除主要掌握法定解除的内容。

1. 协议解除

协议解除是指在合同依法成立后而尚未全部履行前，当事人通过协商而解除合同。根据合同自由原则，当事人有权通过协商解除合同，他人无权干涉。协议解除实际上是以订立一个新合同的方式解除原来的合同。

2. 约定解除

约定解除是指在合同依法成立后而尚未全部履行前，当事人基于约定事由行使解除权。约定解除属于单方解除。

3. 法定解除

法定解除是指在合同依法成立后而尚未全部履行前，当事人基于法律规定的事由行使解除权而解除合同。法定解除也是一种单方解除，但与约定解除不同，法定解除由法律直接规定解除合同的条件。

根据《合同法》第 94 条的规定，在下列情形下，当事人可以单方面解除合同：

（1）因不可抗力不能实现合同目的。注意两点：①此项解除权的行使光有不可抗力事件的发生是不够的，必须是因不可抗力导致合同目的不能实现时，才可以据此行使法定解除权。②在此种情形下，双方当事人均享有解除权。当然，前项免责之生效，发生须具备 3 个条件：及时通知对方不可抗力发生的事实；负证明责任；不可抗力不是发生在发生方迟延履行后。

（2）在履行期限届满之前，当事人一方明确表示或者以自己的行为表明不履行主要债务。此项解除权的行使应注意以下几点：①此项也是关于预期违约的规定，因此在预期违约发生的情况下，当事人不但可以解除合同，还可以根据《合同法》第 108 条的规定要求违约方承担违约责任。②要注意必须是不履行"主要"债务才可以行使解除权。

（3）当事人一方迟延履行主要债务，经催告后在合理期限内仍未履行。此项解除权的行使，必须符合两个条件：①迟延履行"主要"债务。②催告后在合理期限内仍未履行。

（4）当事人一方迟延履行债务或者有其他违约行为致使不能实现合同目的。如果是迟延履行债务或者有其他违约行为，原则上不导致合同的解除。因此此项解除权的行使条件之一必须是"致使不能实现合同目的"。既然考虑的是合同目的不能实现的这个结果，因此迟延履行的债务不强调必须是"主要"债务，也不需要催告程序。

（5）法律规定其他解除情形的。除上述四种原因外，如果法律另有规定的，当事人可以根据该法律规定，单方解除合同。比如：①在承揽合同中，定作人可以随时解除承揽合同。《合同法》第 268 条规定，定作人可以随时解除承揽合同，造成承揽人损失的，应当赔偿损失。这是基于承揽合同特殊性赋予定作人的权利。定作人解除合同时，不需要说明理由，但是如果承揽人并无过错，则应当赔偿承揽人的损失。②在货运合同中，托运人有单方解除权。《合同法》第 308 条规定，在承运人将货物交付收货人之前，托运人可以要求承运人中止运输、返还货物、变更到达地或者将货物交给其他收货人，但应当赔偿承运人因此所受的损失。③委托合同中委托人与受托人均可以随时解除委托合同。《合同法》第410条规定，委托人或者受托人可以随时解除委托合同，因解除合同给对方造成损失的，除不可归责于该当事人的事由以外，应当赔偿损失。这是基于委托合同强调双方当事人的特别信任关系而赋予的一种权利。

4. 解除权的行使和效力

（1）行使期间：解除权行使的除斥期间由法律规定或当事人约定，否则，为对方催告后的合理期限（一般为3个月）；未催告的，为解除权发生之日起1年。于上述除斥期间内不行使的，解除权消灭。

（2）生效时间：单方解除的意思表示到达对方即生效，合同即告解除。该解除意思之生效，不以对方同意为要件。

（3）异议：如果对方有异议，应向法院或仲裁庭提起确认之诉。一旦作出确认裁决，合同解除时间应回溯到原解除意思生效之日。

（4）效力：尚未履行的终止履行；已经履行的根据履行情况和合同性质，当事人可要求恢复原状、采取其他补救措施、赔偿损失。

（三）抵销

抵销是指当事人双方相互负有给付义务，将两项债务相互充抵，使其相互在对等额内消灭。在抵销中，主张抵销的债务人的债权，称为主动债权；被抵销的权利即债权人的债权，称为被动债权。抵销可以便利当事人的履行，还可以起到一定的担保作用。

1. 法定抵销

法定抵销是指在具备法律所规定的条件时，依当事人一方的意思表示所为的抵销。通说认为，抵销为单方的法律行为，依当事人一方的意思表示而发生。

根据《合同法》的规定，法定抵销须具备以下条件：A. 须双方互负有债务，互享有债权。此要件注意两点：第一，效力不完全的债权不能作为主动债权而主张抵销，如诉讼时效完成后的债权，债权人不得主张抵销，但作为被动债权，对方以其债权主张抵销的，应当允许。第二，第三人的债权，即使第三人同意，也不得抵销。B. 须双方债务的给付为同一种类。如均为金钱之债，或均为交付同一种种类物等。抵销的债务只要求同种类，不要求数额或价值相等。C. 主动债权已届清偿期。原则上若一项债务已届清偿期，而另一项债务未届清偿期的，则未到期的债务人可以主张抵销。因为期限利益原则上属于债务人。D. 须双方的债务均为可抵销的债务。下列债务均不可抵销：①法律规定不得抵销的债务。如因故意侵权行为而产生的债务。②合同性质不能抵销的债务。如提供劳务的债务、不作为的债务等。③当事人约定不得抵销的债务。

根据《合同法》第99条第2款的规定，当事人主张抵销的，应当通知对方。通知自到达对方时生效。通知为非要式。抵销产生如下效力：①双方的债权债务于抵销数额内消灭。②抵销的意思表示溯及于得为抵销之时。③抵销不得附条件或附期限。否则，视为抵销无效。

2. 合意抵销

合意抵销是当事人基于协议而实行的抵销。合意抵销通过合同形式进行，既为合意，自然不用考虑债的种类、期限、数量等问题，且附条件与否也不在考虑范围。

（四）提存

提存是指债务人于债务已届履行期时，将无法给付的标的物提交给提存机关，以消灭合同债务的行为。

1. 提存的条件

根据《合同法》及《提存公证规则》的规定，提存须具备以下条件：

（1）提存主体合格。关于此要件，注意以下几点：①提存涉及三方当事人，即提存人、提存机关和提存受领人。②提存人主要为债务人，但不以债务人为限，债务的清偿人均可为提存人，如得为清偿的第三人、代理人等。③提存是一种法律行为，所以提存人应具有行为能力，同时提存人的意思表示应真实。④在我国，提存机关可以是公安机关，如拾得遗失物；可以是公证处，如公证提存；法院也可为提存机关。⑤提存受领人主要为债权人，但得为受领清偿的第三人也可以为提存受领人。

（2）有合法的提存原因。根据《合同法》第101条的规定，合法的提存原因主要有：①债权人无正当理由拒绝受领标的物。②债权人下落不明。如《合同法》第70条规定的情形即属其中之一：债权人分立、合并或者变更住所没有通知债务人，致使履行债务发生困难的，债务人可以将标的物提存。③债权人死亡未确定继承人或者丧失民事行为能力未确定法定代理人。④法律规定的其他情形。如《合同法》第316条、393条、420条的规定。

（3）提存客体适当。标的物不适于提存或者提存费用过高的，债务人依法可以拍卖或者变卖标的物，提存所得的价款。

2. 提存的效力

提存涉及债务人、债权人、提存机关，故提存在债务人、提存机关和债权人三方之间发生效力。

（1）在债务人与债权人间的效力。提存是债权当然消灭的原因。①提存后，债务人与债权人间的债的关系消灭。②领取提存物的权利因提存而移转于债权人。故提存物孳息归债权人，提存物风险负担由债权人承担。③提存费用由债权人负担。④标的物提存后，除债权人下落不明的以外，债务人有及时通知的义务。

（2）在提存人与提存机关间的效力。提存成立后，提存机关有保管提存物的义务。

（3）在提存机关与债权人间的效力。①债权人取得受领提存物的权利。但债权人对债务人负有到期债务的，在债权人未履行债务或者提供担保之前，提存部门根据债务人的要求应当拒绝其领取提存物。②债权人领取提存物的权利，自提存之日起5年内不行使而消灭，提存物扣除提存费用后归国家所有。此处的"5年"性质上属于除斥期间。

概括而言，提存效力有三：免除债务人责任；风险转移给债权人；债权人承担提存费用。

（五）免除

免除是指债权人免除债务人的债务而使合同权利义务部分或全部终止的意思表示。债务免除为合同终止的原因。

根据《合同法》第105条的规定及相关学理，对于免除应当注意以下几点：

①免除为抛弃债权的单方法律行为。②免除还是一种无因行为。免除在债权人作出意思表示时生效，其原因如何，在所不问。③免除的意思表示应向债务人或者其代理人表示。向第三人为免除的意思表示的，不产生免除的效力。④债权人免除连带债务人中一债务人的债务的，其他债务人也在相应的额度内免于承担连带责任。⑤免除的意思表示一经作出，即发生效力。债即消灭，不得撤销。

中国免除债务如涉及国家利益，应经有关政府部门同意。

（六）混同

混同是指债权与债务同归于一人，而使合同关系消灭的事实。《合同法》第 106 条规定："债权和债务同归于一人，合同的权利义务终止，但涉及第三人利益的除外。"

混同因企业合并、继承等原因而发生。混同涉及第三人利益时，虽债权人和债务人发生混同，合同也不消灭。如在债权出质时，债权不因混同而消灭。

（七）诉讼时效

1. 定义

时效是指依照法律的规定，在一段期限内，由于一定事实状态持续存在而引起民事法律关系消灭或发生的一种法律制度，分为取得时效和消灭时效。

民事诉讼时效：指权利人经过法定期限不行使自己的权利，依法律规定其胜诉权便归于消灭的制度。我国的普通时效期间为 3 年，最长时效期间为 20 年。

2. 起算

诉讼时效期间从知道或者应当知道权利被侵害时起计算。但是，从权利被侵害之日起超过 20 年的，人民法院不予保护。有特殊情况的，人民法院可以延长诉讼时效期间。超过诉讼时效期间，当事人自愿履行的，不受诉讼时效限制。

规定按照小时计算期间的，从规定时开始计算。规定按照日、月、年计算期间的，开始的当天不算入，从下一天开始计算。期间的最后一天是星期日或者其他法定休假日的，以休假日的次日为期间的最后一天。期间的最后一天的截止时间为二十四点。有业务时间的，到停止业务活动的时间截止。

3. 诉讼时效的中止、中断

（1）不可抗力引起诉讼时效中止：在诉讼时效期间的最后 6 个月内，因不可抗力或者其他障碍不能行使请求权的，诉讼时效中止。从中止时效的原因消除之日起，诉讼时效期间继续计算。

（2）主张权利、诉讼、承认、部分履行导致诉讼时效中断。诉讼时效因提起诉讼、当事人一方提出要求或者同意履行义务而中断。从中断时起，诉讼时效期间重新计算。

◎开篇案例解答：

本案涉及运输合同变更后一方当事人的损失如何处理的问题。

I. 主问题：某炼化企业有无义务对某油运公司的损失予以补偿？

前提问题是：两公司之间的合同适用何种法律规则？

由于某炼化企业的原料运输条件发生重大变化，从尽可能节省成本的角度考虑，其改用输油管道完全正当。此时，它可以对某油运公司置之不理，并准备承担违约责任，也可以与对方协商变更合同，仅保留无法以管道运输取得的原料运输合同。本案出现的是后一种情况，故适用有关合同变更的规则。

中间结论：适用中国合同变更规则。

中国《合同法》第五章合同的变更和转让对此未作规定，故由当事人进行协商，某油运公司同意变更请求，显然同时接受对方提出的变更条件，从理性人的角度考虑，只要经过协商得到的补偿不低于对方违约所造成的损失包括追究对方违约责任所花费的费用，即可接受。而某炼化企业不予补偿，是不符合合同法上的公平原则的。

Ⅱ.最终结论：依据公平原则，某炼化企业应当予以补偿。

第六节　合同担保

一、合同担保概述

合同担保，是指根据法律规定或者合同约定，合同双方当事人为保障合同切实履行所采取的具有法律约束力的措施。担保具有从属性与补充性特征。

二、保证

保证是指保证人和债权人约定，当债务人不履行债务时，保证人按照约定履行债务或者承担责任的行为。保证人应当为主合同当事人以外的第三人。

（一）保证人的资格

保证是指保证人和债权人约定，当债务人不履行债务时，保证人按照约定履行债务或者承担责任的担保方式。因此，担保法规定，具有代为清偿债务能力的法人、其他组织或者公民，可以作保证人。

（1）国家机关不得为保证人，但经国务院批准为使用外国政府或者国际经济组织贷款进行转贷的除外。

（2）学校、幼儿园、医院等以公益为目的的事业单位、社会团体不得为保证人。

（3）企业法人的分支机构、职能部门不得为保证人。企业法人的分支机构有法人书面授权的，可以在授权范围内提供保证。

（4）主债务人不得同时为保证人。如果主债务人同时为保证人，意味着其责任财产未增加，保证的目的落空。

（二）保证的方式

1. 一般保证和连带责任保证

保证按照保证人承担保证责任的方式不同，可分为一般保证和连带责任保证两种。

（1）一般保证。

当事人在保证合同中约定，当债务人不能履行债务时，由保证人承担保证责任的，为一般保证。

（2）连带责任保证。

当事人在保证合同中约定保证人与债务人对债务承担连带责任的，为连带责任保证。连带责任保证的债务人在主合同规定的债务履行期届满没有履行债务的，债权人可以要求债务人履行债务，也可以要求保证人在其保证范围内承担保证责任。

2. 单独保证与共同保证

从保证人数量的角度，可以将保证分为单独保证与共同保证。单独保证是指只有一个保证人担保同一债权的保证。共同保证是指数个保证人担保同一债权的保证。共同保证既可以在数个共同保证人与债权人签订一个保证合同时成立也可以在数个保证人与债权人签订数个保证合同，但担保同一债权时成立。

（三）保证合同

保证合同是保证人与债权人订立的、当债务人不履行主债务时，由保证人代为履行的协议。保证人与债权人应当以书面形式订立保证合同。如果主合同中没有保证条款，但保证人在主合同上以保证人的身份签字或盖章的，则保证合同成立。

（四）保证责任

保证人在约定的担保范围内承担保证责任。保证担保的范围包括：主债权及利息、违约金、损害赔偿金和实现债权的费用。保证合同对责任范围另有约定的，按照约定执行。当事人对保证担保的范围没有约定或者约定不明确的，保证人应当对全部债务承担责任。

1. 保证责任的期间

当事人可以约定保证期间。一般保证的保证人与债权人未约定保证期间的，保证期间为主债务履行期届满之日起6个月。连带责任保证的保证人与债权人未约定保证期间的，债权人有权自主债务履行期届满之日起6个月内要求保证人承担保证责任。

2. 主合同变更与保证责任承担

保证期间，债权人依法将主债权转让给第三人，保证债权同时转让，保证人在原保证担保的范围内对受让人承担保证责任。但是保证人与债权人事先约定仅对特定的债权人承担保证责任或者禁止债权转让的，保证人不再承担保证责任。

三、抵押

抵押，是指债务人或者第三人不转移对财产的占有，将该财产抵押给债权人，债务人不履行到期债务或者发生当事人约定的实现抵押权的情形时，债权人有权依法以该财产折价或者以拍卖、变卖该财产的价款优先受偿。

其中，债务人或者第三人为抵押人，债权人为抵押权人，提供担保的财产为抵押财产，抵押中提供财产担保的债务人或者第三人为抵押人。

（一）抵押财产的范围

抵押物，又称为抵押财产，是指抵押人用以设定抵押权的财产。抵押物是抵押权的标的物。

1. 可以抵押的财产

《物权法》第 180 条规定，债务人或者第三人有权处分的下列财产可以抵押：

（1）建筑物和其他土地附着物。
（2）建设用地使用权。
（3）以招标、拍卖、公开协商等方式取得的荒地等土地承包经营权。
（4）生产设备、原材料、半成品、产品。
（5）正在建造的建筑物、船舶、航空器。
（6）交通运输工具。
（7）法律、行政法规未禁止抵押的其他财产。

2. 不得抵押的财产

《物权法》第 184 条规定，下列财产不得抵押：

（1）土地所有权。
（2）耕地、宅基地、自留地、自留山等集体所有的土地使用权，但法律规定可以抵押的除外。
（3）学校、幼儿园、医院等以公益为目的的事业单位、社会团体的教育设施、医疗卫生设施和其他社会公益设施。
（4）所有权、使用权不明或者有争议的财产。
（5）依法被查封、扣押、监管的财产。
（6）法律、行政法规规定不得抵押的其他财产。

（二）抵押合同

设立抵押权，当事人应当采取书面形式订立抵押合同。《物权法》第 185 条规定，抵押合同一般包括下列条款：①被担保债权的种类和数额。②债务人履行债务的期限。③抵押财产的名称、数量、质量、状况、所在地、所有权归属或者使用权归属。④担保的范围。

抵押权人在债务履行期届满前，不得与抵押人约定债务人不履行到期债务时抵押财产归债权人所有。

（三）抵押登记

登记是抵押设立的条件。抵押登记是经当事人申请，主管机关依法在其登记簿上就抵押财产上抵押权状态予以登录记载的行为。抵押登记的效力分为两种情况，一是登记生效要件主义，即在以法定抵押财产设定抵押时是否登记是抵押权设立的必要条件，未经登记，抵押权不设定；二是登记对抗主义，即以法定抵押财产设定抵押时是否登记不属于抵押权设定的条件，未经登记，不得对抗善意第三人。

（1）以下列财产抵押的，应当办理抵押登记，抵押权自登记时设立：

①建筑物和其他土地附着物。

②建设用地使用权。
③以招标、拍卖、公开协商等方式取得的荒地等土地承包经营权。
④正在建造的建筑物。

（2）以下列财产抵押的，抵押权自抵押合同生效时设立；未经登记，不得对抗善意第三人：
①生产设备、原材料、半成品、产品。
②交通运输工具。
③正在建造的船舶、航空器。

（3）企业、个体工商户、农业生产经营者以现有的以及将有的生产设备、原材料、半成品、产品抵押的，应当向抵押人住所地的工商行政管理部门办理登记。抵押权自抵押合同生效时设立；未经登记，不得对抗善意第三人。依照上述规定抵押的，不得对抗正常经营活动中已支付合理价款并取得抵押财产的买受人。

（四）抵押权的实现

1. 抵押权实现的方式

《物权法》规定，债务人不履行到期债务或者发生当事人约定的实现抵押权的情形，抵押权人可以与抵押人协议以抵押财产折价或者以拍卖、变卖该抵押财产所得的价款优先受偿。

2. 抵押权受偿的顺位

同一财产向两个以上债权人抵押的，拍卖、变卖抵押财产所得的价款依照下列规定清偿：

（1）抵押权已登记的，按照登记的先后顺序清偿；顺序相同的，按照债权比例清偿。
（2）抵押权已登记的先于未登记的受偿。
（3）抵押权未登记的，按照债权比例清偿。
（4）顺序在先的抵押权与该财产的所有权归属一人时，该财产的所有权人可以以其抵押权对抗顺序在后的抵押权。
（5）顺序在后的抵押权所担保的债权先到期的，抵押权人只能就抵押物价值超出顺序在先的抵押担保债权的部分受偿。

3. 抵押权与其他物权并存时的清偿顺序

当抵押权与其他物权并存时，也存在清偿的位序问题：①抵押权与质权并存。同一财产法定登记的抵押权与质权并存时，抵押权人优先于质权人受偿。②抵押权与留置权并存。同一财产抵押权与留置权并存时，留置权人优先于抵押权人受偿。

四、质押

质押是指债务人或者第三人将其动产或财产权利凭证转移给债权人占有，以其作为债权担保，当债务人不履行到期债务或者发生当事人约定的实现质权的情形时，债权人有权依法以该财产变价所得价款优先受偿。

（一）动产质押

动产质押，以动产作为标的物质押，具体指为担保债务的履行，债务人或第三人将其动产移交给债权人占有，债务人不履行债务或发生当事人约定的实现质权的情形时，债权人有权就该动产优先受偿。其中，债务人或第三人为出质人，债权人为质权人，交付的动产为质押财产。

1. 动产质押合同

《物权法》第210条规定，设立质权，当事人应当采取书面形式订立质权合同。质权合同一般包括下列条款：①被担保债权的种类和数额。②债务人履行债务的期限。③质押财产的名称、数量、质量、状况。④担保的范围。⑤质押财产交付的时间。

质权人在债务履行期届满前，不得与出质人约定债务人不履行到期债务时质押财产归债权人所有。

2. 动产质权的设立

《物权法》第212条规定，质权自出质人交付质押财产时设立。

质权合同的效力与质权的效力是两个不同的概念，质权合同是否生效要根据合同法的有关规定判断，而质押财产是否转移是质权是否生效的判断标准。质权的无效并不当然导致合同无效。

3. 动产质权的实现

债务人不履行到期债务或者发生当事人约定的实现质权的情形，质权人可以与出质人协议以质押财产折价，也可以就拍卖、变卖质押财产所得的价款优先受偿。质押财产折价或者变卖的，应当参照市场价格。质押财产折价或者拍卖、变卖后，其价款超过债权数额的部分归出质人所有，不足部分由债务人清偿。

4. 动产质押的效力

动产质押设立后，在主债务清偿以前，质权人有权占有质物，并有权收取质物所生的孳息。质权人收取孳息，并非取得孳息所有权，而是将孳息作为质押标的。

（二）权利质押

权利质押，是指以所有权以外可以转让的权利为标的而设定质权。

1. 权利质押的范围

《物权法》第223条规定，债务人或者第三人有权处分的下列权利可以出质：

(1) 汇票、支票、本票。
(2) 债券、存款单。
(3) 仓单、提单。
(4) 可以转让的基金份额、股权。
(5) 可以转让的注册商标专用权、专利权、著作权等知识产权中的财产权。
(6) 应收账款。
(7) 法律、行政法规规定可以出质的其他财产权利。

2. 权利质权的设立

(1) 以汇票、支票、本票、债券、存款单、仓单、提单出质的，当事人应当订立书面合同。质权自权利凭证交付质权人时设立；没有权利凭证的，质权自有关部门办理出质登记时设立。

（2）以基金份额、股权出质的，当事人应当订立书面合同。以基金份额、证券登记结算机构登记的股权出质的，质权自证券登记结算机构办理出质登记时设立；以其他股权出质的，质权自工商行政管理部门办理出质登记时设立。

（3）以注册商标专用权、专利权、著作权等知识产权中的财产权出质的，当事人应当订立书面合同。质权自有关主管部门办理出质登记时设立。

（4）以应收账款出质的，当事人应当订立书面合同。质权自信贷征信机构办理出质登记时设立。

五、留置

留置，是指债权人按照合同约定或法律规定合法占有债务人的财产，当债务人不履行到期债务时，债权人可以留置其合法占有的债务人的动产，依照法律的规定以留置的财产折价或者以拍卖、变卖该财产的价款优先受偿。

1. 留置权具有如下特征

（1）留置权属于法定的担保。留置权是在符合法律规定的条件时产生，但法律规定或者当事人约定不得留置的动产除外。

（2）留置权为动产物权。即留置权只能以动产为客体设立留置权。

（3）留置权为占有担保物权。留置权以权利人占有留置物为前提，如果权利人因为某种原因丧失对留置物的占有，则留置权消灭。

2. 留置权成立的条件

留置权的成立应当符合下列条件：

（1）债权人占有属于债务人之动产。

（2）债权已届清偿期，债务人不履行到期债务。

（3）债权人合法占有债务人的动产。

（4）债权人占有的动产与债权属于同一法律关系，但企业之间留置的除外。

留置权的成立除上述条件外，还须注意：①不得违背当事人双方排除留置权行使的约定。②留置债务人的财产不违反法律的强行性规范，不得损害社会公共利益，也不违反公序良俗，如不得留置债务人的居民身份证、户口簿等。③债权人不得以行使留置权为由拒绝履行相应的义务。④留置财产与对方交付财产前或交付财产时所为的指示不相抵触。

3. 留置权的实现

债权已届清偿期债务人仍不履行债务，留置权人并不能立即实现留置权，而必须给予债务人以履行债务的宽限期。债务人于宽限期内仍不履行义务，留置权人便可以按法律规定的方法实现留置权。

第七节 违约责任

开篇案例：

案情：甲与乙签订一份买卖合同，合同规定：乙购买甲鱼饲料约 25 吨，付款方式为甲必须持有本单位财务专用章的收据到乙处收取货款，乙只有见到盖有财务专用章的收据方能付款，否则乙仍应承担相应的责任。合同签订后，乙陆续向甲购买鱼饲料，截止到 2000 年 10 月 15 日，乙欠甲货款 33 551.20 元未付。后甲以乙欠款未付为由，向法院起诉。乙辩称已分三次将欠款付给了甲的业务副经理岳某，甲乙双方的账目已结清。

问题：乙的行为是否构成违约？

一、违约责任概述

违约责任也称为违反合同的民事责任，是指合同当事人因违反合同义务所承担的责任。我国《合同法》第 107 条规定，"当事人一方不履行合同义务或者履行合同义务不符合约定的，应当承担继续履行、采取补救措施或者赔偿损失等违约责任。"对于违约责任的把握，注意几点：①违约责任以合同的有效存在为前提。②违约责任是合同当事人不履行合同义务所产生的责任。如果当事人违反的不是合同义务，而是法律规定的其他义务，则应负其他责任。故违反合同义务是违约责任与侵权责任、不当得利返还责任、缔约过失责任相区别的核心。③违约责任具有相对性。由于合同关系具有相对性，因此违约责任也具有相对性，即违约责任只能在特定的当事人之间即合同关系的当事人之间发生。④违约责任可以由当事人自己约定，且具有补偿性特征。

（一）违约责任的构成要件

（1）合同当事人有违约行为。
（2）不存在法定和约定的免责事由。

（二）违约型态

违约型态是根据合同当事人违反义务的性质、特点对违约行为作出的分类。区分违约型态有助于确定违约当事人应负的责任类型。结合《合同法》第 107 条和第 108 条的规定，我国将违约行为区分为预期违约和届期违约两种类型，每种类型又可以分为两类。

1. 预期违约

预期违约是指在履行期限到来之前一方无正当理由而明确表示其在履行期到来后将不履行合同，或者其行为表明其在履行期到来以后将不可能履行合同。《合同法》第 108 条规定了预期违约，并将预期违约分为明示的预期违约和默示的预期违约两种。明示与默示的区别在于违约的合同当事人是否通过意思表示明确表达自己不再履行合同的意愿。

2. 届期违约

在履行期限到来以后，当事人不履行或不完全履行合同义务的，将构成届期违约。届期违约可以分为不履行和不适当履行两类。

(三) 双方违约和第三人行为对违约的影响

1. 双方违约

双方违约是指合同的双方当事人都违反了其依据合同所应尽的义务。根据《合同法》第120条规定："当事人双方都违反合同的，应当各自承担相应的责任。"双方违约应当注意几点：①双方违约主要适用于双务合同，在单务合同中，由于只有一方负有义务，因此不产生双方违约问题。②注意双方违约与履行抗辩权的区别。如果是一方行使同时履行抗辩权或不安抗辩权，则不能认为是双方违约。双方违约一定是双方当事人的违约行为均无正当理由。③在双方违约的情况下，应当各自承担相应的违约责任。

2. 第三人行为

在合同订立以后，当事人一方因为第三人的原因造成违约的，根据《合同法》第121条的规定，当事人一方应承担违约责任。至于当事人一方和第三人之间的纠纷，依照法律规定或者按照约定解决。对于第三人行为的理解，要与履行辅助人的行为分开。履行辅助人是指辅助债务人履行债务的人，主要有代理人或者使用人两类。在合同履行中，债务人对履行辅助人的行为当然承担责任，因为履行辅助人所从事的行为，是帮助债务人履行债务，而不是为自己履行债务。

二、违约责任的主要承担形式

违约责任的主要承担方式，根据《合同法》的规定，主要有实际履行、采取补救措施、损害赔偿三种。

(一) 实际履行

实际履行，亦称继续履行，是指在一方违反合同时，另一方有权要求其依据合同的规定继续履行。《合同法》第109条和第110条分别针对金钱债务和非金钱债务的实际履行作了规定。对于实际履行主要注意几点：

(1) 在金钱债务中，根据第109条的规定，一定可以适用实际履行的责任承担方式，当事人一方不支付价款或报酬的，另一方有权要求其实际履行，违约的一方不得以任何理由拒绝履行。

(2) 在非金钱债务中，如果符合第110条规定的不适于实际履行的情形的，则违约方可以拒绝非违约方的拒绝履行的要求。非违约方只能要求其他违约责任的承担，如赔偿损失等。不适于实际履行的情形有：①事实上不能实际履行。如应当交付的特定物已经灭失。②法律上不能实际履行。如应当交付的特定物的所有权已经发生了移转，在法律上当事人已经无法履行其合同义务。③债务的标的不适于强制履行或者履行费用过高。如提供劳务的合同，其债务标的就不适于强制履行，因为这涉及对违约方人身自由的限制。④债权人在合理期限内未要求履行。即使债务本身并不存在不适于实际履行的情形，如果债权人未在合理期限内要求履行，实际履行的请求权也归于消灭。

（3）实际履行可以与违约金、损害赔偿并用，但不能与解除合同的方式并用。

（二）采取补救措施

《合同法》第 111 条规定，质量不符合约定的，应当按照当事人的约定承担违约责任。对违约责任没有约定或者约定不明确，依照本法第 61 条的规定仍不能确定的，受损害方根据标的的性质以及损失的大小，可以合理选择要求对方承担修理、更换、重作、退货、减少价款或者报酬等违约责任。该条规定要注意的是，合同约定优先；没有约定时先按照《合同法》第 61 条确定；如果按照第 61 条确定不了，则由受损害方选择责任的承担方式。

（三）损害赔偿

损害赔偿具体包括赔偿损失、支付违约金和支付定金三种方式。损害赔偿原则上仅具有补偿性而不具有惩罚性。只是在特殊情况下才可以适用惩罚性赔偿，如《消费者权益保护法》第 49 条的规定。

1. 赔偿损失

《合同法》第 113 条规定了赔偿损失这种救济手段。对于这条规定，应当注意以下几点：①合同法要求的赔偿损失的范围是全部损失，而全部损失的范围则是实际损失加上可得利益。②赔偿损失时应当适用"损益同销"原则，即违约人因违约而承担的赔偿额应当减去受损害方因违约而减少的支出或者获得的利益。③赔偿损失受"可预见规则"的限制。违约人的赔偿范围，应当是其在订立合同时已经预见或可能预见到的违约所造成的损失。预见的判断是以违约人为标准的；预见的时间，则是以合同订立时为标准。④减损义务。在违约行为发生后，受损害方有减损义务，即应及时采取适当措施防止损失的扩大。此项义务属于法定义务，不需要当事人约定；此项义务属于不真正义务，受损害方违反此项义务时，只是不能就扩大的损失主张赔偿；受损害方采取减损措施时发生的费用，由违约人承担。

2. 支付违约金

所谓违约金，是指当事人预先确定的，在违约发生后给付于非违约方的一定数额的金钱。违约金多具有从合同的性质，以主合同的存在为前提，但也有例外，如因一方违约而发生合同解除时，非违约方仍可请求违约方支付约定的违约金。对于违约金条款，要注意几点：①违约金可以与实际履行并用。《合同法》第 114 条第 3 款规定："当事人就迟延履行约定违约金的，违约方支付违约金后，还应当履行债务。"②违约金约定的限制。《合同法》第 114 条第 2 款规定："约定的违约金低于造成的损失的，当事人可以请求人民法院或者仲裁机构予以增加；约定的违约金过分高于造成的损失的，当事人可以请求人民法院或者仲裁机构予以适当减少。"要注意条款中的措辞：违约金低于损失时，可以要求增加；违约金高于损失时，必须是"过分"高于，才可以要求"适当"减少。

3. 支付定金

（1）定金的概念。

定金是指订立合同时，为了保证合同的履行，约定由当事人一方先行给付另一方的货币。合同履行后，定金应当收回或抵作价款。

（2）定金罚则的基本内容：给付定金的一方违约，就丧失了定金，无权要求返还；接受定金的一方违约，根据对等原则，应当双倍返还定金。《合同法》第115条规定："当事人可以依照《中华人民共和国担保法》约定一方向对方给付定金作为债权的担保。债务人履行债务后，定金应当抵作价款或者收回。给付定金的一方不履行约定的债务的，无权要求返还定金；收受定金的一方不履行约定的债务的，应当双倍返还定金。"定金是预交的违约金，但对定金的数额法律有限制（不得超过标的额的20%），因此定金又不具备违约金完全弥补损失的功能。

（3）定金的适用。

1）定金罚则适用于有效合同。定金罚则的适用，以违反有效合同为前提，进一步说是以违约责任的存在为前提，是承担违约责任的一种形式，无违约责任，则不能适用定金罚则。

2）定金罚则适用于不履行。定金罚则只能针对不履行这种违约形态适用，不能适用于迟延履行、瑕疵履行等。但《合同法司法解释（一）》第120条第1款规定："因当事人一方迟延履行或者其他违约行为，致使合同目的不能实现，可以适用定金罚则。但法律另有规定或者当事人另有约定的除外。"据此，当事人迟延履行或者有其他违约行为，致使合同达不到履行效果，即构成根本性违约时，可以适用定金罚则。但是，被违约人不能既保留受领的给付，又要求适用定金罚则，这样是不公平的。正确的做法应当是：当一方迟延履行或者有其他违约行为构成根本性违约时，被违约人可以解除合同，使合同自始失去效力，处于不履行状态，此时可适用定金罚则。

3）定金罚则可针对不履行部分适用。《合同法司法解释（一）》第120条第2款规定："当事人一方不完全履行合同的，应当按照未履行部分所占合同约定内容的比例，适用定金罚则。"当标的物为种类物，能够作"部分"的区分时，可以针对不履行的部分按比例适用定金罚则。

4."三金"条款在适用中的关系

如果合同中违约金、定金条款同时存在，同时又造成了实际损失，这三种责任之间的关系如何？主要把握一个总体的原则，就是不能同时适用。其实即使有人认为可以同时适用，最后同时适用的结果仍然不能超过赔偿损失的范围。

三、违约责任的免责事由

合同法规定的法定的免责事由仅限于不可抗力。《合同法》第117条规定，不可抗力"是指不能预见、不能避免并不能克服的客观情况"。常见的不可抗力有：①自然灾害如地震、台风、洪水、海啸等。②政府行为。政府行为一定是指当事人在订立合同以后发生，且不能预见的情形。如运输合同订立后，由于政府颁布禁运的法律，使合同不能履行。③社会异常现象。一些偶发的事件阻碍合同的履行，如罢工骚乱等。不可抗力虽为合同的免责事由，但有关不可抗力的具体事由很难由法律作出具体列举式的规定，因此根据合同自由原则，当事人可以在订立不可抗力条款时，具体列举各种不可抗力的事由。

不可抗力发生后对当事人责任的影响，要注意几点：①不可抗力并非当然免责，要根据不可抗力对合同履行的影响决定。《合同法》第117条规定，因不可抗力不能履行合同的，根据不可抗力的影响，部分或者全部免除责任。②当事人迟延履行后发生不可抗力的，不能免除责任。③不可抗力事件发生后，主张不可抗力一方要履行两个义务：一是及时通报合同不能履行或者需要迟延履行、部分履行的事由；二是取得有关不可抗力的证明。

四、违约责任与侵权责任的竞合

（一）概念

责任竞合，是由于某种法律事实的出现导致了两种以上的民事责任产生，而这些责任之间又是相互冲突的。《合同法》第122条规定了一种典型的责任竞合——侵权责任与违约责任的竞合："因当事人一方的违约行为，侵害对方人身、财产权益的，受害方有权选择依照本法要求其承担违约责任或者依照其他法律要求其承担侵权责任。"

（二）违约责任与侵权责任的差异

根据《合同法》第122条的规定，在发生违约责任和侵权责任竞合的情况下，允许受害人选择一种责任提起诉讼。法律允许受害人选择责任，是因为不同的责任形态，对受害人的利益保护是不同的：

1. 举证责任不同

在侵权责任中，除个别的特殊侵权以外，受害人均有义务就加害人的过错问题承担举证责任。而在合同责任中，受害人只需证明对方构成违约，而不必证明其是否有过错。

2. 免责条件不同

在违约责任中，法定的免责条件仅限于不可抗力，但当事人可以事先约定免责条款和不可抗力的具体范围。在侵权责任中，法定的免责条件不限于不可抗力，还包括意外事故、第三人的行为、正当防卫和紧急避险等。

3. 损害赔偿的范围不同

违约损害赔偿会赔偿可预期利益，但不包括对精神损害的赔偿；而侵权则以恢复原状的方式确定赔偿范围，且包括精神损害的赔偿。

4. 诉讼管辖不同

侵权之诉的管辖地是被告住所地、侵权行为地（包括行为实施地和结果发生地）、产品销售地、产品制造地。违约之诉的管辖地是被告住所地、合同履行地及双方协议确定的管辖地。

（三）责任竞合的处理方法

在发生责任竞合的情况下，在处理方法上注意几点：

（1）不允许当事人同时主张两个请求权，但是允许受害人选择其中的一个请求权提起诉讼。

（2）请求权选择有时间上的限制。根据《合同法司法解释（一）》第30条的规定，在一审开庭以前原告可以变更诉讼请求。如果变更了诉讼请求，则对方当事人可以就新的诉讼请求提出管辖权异议，经审查异议成立的，人民法院应当驳回起诉。

◇**开篇案例解答**：

在本案中，根据协议，只有甲持加盖单位财务专用章的收据到乙处收取货款时，并且乙只有见到盖有甲财务专用章的收据方能付款。合同履行过程中，乙在没有看到甲盖有其财务专用章的收据时就将货款付给了其业务人员岳某，该方式未得到甲的认可，乙的履行行为不符合双方的约定，其应当承担因自己不完全履行而产生的违约责任。

第四章
消费者权益保护法

学习提要：

消费者的概念；《消费者权益保护法》的适用范围；消费者的九项权利；经营者的十项义务；消费者权益争议的解决；违反《消费者权益保护法》的法律责任。

开篇案例：

2013年年底，××百货大厦打出了"年底酬宾30元"的宣传横幅，并详细说明了酬宾的范围、幅度、办法和具体程序。其中抽油烟机的酬宾幅度最大，价格为出厂价。赵先生刚购得一套三居室，正赶上装修，便前往××百货大厦购买了一台××牌抽油烟机，价格为1 864元。××百货大厦在出售时，向赵先生交付了该抽油烟机的合格证、使用说明书、保修卡等。保修卡承诺该抽油烟机的保修期为一年，自购机之日起。

购机后，赵先生请××装饰公司进行了安装。在使用中，赵先生发现，该抽油烟机抽油不畅，且叶片响声较大，便提出换货。××百货大厦询问了详细情况后，派厂家的专门维修人员前去实地查看。经查发现，该抽油烟机抽油不畅是因为安装位置过高，遂予以调整；叶片响声较大是因为其中两个螺丝未拧紧，也予以拧紧。经专业人员维修后，该抽油烟机一切运转正常。但在购机半年后，赵先生发现该抽油烟机偶有停转现象，便将这情况告知了××百货大厦。××百货大厦答复道：没有大问题，可以正常使用。谁料，购机后9个多月，抽油烟机突然停转，并导致整个居室短路停电。经质检部门鉴定，抽油烟机已被烧坏，无法使用，事故原因是设计不合理。针对这一情况，赵先生要求××百货大厦更换一套同规格同型号的抽油烟机。回家安装后，经质检部门再一次现场测试和检查，发现仍有问题，主要问题仍是线路设计不合理，仍有被烧坏的可能，遂出具了"检验不合格"的报告单。赵先生据此报告单找××百货大厦要求退货，但××百货大厦不同意退货，愿意以其他型号、规格的抽油烟机调换。鉴于上述两次教训，赵先生坚决要求退货，××百货大厦执意不肯。

请问：赵先生要求退货的理由能否成立？

第一节 消费者权益保护法概述

一、消费者权益保护法简介

消费者权益保护法是调整国家机关、经营者和消费者相互之间在保护消费者权益过程中产生的各种社会关系的法律规范的总称。为协调个体营利性和社会公益性之间的矛盾，兼顾效率与公平，保障社会公共利益和基本人权，推动经济和社会的协调发展，1993年10月31日，第八届全国人大常委会第四次会议通过了《中华人民共和国消费者权益保护法》（以下简称《消费者权益保护法》），并从1994年1月1日起实施。这是我国第一部保护消费者权益的专门法律。2013年10月25日，第十二届全国人大常委会第五次会议高票通过了《关于修改〈消费者权益保护法〉的决定》，并自2014年3月15日起实施，这是《消费者权益保护法》实施近20年的首次大修。此次修改内容涉及面广，对网络购物、公益诉讼、惩罚性赔偿等有关消费者权益保护方面的热点问题作了明确规定。

（一）《消费者权益保护法》的调整对象

《消费者权益保护法》的调整对象是消费过程中所发生的社会关系，具体包括以下几个方面：

（1）国家机关与经营者之间的监督管理关系。主要是指国家管理部门在对经营者的生产、销售、服务活动进行监督管理的过程中，为维护消费者合法权益所发生的关系。

（2）国家机关与消费者之间指导与被指导、保护与被保护的关系。主要是指国家有关管理部门在为消费者提供指导、服务与保护的过程中所发生的关系。

（3）经营者与消费者之间的商品交换关系、损害赔偿关系以及消费者对经营者进行监督而发生的关系。

（二）《消费者权益保护法》的基本原则

1. 对消费者给予特殊的保护原则

消费者在购买消费过程中，由于所掌握的信息资源及技术方面的局限性，往往处于弱势地位，与经营者之间的商品交易关系有时是一种不公平的合同关系。为此，我国法律对消费者给予特殊的保护。

2. 国家支持、保护的原则

国家鼓励、支持一切组织和个人对损害消费者合法权益的行为进行社会监督，大众传播媒介应当做好维护消费者合法权益的宣传，对损害消费者合法权益的行为进行舆论监督。

3. 社会参与监督的原则

我国《消费者权益保护法》第5条规定："国家保护消费者的合法权益不受侵害。国家采取措施，保障消费者依法行使权利，维护消费者的合法权益。"

4. 自愿、平等、公平、诚实信用的原则

我国《消费者权益保护法》第4条规定："经营者与消费者进行交易，应当遵循自愿、平等、公平、诚实信用的原则。"

二、消费者的含义

我国《消费者权益保护法》第2条规定："消费者为生活消费需要购买、使用商品或接受服务，其权益受本法保护。"简单来说，消费者是指为了个人生活目的而购买或使用商品，以及接受服务的社会成员。《消费者权益保护法》第54条规定："农民购买、使用直接用于农业生产的生产资料，参照本法执行。"

第二节　消费者的权利和经营者的义务

一、消费者的权利

消费者的权利是消费者权益保护的核心问题。所谓消费者的权利，是指消费者依法在消费领域做出一定行为或要求他人做出一定行为的权利。

根据我国《消费者权益保护法》的相关规定，消费者主要享有以下9项权利。

（一）保障人身、财产安全权

《消费者权益保护法》第7条规定："消费者在购买、使用商品和接受服务时享有人身、财产安全不受损害的权利。消费者有权要求经营者提供的商品和服务，符合保障人身、财产安全的要求。"

（二）知情权

《消费者权益保护法》第8条规定："消费者享有知悉其购买、使用的商品或者接受的服务的真实情况的权利。"

（三）自主选择权

消费者有权自主选择提供商品或者服务的经营者，在选择商品或者服务时，有权进行比较、鉴别和挑选。当然，消费者在挑选商品的时候，也应该尊重经营者，不要将商品弄脏、弄坏，否则就侵害了他人的合法权益。

（四）公平交易权

消费者在购买商品或者接受服务时，有权获得质量保障、价格合理、计量正确等公平交易条件，有权拒绝经营者的强制交易行为。其中，价格合理，要求商品或服务的价格与其价值相符；质量保证，要求商品或服务的质量必须符合国家有关质量标准的要求；计量准确，要求经营者必须用合格、科学的计量器具来计量其所提供给消费者的商品或服务。

（五）依法获得赔偿权

《消费者权益保护法》第11条规定："消费者因购买、使用商品或者接受服务受到人身、财产损害的，享有依法获得赔偿的权利。"享有求偿权的消费者主要包括以下几种：一是商品的购买者兼使用者；二是商品的使用者；三是接受服务者；四是第三人。这是消费者享有的一项非常重要的权利，也是消费者权益受损害时必不可少的救济权。消费者的损害赔偿请求权包括人身损害赔偿请求权和财产损害赔偿请求权。

(六) 依法结社权

消费者享有依法成立维护自身合法权益的社会团体的权利。从法律地位上看，经营者和消费者是平等的，但在实践中，消费者都是分散的个体，与实力雄厚、有组织的经营者相比，消费者始终处于弱势地位。依法结社权可以使消费者借助集体的力量改变自己的弱者地位。

(七) 知识获取权

消费者享有获得有关消费和消费者权益保护方面的知识的权利。消费者应当努力掌握与商品或服务密切联系的相关知识，包括保护消费者权益的法律、法规和政策，保护消费者权益的机构和解决消费争议的途径等，以提高选择、甄别和使用商品的技能，增强自我保护的维权意识。

(八) 人格尊严及民族风俗习惯受尊重权

《消费者权益保护法》第 14 条规定："消费者在购买、使用商品和接受服务时，享有其人格尊严、民族风俗习惯得到尊重的权利，享有姓名权、肖像权、隐私权等个人信息得到保护的权利。"经营者在交易活动中，应当尊重消费者人格不受侵犯，同时遵守各民族的风俗习惯。

(九) 批评监督权

消费者享有对商品和服务，以及保护消费者权益工作进行监督的权利。具体包括消费者有权检举、控告侵害消费者权益的行为和国家机关及其工作人员在保护消费者权益工作中的违法失职行为，有权对保护消费者权益工作提出批评、建议。通过消费者的监督，可以促进经营者提高商品质量和服务质量，促使经营者文明经商和公平交易，维护良好的市场经济秩序。

二、经营者的义务

要有效地保护消费者的权益，就必须引导经营者能够全面地履行其相应的义务，通过规范经营者的行为来保护消费者的权益。根据《消费者权益保护法》的规定，经营者主要应履行以下 10 项义务。

(一) 履行法定或约定的义务

经营者向消费者提供商品或者服务，应当依照《中华人民共和国产品质量法》和其他有关法律、法规的规定履行义务。经营者和消费者有约定的，应当按照约定履行义务，但双方的约定不得违背法律、法规的规定。

(二) 听取意见和接受监督的义务

经营者应当听取消费者对所提供商品或者服务提出的意见，接受消费者的监督。经营者对消费者提供的有关产品、服务质量等方面的合理化建议，应当认真听取并采取措施进行整改。

（三）保障人身和财产安全的义务

经营者应当保证其提供的商品或者服务符合保障人身、财产安全的要求。对可能危及人身、财产安全的商品和服务，应当向消费者做出真实的说明和明确的警示，说明或标明正确使用商品或者接受服务的方法。宾馆、商场、车站等经营场所的经营者，未尽到安全保障义务，造成消费者或者其他受害人损害的，应当承担侵权责任。

（四）提供真实信息的义务

经营者应当向消费者提供有关商品或者服务的真实信息，不得作虚假宣传。经营者对消费者就其提供的商品或者服务的质量和使用方法等问题提出的询问，应当作出真实、明确的答复。经营者提供商品或者服务应当明码标价。

（五）标明真实名称和标记的义务

经营者应当标明其真实名称和标记。所谓"名称"，是指经营者依法确定的名称，包括企业名称、从事经营活动的事业单位和科技性社会团体的名称、个体工商户和个人合伙的名称（字号）等；没有字号的个体工商户和个人合伙在市场交易中使用的个人姓名，也视为经营者的名称。所谓"标记"，是指一些经营者在经营活动中使用的除名称之外的特殊标识。

（六）出具相应的凭证或单据的义务

经营者提供商品或服务，应当按照国家有关规定或者商业惯例，向消费者出具购货凭证或服务单据；消费者索要购货凭证或服务单据的，经营者必须出具。

（七）保证产品质量的义务

经营者应当保证在正常使用商品或者接受服务的情况下其提供的商品或者服务应当具有的质量、性能、用途和有效期限，但消费者在购买该商品或者接受该服务前已经知道其存在瑕疵的除外。

（八）提供售后服务的义务

经营者提供商品或者服务不符合质量要求的，消费者可以依照国家规定和当事人约定退货，或者要求经营者履行更换、修理等义务；没有国家规定和当事人约定的，消费者可以自收到商品之日起七日内退货；七日后符合《合同法》规定的解除合同条件的，消费者可以及时退货，不符合解除合同条件的，可以要求经营者履行更换、修理等义务。

（九）不得以不当方式免责的义务

经营者使用格式条款，应当以明显方式提请消费者注意商品或者服务的数量和质量、价款或者费用、履行期限和方式、风险警示、售后服务、民事责任等与消费者有重大利害关系的内容,并按照消费者的要求予以说明。

经营者不得以格式条款、通知、声明、店堂告示等方式作出排除或者限制消费者权利、减轻或者免除经营者责任、加重消费者责任等对消费者不公平、不合理的规定。

格式条款、通知、声明、店堂告示等含有前款所列内容的,其内容无效。

(十) 尊重消费者人格的义务

经营者不得对消费者进行侮辱、诽谤,不得搜查消费者的身体及其携带的物品,不得侵犯消费者的人身自由。

(十一) 其他相关义务规定

采用网络、电视、电话、邮购等方式提供商品或者服务的经营者,以及从事证券、保险、银行业务的经营者,应当向消费者提供经营地址、联系方式、商品或者服务的数量和质量、价款或者费用、履行期限和方式、风险警示、售后服务、民事责任等真实、必要的信息。

经营者采用网络、电视、电话、邮购等方式销售商品,消费者有权自收到商品之日起七日内退货,但根据商品性质不宜退货的除外。经营者应当自收到退回货物之日起七日内返还消费者支付的价款。

经营者收集、使用消费者个人信息,应当遵循合法、正当、必要的原则,明示收集、使用信息的目的、方式和范围,并经被收集者同意。经营者收集、使用消费者个人信息,应当公开其收集、使用规则,不得违反法律、法规的规定和双方的约定收集、使用信息。

经营者及其工作人员对收集的消费者个人信息必须严格保密,不得泄露、篡改、毁损,不得出售或者非法向他人提供。经营者应当采取技术措施和其他必要措施,确保信息安全,防止消费者个人信息泄露、毁损、丢失。在发生或者可能发生信息泄露、毁损、丢失的情况时,应当立即采取补救措施。

经营者未经消费者同意或者请求,或者消费者明确表示拒绝的,不得向其发送商业性电子信息。

第三节 消费者权益的保护及争议解决

在保护消费者权益方面,不仅经营者负有直接的义务,而且国家、社会也都负有相应的义务。只有各个主体有效地承担起相应的保护消费者权益的义务,消费者的各项权益才能得到有效的保障。

一、国家对消费者权益的保护

依据我国《消费者权益保护法》的规定,国家对消费者合法权益的保护主要体现在以下几个方面。

（一）立法机关的保护

国家制定有关消费者权益的法律、法规和强制性标准，应当听取消费者和消费者协会等组织的意见。

同时消费者自身对如何制定有关消费者权益的法律、法规和政策要有一种责任感和使命感。

（二）行政机关的执法保护

《消费者权益保护法》第32条规定："各级人民政府、工商行政管理部门和其他有关行政部门应当依照法律、法规的规定，在各自的职责范围内，采取措施，保护消费者的合法权益。有关行政部门应当听取消费者及其社会团体对经营者交易行为、商品和服务质量问题的意见，及时调查处理。"

（三）司法机关的保护

国家司法机关应当依照法律、法规的规定，惩处经营者在提供商品和服务中侵害消费者合法权益的违法犯罪行为，切实保护消费者的合法权益；人民法院应当采取措施，方便消费者提起诉讼。

二、社会对消费者权益的保护

保护消费者的合法权益是全社会的共同责任，国家鼓励、支持一切组织和个人对损害消费者合法权益的行为进行社会监督。大众传播媒介尤其应当做好维护消费者合法权益的宣传，对损害消费者权益的行为进行有效的舆论监督。此外，在保护消费者合法权益方面，各种消费者组织起着至关重要的作用。

消费者协会和其他消费者组织是依法成立的对商品和服务进行社会监督的保护消费者合法权益的社会团体。

《消费者权益保护法》第37条规定消费者协会履行下列职能：

（1）向消费者提供消费信息和咨询服务，引导节约资源和保护环境的合理消费，提高消费者维护自身权益的能力。

（2）参与制定有关消费者权益的法律、法规和强制性标准。

（3）参与有关行政部门对商品和服务的监督、检查。

（4）就有关消费者合法权益的问题，向有关部门反映、查询，提出建议。

（5）受理消费者的投诉，并对投诉事项进行调查、调解。

（6）投诉事项涉及商品和服务质量问题的，可以提请鉴定部门鉴定，鉴定部门应当告知鉴定结论。

（7）就损害消费者合法权益的行为，支持受损害的消费者提起诉讼或者依照本法提起诉讼。

(8) 对损害消费者合法权益的行为,通过大众传播媒介予以揭露、批评。

各级人民政府对消费者协会履行职能应当予以支持。

三、消费争议的解决

消费者与经营者发生消费者权益的争议时,可以通过下列途径解决。

(一) 与经营者协商和解

协商和解是消费者与经营者在平等自愿的基础上,就有关争议进行协商,最终达成解决争议的方案。这是发生争议初期最常用的方式,具有方便、快捷、及时的优点。当事人协商解决争议应遵循自愿、地位平等和依法协商的原则。

(二) 请求消费者协会或者其他调解组织调解

调解是指在消费者与经营者之间,由消费者协会作为第三方,就有关争议进行协调,使双方消除纠纷,达成协议。当事人通过各地方的消费者协会解决争议时应遵循自愿、合法和公正的原则。

(三) 向有关行政部门申诉

向有关行政部门申诉是指向工商、技术监督及各有关专业部门申诉。有关行政部门对消费者的申诉及其对经营者的争议,可依法进行调解;并依法行使职权,做出处理决定;对有违法行为的经营者,可依法做出行政处罚。

(四) 提请仲裁机构仲裁

发生争议的消费者和经营者可以在合同中订立仲裁条款,也可以在争议发生后,双方自愿达成书面仲裁协议,提交仲裁机构仲裁。与其他解决争议的方式相比,仲裁具有灵活便利的特点,施行"一裁终局"制。

(五) 向人民法院提起诉讼

诉讼是指国家司法机关在当事人及其他诉讼参与人参加的情况下,按照法律规定的程序和方式,解决消费者和经营者之间争议的活动。这是解决争议的终极方式,也是消费争议当事人依法保护自身合法权益行之有效的手段。与其他解决争议的方式相比,诉讼具有法定性、权威性和强制性的特点。

四、法律责任

(一) 赔偿责任主体和责任归属

当消费者的合法权益受到损害时,消费者可以依法要求经营者依据不同情况承担下列损害赔偿责任：

（1）消费者在购买、使用商品时，其合法权益受到损害的，可以向销售者要求赔偿。销售者赔偿后，属于生产者的责任或者属于向销售者提供商品的其他销售者责任的，销售者有权向生产者或者其他销售者追偿。

（2）消费者在购买、使用商品或者接受服务时，其合法权益受到损害，因原企业分立、合并的，可以向变更后继承其权利义务的企业要求赔偿。

（3）使用他人营业执照的违法经营者提供商品或者服务，损害消费者合法权益的，消费者可以向其要求赔偿，也可以向营业执照的持有人要求赔偿。

（4）消费者在展销会、租赁柜台或者通过网络交易平台等购买商品或者接受服务，其合法权益受到损害的，可以向销售者或者服务者要求赔偿。展销会结束、柜台租赁期满或者网络交易平台上的销售者、服务者不再利用该平台的，也可以向展销会的举办者、柜台的出租者或者网络交易平台提供者要求赔偿。

（5）消费者因经营者利用虚假广告提供商品或者服务，其合法权益受到损害的，可以向经营者要求赔偿，发布者不能提供经营者的真实名称、地址的，应当承担赔偿责任。

（6）消费者向有关行政部门申诉的，该部门应当自收到申诉书之日起 7 日内，作出处理。

（7）对侵害众多消费者合法权益的行为，中国消费者协会以及在省、自治区、直辖市设立的消费者协会，可以向人民法院提起诉讼。

（二）经营者侵害消费者权益的法律责任

1. 民事责任

经营者提供商品或者服务有下列情形之一的，除《消费者权益保护法》另有规定外，应当依照《产品质量法》和其他有关法律、法规的规定，承担民事责任：①商品存在缺陷的。②不具备商品应当具备的使用性能而出售时未作说明的。③不符合在商品或者其包装上注明采用的商品标准的。④不符合商品说明、实物样品等方式表明的质量状况的。⑤生产国家明令淘汰的商品或者销售失效、变质商品的。⑥销售的商品数量不足的。⑦服务的内容和费用违反约定的。⑧对消费者提出的修理、重作、更换、退货、补足商品数量、退还货款和服务费用，或者赔偿损失的要求，故意拖延或者无理拒绝的。⑨法律、法规规定的其他损害消费者权益的情形。

2. 行政责任

经营者有下列情形之一，除承担相应的民事责任外，《产品质量法》和其他有关法律、法规对处罚机关和处罚方式有规定的，依照法律、法规的规定执行；法律、法规未作规定的，由工商行政管理部门或者其他有关行政部门责令改正，可以根据情节单处或者并处警告、没收违法所得、处以违法所得 1 倍以上 10 倍以下的罚款，没有违法所得的，处以 50 万元以下的罚款；情节严重的，责令停业整顿、吊销营业执照：

（1）提供的商品或者服务不符合保障人身、财产安全要求的。

（2）在商品中掺杂、掺假，以假充真，以次充好，或者以不合格商品冒充合格商品的。

（3）生产国家明令淘汰的商品或者销售失效、变质的商品的。

（4）伪造商品的产地，伪造或者冒用他人的厂名、厂址，伪造或者冒用认证标志、名优标志等质量标志的。

（5）销售的商品应当检验、检疫而未检验、检疫或者伪造检验、检疫结果的。

（6）对商品或者服务作虚假或者引人误解的宣传的。

（7）拒绝或者拖延对缺陷商品采取停止生产、停止销售、警示、召回等消除危险措施的。

（8）对消费者提出的修理、重作、更换、退货、补足商品数量、退还货款和服务费用或者赔偿损失的要求，故意拖延或者无理拒绝的。

（9）侵害消费者人格尊严、侵犯消费者人身自由或者侵害消费者姓名权、肖像权、隐私权等个人信息得到保护的权利的。

（10）法律、法规规定的对损害消费者权益应当予以处罚的其他情形。

经营者对行政处罚决定不服的，可以依照《中华人民共和国行政复议法》《中华人民共和国行政诉讼法》的规定申请行政复议或者提起行政诉讼。

3. 刑事责任

根据《消费者权益保护法》的规定，经营者及有关责任人员侵害消费者合法权益，并造成严重后果的，应追究其刑事责任。

◎开篇案例解答：

赵先生要求退货的理由成立。

××百货大厦出售的××牌抽油烟机使用后存在抽油不畅、叶片响声较大等缺陷，技术监督部门鉴定为不合格产品。不合格的原因是线路设计不合理，这是对××牌抽油烟机质量的法定评价。

赵先生购买××牌抽油烟机在使用时发现抽油不畅、叶片响声较大，便选择了维修这种方式使销售者承担三包责任。维修后，一切使用正常，但9个月后又出现停转故障，而且越来越严重，最后导致整个居室停电。可见，维修已不能解决该抽油烟机存在的问题。于是，赵先生又选择了换货这一方式使销售者承担三包责任。同型号同规格的抽油烟机在安装使用时，经技术监督部门现场检查，仍为不合格，而且是设计不合格。这种不合格往往具有普遍性，甚至会波及全部产品。在这种情况下，教训深刻的赵先生再也无法相信××百货大厦的换货质量，提出了退货要求。赵先生的请求是无奈之下的选择，也在情理之中，符合《消费者权益保护法》之规定。××百货大厦应予以接受。

最后需要强调的是，技术监督部门既然已经确认××牌抽油烟机为不合格，而且属设计缺陷，那么，就应予以查封、扣压该批不合格品，禁止其继续销售。只有这样，才能使其他潜在的消费者不会像赵先生那样受害。须知，保护个体消费者的权益与保护整体消费者的权益是一致的。

第五章

产品质量法

学习提要：

产品质量法的立法宗旨和调整范围；

产品质量监督管理；

产品质量义务；

产品质量责任。

开篇案例：

2014年，一户赵姓人家在为家中老人祝寿时，高压锅突然爆炸，儿媳妇被锅盖击中头部，抢救无效死亡。据负责高压锅质量检测的专家鉴定，高压锅爆炸的直接原因是高压锅的设计有问题，导致锅盖上的排气孔堵塞。由于高压锅的生产厂家距离遥远，赵家要求出售此高压锅的商场承担民事损害赔偿责任。但商场声称缺陷不是由自己造成的，而且商场在出售这种高压锅（尚处于试销期）的时候已与买方签订有一份合同，约定如果产品存在质量问题，商场负责退货，并双倍返还货款，因而商场只承担双倍返还货款的违约责任。问题：

1. 赵家可否向该商场请求承担责任？为什么？
2. 赵家可以请求违约责任还是侵权赔偿责任？

第一节　产品质量法概述

一、产品、产品标准、产品质量、认定产品质量遵循的标准

1. 产品

产品是指经过加工、制作，用于销售的产品

未经过加工、制作的天然物品，不属于这里的产品，如农民生产的粮食、蔬菜、瓜果等初级农产品，建筑工地用的沙子等。建筑工程和军工产品不属于《产品质量法》所称的产品范围之内，但是建筑材料、建筑构配件和设备、军工企业生产的民用产品适用《产品质量法》的规定，即是这里所称的产品。

2. 产品标准

产品标准是对产品所作的技术规定，是判断产品合格与否的依据。

产品标准分为国家标准（GB）、行业标准（HB）、地方标准（DB）、企业标准（QB）、国际标准（ISO、CB）等。

3. 产品质量

产品质量是指产品能满足规定的或者潜在需要的特征和特性的总和。它具体是指产品的安全性、适用性、可靠性、维修性、有效性、经济性等质量指标，它反映、代表了产品的质量状况。产品质量问题大体上说也可分为两类：①产品不适用。②产品不安全。前者多由于产品瑕疵而形成；后者则由于产品缺陷而发生。

4. 认定产品质量遵循的标准

这些标准有国家标准（GB）、行业标准（HB）、地方标准（DB）、企业标准（QB）、国际标准（ISO、CB）等。

二、产品质量法的立法宗旨和调整范围

（一）立法宗旨

我国《产品质量法》第1条明确规定其立法宗旨是加强对产品质量的监督管理，提高产品质量水平，明确产品质量责任，保护消费者的合法权益，维护社会经济秩序。

（二）调整范围

1. 主体

主体包括以下三类：①生产者、销售者。即在中华人民共和国境内从事产品生产、销售活动的组织和个人。②用户、消费者。③国家质量监督管理机关。

2. 客体

客体即经过加工、制作，用于销售的产品。有三种除外情况：①建设工程。②军工产品的管理、监督办法，另行制定。③初级产品（未明确规定）。

3. 内容

①生产者、销售者与用户、消费者的关系。②质量监督管理机关与生产者、销售者的关系。③生产者、销售者之间及其与其他经营者之间的关系。

第二节 产品质量监督管理

产品质量监督包括政府产品质量监督管理部门、产品质量监督管理的内容、产品质量的社会监督和对产品质量检验、认证机构的管理四个方面。

一、产品质量监督管理部门

依照《产品质量法》第8条的规定，我国产品质量监督管理的行政部门的职权划分分为纵向和横向两种形式。

1. 纵向

国务院产品质量监督管理部门主管全国产品质量监督工作；县级以上地方产品质量监督

部门主管本行政区域内的产品质量监督工作。

2. 横向

国务院有关部门在各自的职责范围内负责产品质量监督工作；县级以上地方人民政府有关部门在各自的职责范围内负责产品质量监督工作。

法律对产品质量监督部门另有规定的从其规定。

二、产品质量监督管理的内容

产品质量监督管理的主要内容包括：

1. 企业质量体系认证和产品质量认证制度

企业质量体系认证是由国家认证认可、监督管理委员会认可的或者其授权的认证机构对企业的质量保证和质量管理所作的综合评价。经认证机构认证合格的，颁发企业质量体系认证证书。对企业质量体系认证根据国际通用的质量管理标准进行。国际通用的质量标准为 ISO，即国际标准化组织推行的 ISO 9000（质量标准）系列标准和 ISO 14000（环保标准）系列标准。

产品质量认证是由国家认可监督管理委员会批准的认证机构按照产品标准和相关的技术要求，确认某一产品符合相应标准并颁发认证标志的活动。如 CCC 标志等。经认证合格，由认证机构颁发认证证书和认证标志。企业可以在自己的产品或者其包装上使用认证标志。需要注意的是，不论是企业质量体系认证还是产品质量认证，都以自愿申请为原则，国家对任何企业都不采取强制认证。

2. 监督检查制度

（1）监督检查的方式：随机抽查。

（2）监督检查的产品范围分为三类：第一，可能危及人体健康和人身、财产安全的产品；第二，影响国计民生的重要工业产品；第三，消费者、有关组织反映有重要质量问题的产品。

（3）抽查取样的方式：随机抽查市场上待销的产品和企业成品仓库中待销的产品。抽查取样的数量不得超过检验的合理需要。

（4）监督抽查的费用：按照国务院规定列支，不得向被抽查人收取。

（5）抽查的原则：《产品质量法》第 15 条第 2 款规定，国家监督抽查的产品，地方不得另行重复抽查；上级监督抽查的产品，下级不得另行重复抽查。

（6）复检：生产者、销售者对抽查检验的结果有异议的，可以自收到检验结果之日起 15 日内向实施监督抽查的产品质量监督部门或者其上级产品质量监督部门申请复检，由受理复检的产品质量监督部门作出复检结论。

（7）公告：必须由省级以上（国务院、省、自治区、直辖市）人民政府产品质量监督管理部门公告抽查结果。

三、产品质量的社会监督

1. 消费者查询、申诉
2. 社会组织提出处理建议，支持消费者起诉

四、对产品质量检验、认证机构的管理

产品质量检验、认证机构是从事产品质量检验、认证工作的社会中介机构。

1. 资格条件

①必须具备相应检测条件和能力。②经省级以上人民政府产品质量监督部门或者其授权的部门考核合格。③必须依法设立。④不得与行政机关和其他国家机关存在隶属关系或者其他利益关系。

2. 工作要求

①客观、公正地出具检验结果或者认证证明。②对认证后的产品进行跟踪检查。③对不符合认证标准而使用认证标志的，要求其改正。④取消因其产品不符合认证标准且情节严重的企业使用认证标志的资格。

根据《产品质量法》第57条和第58条的规定，产品质量认证机构、社会团体、社会中介机构对因产品不符合认证标准而使用认证标志的产品，对产品质量做出承诺、保证，而该产品又不符合承诺、保证的质量要求，给消费者造成损失的，与产品的生产者、销售者承担连带赔偿责任。

第三节　经营者的产品质量义务

一、生产者的产品质量义务

生产者的产品质量义务包括作为的义务和不作为的义务两个方面。

1. 作为的义务

生产者作为的义务分为两个方面：产品质量的要求和产品标志的要求。

关于产品质量，《产品质量法》第26条规定了三项内容：

（1）不存在危及人身、财产安全的不合理的危险，有保障人体健康和人身、财产安全的国家标准、行业标准的，应当符合该标准。

（2）具备产品应当具备的使用性能，但是对产品存在使用性能的瑕疵作出说明的除外。

（3）符合在产品或者其包装上注明采用的产品标准，符合以产品说明、实物样品等方式表明的质量状况。

关于产品标识，见《产品质量法》第27条、第28条的规定。

第27条　产品或者其包装上的标识必须真实，并符合下列要求：

（1）有产品质量检验合格证明。

（2）有中文标明的产品名称、生产厂厂名和厂址。

（3）根据产品的特点和使用要求，需要标明产品规格、等级、所含主要成分的名称和含量的，用中文相应予以标明；需要事先让消费者知晓的，应当在外包装上标明，或者预先

向消费者提供有关资料。

（4）限期使用的产品，应当在显著位置清晰地标明生产日期和安全使用期或者失效日期。

（5）使用不当，容易造成产品本身损坏或者可能危及人身、财产安全的产品，应当有警示标志或者中文警示说明。

裸装的食品和其他根据产品的特点难以附加标识的裸装产品，可以不附加产品标识。

第 28 条　易碎、易燃、易爆、有毒、有腐蚀性、有放射性等危险物品以及储运中不能倒置和其他有特殊要求的产品，其包装质量必须符合相应要求，依照国家有关规定作出警示标志或者中文警示说明，标明储运注意事项。

2. 不作为的义务

生产者的不作为义务见《产品质量法》第 12 条、第 13 条、第 29 条、第 30 条、第 31 条和第 32 条。

第 12 条　产品质量应当检查合格，不得以不合格产品冒充合格产品。

第 13 条　可能危及人体健康和人身、财产安全的工业产品，必须符合保障人体健康和人身、财产安全的国家标准、行业标准；未制定国家标准、行业标准的，必须符合保障人体健康和人身、财产安全的要求。

禁止生产、销售不符合保障人体健康和人身、财产安全的标准和要求的工业产品，具体管理办法由国务院规定。

第 29 条　生产者不得生产国家明令淘汰的产品。

第 30 条　生产者不得伪造产地，不得伪造或者冒用他人的厂名、厂址。

第 31 条　生产者不得伪造或者冒用认证标志等质量标志。

第 32 条　生产者生产产品，不得掺杂、掺假，不得以假充真、以次充好，不得以不合格产品冒充合格产品。

二、销售者的产品质量义务

1. 执行进货检查验收制度

销售者要保证所销售的产品符合质量要求，就必须严格执行进货检查验收制度，确保不让假冒产品、不合格产品进入流通流域。销售者在进货时，应当对所进货物进行检查验收，验明产品的合格证明和其他标识。

2. 采取措施保持产品质量

生产者生产的产品通过销售者到达用户、消费者那里，中间常有一段"时间差"。在此期间内，可能因销售者未采取应有的保质措施而招致产品发生瑕疵或缺陷，所以《产品质量法》规定了销售者的此项义务。这一规定可以促使销售者增强对产品质量的责任感，防止产品质量在经销期间失效、变质。

3. 执行产品质量标识制度

销售者销售产品的标识应当符合生产者产品或其包装上标识的要求。销售者应"严把产品标识关"，向生产者索要合法、齐全的标志和说明。销售者不可"另起炉灶"，搞假冒产品标识。销售者对用户、消费者还负有直接的告知产品警示标志和说明的义务。

4. 不得违反《产品质量法》的禁止性规定

①销售者不得销售失效、变质的产品。②销售者不得伪造产地,不得伪造或者冒用他人的厂名、厂址。③销售者不得伪造或者冒用认证标志、名优标志等质量标志。④销售者销售产品不得掺杂、掺假,不得以假充真、以次充好,不得以不合格产品冒充合格产品。

参考法条:

第 33 条　销售者应当建立并执行进货检查验收制度,验明产品合格证明和其他标识。

第 34 条　销售者应当采取措施,保持销售产品的质量。

第 35 条　销售者不得销售国家明令淘汰并停止销售的产品和失效、变质的产品。

第 36 条　销售者销售的产品的标识应当符合本法第 27 条的规定。

第 37 条　销售者不得伪造产地,不得伪造或者冒用他人的厂名、厂址。

第 38 条　销售者不得伪造或者冒用认证标志等质量标志。

第 39 条　销售者销售产品,不得掺杂、掺假,不得以假充真、以次充好,不得以不合格产品冒充合格产品。

第 40 条　售出的产品有下列情形之一的,销售者应当负责修理、更换、退货;给购买产品的消费者造成损失的,销售者应当赔偿损失:

(1) 不具备产品应当具备的使用性能而事先未作说明的。

(2) 不符合在产品或者其包装上注明采用的产品标准的。

(3) 不符合以产品说明、实物样品等方式表明的质量状况的。

第四节　产品质量责任

产品质量责任是指产品的生产者、销售者违反《产品质量法》规定的义务应承担的法律后果。

一、产品质量法律责任的构成要件

1. 违反默示或明示担保义务

默示义务:法律、法规对产品质量有强制性要求的,违反了该项要求;简言之,就是法律有规定,而违反法律的规定。

明示担保义务:违反生产者、销售者与产品的用户、消费者约定的义务;简言之,就是有约定却违反约定。

2. 产品有缺陷

所谓产品缺陷是指产品存在危及人身、财产安全的不合理的危险,产品有保障人身、财产安全的国家标准和行业标准的,是指不符合该标准。

产品缺陷包括设计缺陷、制造缺陷、指示缺陷。

缺陷——不合理的危险(是指产品存在危及人身、他人财产安全的不合理的危险;产品有保障人体健康和人身、财产安全的国家标准、行业标准的,是指不符合该标准)。

瑕疵——缺陷之外的质量不合格（非危险性质量问题）。

3. 产品缺陷造成损害，并与损害后果之间有因果关系

二、《产品质量法》规定的归责原则

（1）对生产者实行严格责任制度，即无过错责任制度，也就是只要产品有缺陷，不论生产者主观上是否有故意或过失，都要承担法律责任，但是，有下列情形之一的除外：①未将产品投入流通的。②产品投入流通时引起损害的缺陷尚不存在的。③将产品投入流通时的科学技术水平尚不能发现缺陷存在的。

（2）对销售者实行过错责任制度，即只有因销售者主观故意或过失而导致产品缺陷引起损害的，销售者才承担法律责任。具体包括：①推定责任。销售者不能指明缺陷产品的生产者和供货者的，推定为销售者有过错，对此应当承担法律责任。②连带赔偿责任。生产者和销售者对产品质量缺陷造成的损害依法承担连带赔偿责任。③先行赔偿的义务。但是，不论最终责任应由谁承担，销售者对损害都负有先行赔偿的义务。④追偿权。在赔偿后，如属生产者的责任，销售者有追偿权。

三、产品责任的形式和范围

1. 产品责任的形式：损害赔偿
2. 赔偿范围

①人身伤害的赔偿范围。因产品存在缺陷造成受害人人身伤害的，侵害人应当赔偿医疗费、治疗期间的护理费、因误工减少的收入等费用；造成残疾的，还应当支付残疾者生活自助具费、生活补助费、残疾赔偿金以及由其扶养的人所必需的生活费等费用；造成受害人死亡的，还应当支付丧葬费、死亡赔偿金以及由死者生前扶养的人所必需的生活费等费用。②财产损失的赔偿范围。因产品存在缺陷造成受害人财产损失的，侵害人应当恢复原状或者折价赔偿。受害人因此遭受其他重大损失的，侵害人应当赔偿损失。

四、承担责任的诉讼时效

因产品缺陷造成损害要求赔偿的诉讼时效期间为2年，自当事人知道或应当知道其权益受到损害之日起计算。因产品缺陷造成损害要求赔偿的请求权在造成损害的缺陷产品交付最初用户、消费者满10年丧失，但是尚未超过明示的安全使用期的除外。

五、产品质量检验机构和检测人的责任承担

1. 产品质量民事责任

产品质量民事责任，是指产品的生产者、销售者因违反《产品质量法》规定的或合同当事人约定的产品质量民事义务，应当承担的民事法律后果。根据《产品质量法》的规定，

产品质量民事责任主要有两种,即产品瑕疵责任和产品缺陷责任。

(1) 产品瑕疵责任。产品瑕疵是指产品不具备应有的使用性能,不符合明示采用的产品质量标准,或不符合产品说明、实物样品等方式表明的质量状况。此条是专为销售者设置的直接责任。对有上述情形之一的,销售者即应负瑕疵担保责任。具体责任形式为:负责修理、更换、退货;给购买产品的用户、消费者造成损失的,负责赔偿。

销售者先行履行"三包"及赔偿责任后,如责任在生产者、供货者,销售者有权向他们追偿。但他们之间如订有购销、加工承揽合同且另有约定的,按合同约定执行。

(2) 产品缺陷责任。产品缺陷责任即产品责任,是指产品存在缺陷给受害人造成人身伤害或产品以外的财产损失所产生的法律后果。

产品缺陷与产品瑕疵是两个既有联系又有区别的概念,二者的区别主要表现在:一是含义不同。产品瑕疵较产品缺陷的含义更广泛,包括产品的实用性、安全性、可靠性、维修性等各种特征和特性方面的质量问题,而产品缺陷则主要是产品在安全性、可靠性等特性方面存在可能危及人体健康和人身、财产安全的不合理危险。二是责任性质不同。产品瑕疵责任是合同责任,产品缺陷责任是特殊的民事侵权责任。三是承担责任的条件不同。产品只要有瑕疵,不论是否造成损害后果,都要承担违约责任。而产品仅存在缺陷,尚未造成损失后果的,则不能构成产品缺陷损害责任。

产品缺陷的构成要件:第一,产品存在缺陷。根据《产品质量法》的规定,缺陷是指产品存在危及人身、他人财产安全的不合理的危险,或不符合保障人体健康,人身、财产安全的国家标准、行业标准的产品。可见缺陷的实质是产品缺乏合理的安全性,即存在危及人身、他人财产安全的不合理危险,这种危险可能出自产品的设计、产品的制造,也可能出自产品的表示不符合规定。第二,产品缺陷造成了损害。只有在产品缺陷造成了受害人的实际损失时,才构成产品缺陷损失责任。第三,产品缺陷和损害事实之间存在必然的因果关系。

1) 生产者产品责任。《产品质量法》规定:因产品存在缺陷,造成人身损害以及缺陷产品以外的其他财产损害的,生产者应当承担赔偿责任。如果生产者能证明有下列情形之一的,可以免责:未将产品投入流通的;产品投入流通时,引起损害的缺陷尚不存在的;将产品投入流通时的科学技术水平尚不能发现缺陷存在的。

2) 销售者产品责任。《产品质量法》规定:第一,由于销售者的过错使产品存在缺陷,造成人身、他人财产损害的,销售者应当承担赔偿责任。第二,销售者不能指明缺陷产品的生产者、供货者的,销售者承担赔偿责任。

2. 产品质量行政责任

产品质量行政责任是指生产者、销售者因违反产品质量监督管理法律、法规,而应承担的法律后果。产品质量行政责任的"客体"包括瑕疵产品、缺陷产品以及违反产品质量标准和违反产品质量监督管理法律、法规的行为。产品质量行政责任由技术监督部门、工商行政管理部门追究和制裁。

产品质量行政责任只适用过错责任原则。产品质量行政责任的种类及罚则包括:

(1) 生产、销售不符合国家标准、行业标准的产品。凡生产不符合保障人体健康,人身、财产安全的国家标准、行业标准的产品,责令停止生产,没收违法生产的产品和违法所得,并处违法所得1倍以上5倍以下的罚款,可以吊销营业执照。销售上述产品的,责令停止销售。销售明知是不符合保障人体健康,人身、财产安全的国家标准、行业标准的产品的,没收违法销售的产品和违法所得,并处以罚款,可以吊销营业执照。

(2) 生产、销售伪劣产品。生产者、销售者在产品中掺杂、掺假,以次充好,或者以不合格产品冒充合格产品的,违法所得数额2万元以上不满10万元,情节较轻的,责令停止生产、销售,没收违法所得,并处违法所得1倍以上5倍以下的罚款,可以吊销营业执照。

(3) 生产国家明令淘汰的产品。生产国家明令淘汰的产品的,责令停止生产,没收违法生产所得的产品和违法所得,并处违法所得1倍以上5倍以下的罚款,可以吊销营业执照。

(4) 销售变质、失效的产品。销售变质、失效的产品,责令停止销售,没收违法销售所得的产品和违法所得,并处违法所得1倍以上5倍以下的罚款,可以吊销营业执照。

(5) 生产者、销售者伪造产品产地。生产者、销售者伪造产品产地的,伪造或冒用他人厂名、厂址,伪造或冒用认证标志、名优标志等质量标志的,责令公开更正,没收违法所得,可以并处罚款。

(6) 产品标识不符合法律规定。产品标识不符合《产品质量法》规定的,责令改正;有包装的产品标识不符合《产品质量法》规定,情节严重的,可以责令停止生产、销售,并可处以违法所得15%至20%的罚款。

(7) 伪造检验数据或结论。伪造检验数据或结论的,责令更正,可以处以所收检验费1倍以上3倍以下的罚款;情节严重的,吊销营业执照。从事产品质量监督管理的工作人员滥用职权、玩忽职守、徇私舞弊,尚未构成犯罪,给予行政处分。执行行政处罚的机关应为产品质量监督部门(技术监督局)和工商行政管理部门(法律、行政法规另规定行使处罚权的除外),吊销营业执照处罚,只能由工商行政管理部门执行。

3. 产品质量刑事责任

(1) 生产者、销售者的刑事责任条款。①生产、销售不符合保障人体健康,人身、财产安全的国家标准、行业标准的产品,构成犯罪的,依法追究刑事责任。②生产者、销售者在产品中掺杂、掺假,以次充好,或者以不合格产品冒充合格产品,构成犯罪的,依法追究刑事责任。③销售变质、失效的产品,构成犯罪的,依法追究刑事责任。④行贿、受贿或者以其他非法手段采购以上三种产品以及国家明令淘汰的产品,构成犯罪的,依法追究刑事责任。

(2) 国家工作人员的刑事责任条款。《产品质量法》规定,从事产品质量监督管理的国家工作人员滥用职权、玩忽职守、徇私舞弊,以及包庇追究产品质量刑事责任的企业单位或个人,使之不受追诉,根据不同情况依照刑法规定追究刑事责任。

(3) 其他刑事责任。《产品质量法》规定,使用暴力、威胁方法阻碍从事产品质量监督管理的国家工作人员依法执行职务的,依照刑法有关规定追究刑事责任。未使用暴力、威胁方法阻碍上述人员执行公务的,按《治安管理处罚条例》的规定处罚。

◇开篇案例解答:

1. 可以

根据《产品质量法》第43条规定,因产品存在缺陷造成人身、他人财产损害的,受害人可以向产品的生产者要求赔偿,也可以向产品的销售者要求赔偿。属于产品的生产者的责任,产品的销售者赔偿的,产品的销售者有权向产品的生产者追偿。属于产品的销售者的责任,产品的生产者赔偿的,产品的生产者有权向产品的销售者追偿。

2. 侵权赔偿责任。因为造成了人身损害,所以超越了违约责任,应属于侵权责任

根据《产品质量法》第44条规定,因产品存在缺陷造成受害人人身伤害的,侵害人应当赔偿医疗费、治疗期间的护理费、因误工减少的收入等费用;造成残疾的,还应当支付残疾者生活自助具费、生活补助费、残疾赔偿金以及由其扶养的人所必需的生活费等费用;造成受害人死亡的,并应当支付丧葬费、死亡赔偿金以及由死者生前扶养的人所必需的生活费等费用。因产品存在缺陷造成受害人财产损失的,侵害人应当恢复原状或者折价赔偿。受害人因此遭受其他重大损失的,侵害人应当赔偿损失。

第六章
竞争法

学习提要：

了解反不正当竞争法的概念及调整对象；理解不正当竞争行为的概念和种类；掌握不正当竞争行为的法律责任。

第一节 反不正当竞争法概述

开篇案例：

案情："如意"是某企业生产的床上用品的注册商标，在全国有较大的知名度。张三在购买床上用品时，看到有一款包装和"如意"非常相似的床上用品，该包装袋上表明的生产厂家为某某如意床上用品有限公司。张三也听说过"如意"牌床上用品，认为他所看到的就是"如意"牌床上用品，于是就购买了。后来听别人说他买的不是"如意"牌的，于是找商家退货，商家称他们并没有说是"如意"牌的，于是双方发生争执。

要求：根据上述情况，分析回答下列问题：

张三可否依据《反不正当竞争法》来维护自己的利益呢？

一、反不正当竞争法的概念

反不正当竞争法，是调整经营者因从事不正当竞争活动而发生的经济竞争关系，以及有关国家机关对其进行监督检查时所发生的经济管理关系的法律规范的总称。我国在1993年9月2日第八届全国人大常委会第三次会议上通过了《中华人民共和国反不正当竞争法》（以下简称《反不正当竞争法》）。该法从1993年12月1日起实施。这部法律是我国反不正当竞争的基本法，同时我国还有若干项关于《反不正当竞争法》的单行法规。例如国家工商总局于1993年12月颁布的《关于制止有奖销售活动中不正当竞争行为的若干规定》，1995年7月《关于制止仿冒知名商品特有的名称、包装、装潢的不正当竞争行为的若干规定》，1996年11月《关于禁止商业贿赂行为的暂行规定》等。

二、反不正当竞争法的调整对象

在市场竞争中，违反竞争原则、破坏竞争秩序的行为一般可归纳为三类：①垄断行为。②限制竞争行为。③不正当竞争方法。我国的《反不正当竞争法》的调整对象为限制竞争行为和不正当竞争方法。虽然在 1993 年我国还没有颁布《反垄断法》，但第一类垄断行为仍然没有列入《反不正当竞争法》的调整对象。2007 年 8 月 30 日全国人大常委会通过了《反垄断法》，该法于 2008 年 8 月 1 日施行，从此对垄断行为也有法律规制它了。

三、反不正当竞争法的基本原则

根据《反不正当竞争法》第 2 条的规定，我国《反不正当竞争法》有两项基本原则：①自愿、平等、公平原则。自愿是指竞争者不得强迫、胁迫或利诱交易对方同自己进行交易不与竞争对手交易。平等是指竞争者应相互尊重对方的独立地位，不得以自己强大的资源损害竞争对手的利益。公平原则一方面要求市场是自由开放的，竞争者参加竞争的机会应是均等的，另一方面要求竞争者不得以大欺小，不当利用自己的竞争优势。②诚实信用，遵守公认商业道德的原则。此项原则要求经营者进行任何经营活动均应出于正当的商业动机，以正当的、符合商业道德的手段实现其经济目的。

四、反不正当竞争法的作用

根据《反不正当竞争法》第 1 条的规定，我国《反不正当竞争法》的作用包括三个方面：①保障社会主义市场经济的健康发展。竞争机制是市场经济最基本、最重要的运行机制，对竞争秩序的破坏会引起市场运行规律的扭曲，导致社会经济秩序的紊乱。作为调整竞争关系的法律，反不正当竞争法的首要作用是保护竞争机制，使整个社会经济能够有序运转。②鼓励和保护公平竞争，制止不正当竞争。③保护经营者和消费者的合法权益。

◇ 开篇案例解答：

张三不能依据《反不正当竞争法》来维护自己的利益。因为《反不正当竞争法》调整的是不正当竞争关系，其规制的主体是市场竞争者。张三和商家及生产厂家不是竞争关系，是消费者和商家及生产厂家的关系。张三可依据《消费者权益保护法》来维护自己的利益。

【律师咨询热线】

2008 年河北三鹿奶粉被抽检出三聚氰胺严重超标，为了保护大众的身体健康，国家有关部门在全国范围内大面积抽检奶粉及鲜奶，结果发现大量奶制品企业三聚氰胺超标，其中不乏一些知名企业。这在全国范围内造成了大众对奶制品的不信任。某市豆奶制造企业认为这是企业发展的契机，于是决定扩大宣传增加广告的投放量。在此之前该市居民早餐主要以该市某奶制品企业生产的鲜奶和该市豆奶企业生产的豆奶为主，据统计鲜奶占 50%，豆奶占 25%，其他占 25%。

豆奶企业为了扩大广告效果，在广告中重点打出"喝奶损害健康，还是豆奶好"。奶制品企业看到广告后多次要求豆奶企业撤下该广告词，并提供了奶制品企业生产的奶制品抽样检验合格的检验报告，豆奶企业都不予理睬。豆奶企业的广告播出后其市场份额明显提高，据统计占到了 40%，鲜奶降到了 30%。奶制品企业在多次与豆奶企业交涉无果的情况下，向法院起诉，称豆奶企业构成不正当竞争，要求停止不正当竞争并赔偿损失。

律师解答：

律师认为该市豆奶企业已构成不正当竞争。因为虽然奶制品与豆奶不属同一类产品，但他们面对的消费者是相同的，即本市居民，他们之间具有竞争关系。其次豆奶企业在明知奶制品企业生产的鲜奶为合格的情况下，利用在特定时期大众对奶制品不放心的心理排挤竞争对手，违背了诚实信用、遵守公认商业道德的原则，构成不正当竞争。由此给奶制品企业造成的损失应当赔偿。

引用法条：

经营者在市场交易中，应当遵循自愿、平等、公平、诚实信用的原则，遵守公认的商业道德。本法所称的不正当竞争，是指经营者违反本法规定，损害其他经营物合法权益，扰乱社会经济秩序的行为。本法所称的经营者，是指从事商品经营或者营利性服务（以下所称商品包括服务）的法人、其他经济组织和个人。

第二节　不正当竞争行为

开篇案例：

案情：某市电信企业在给居民装电话时一律要求用户购买其制定品牌电话机，并声称这是为确保电信系统的安全。如用户不购买其指定品牌的电话机而购买其他品牌的电话机，则须对该电话机进行检测并收取50元检测费。有用户提出异议，认为电信企业搞不正当竞争，电信企业回应称，现在市场上销售的电话机质量参差不齐，他们指定的品牌质量是有保障的，如用户购买其他品牌，质量无法认定所以要进行检测以免影响系统安全，当然检测是需要人力和物力成本的，所以适当收取检测费并无不妥。因此认为他们没有搞不正当竞争。

要求：根据上述情况，分析回答下列问题：

电信企业的辩解有法律依据吗？

一、不正当竞争行为的概念与特征

（一）概念

"不正当竞争"的概念最初盛行于欧洲，其含义并不十分明确，泛指诚实的工商业者所不可能去从事的活动或行为。随着社会经济的发展和科学技术的进步，竞争关系越来越复杂、广泛，竞争的表现形式和手段也呈现出多样化，相伴而生的不正当竞争及其产生的危害也越来越突出。为有效制止形形色色的不正当竞争行为，各国都认为应从立法上对不正当竞争行为做出相应的界定。各国立法界定的方式大致有三种：①概括式，即通过反不正当竞争立法，规定不正当竞争的一般性或定义性条款。如瑞士、土耳其、葡萄牙等。②列举式，即在立法上不规定不正当竞争的一般性或定义性条款，而是直接列举各种不正当竞争行为的表现形式。如日本、匈牙利等。③概括兼列举式，即既规定不正当竞争的一般性或定义性条款，又列举不正当竞争行为的各种表现形式。大多数国家的立法采用这种方式，我国也是采用这种方式。依据我国《反不正当竞争法》第 2 条的规定，不正当竞争是指经营者违反本法规定，违背自愿、平等、公平、诚实信用的原则和公认的商业道德，损害其他经营者的合法权益，扰乱社会经济秩序的行为。《反不正当竞争法》第 5 条至第 15 条又列举了 11 种不正当竞争行为。

(二) 不正当竞争行为具有以下特征

（1）主体的特定性。实施不正当竞争行为的主体是经营者。

（2）目的的明确性。实施不正当竞争行为的目的是获得竞争利益。

（3）行为的违法性。经营者实施的不正当竞争行为损害其他经营者的利益，具有明显的违法性。

（4）损害利益的双重性。经营者实施的不正当竞争行为不仅损害了其他经营者的合法利益，而且也损害了市场竞争秩序，甚至损害了消费者的合法权益。

二、不正当竞争行为的种类

我国《反不正当竞争法》调整两类不正当竞争行为。一类是限制竞争行为，包括：①公用企业或其他依法享有独占地位经营者的限制竞争行为。②政府机构的限制竞争行为。③搭售或附加其他不合理条件。④串通投标。另一类是不正当竞争方法，包括：①欺骗性交易。②商业贿赂。③虚假广告。④不正当有奖销售。⑤侵犯商业秘密。⑥掠夺性定价。⑦诋毁竞争对手商誉。下面分别一一阐述。

(一) 限制竞争行为

1. 公用企业或其他依法享有独占地位的经营者的限制竞争行为

这类企业主要包括供热、供水、供电、供气、邮政、电信、交通运输等企业。根据《关于禁止公用企业限制竞争行为的若干规定》，公用企业在市场交易中的下列行为属于限制竞争行为：限定用户、消费者只能购买和使用其附带提供的相关商品，而不得购买和使用其他经营者提供的符合技术标准要求的同类商品；限定用户、消费者只能购买和使用其指定的经营者生产或者经销的商品，而不得购买和使用其他经营者提供的符合技术标准要求的同类商品；强制用户、消费者购买其提供的不必要的商品及配件；强制用户、消费者购买其指定的经营者提供的不必要的商品；以检验商品质量、性能等为借口，阻碍用户、消费者购买、使用其他经营者提供的符合技术标准要求的其他商品；对不接受其不合理条件的用户、消费者拒绝、中断或者削减供应相关商品，或者滥收费用；其他限制竞争的行为。这种限制竞争行为的危害在于：排除被指定经营者与其进行竞争的可能，使他们处于不平等的竞争地位，损害了其他经营者的权益；被指定经营者由于缺少竞争压力将不致力于技术创新、改善经营，阻碍我国创新型社会的建立；同时剥夺了消费者选择商品的权利，从而也损害了消费者的合法利益。

2. 政府机构的限制竞争行为

政府机构包括国务院各部委及其下属机构、各级地方政府所属机构。政府机构构成限制竞争行为必须具备的一个条件是滥用行政权力。比如有些城市规定从事出租车营运的汽车必须是本地生产的汽车；再比如前两年有的省份规定购买本省生产的汽车在上牌时税费可减免50%，这些政府行为都属于政府的限制竞争行为。政府机构限制竞争行为的危害极大，主要表现在如下几个方面：①阻碍社会资源的合理配置，造成不合理的社会经济结构，各种供求关系、价格信息被扭曲。一方面对于被指定企业进行盲目扩大生产，另一方面被排斥的竞争者，即使技术先进、产品质量好、价格合理也无法与受保护的企业竞争。从全局来看，地区封锁、行业分割造成经济结构的大而全、小而全，低水平重复建设，整个国民经济受到影响。②使被保护者和被排斥者均失去改善经营管理、创新技术的积极性，使经济失去活力。③损害了被排斥的经营者的利益。④限制了消费者的自由选择权，损害了消费者的利益。

3. 搭售或附加其他不合理条件

这种行为的主体是经营者。这种行为的危害性表现在：①限制竞争，就搭售而言，由于搭售者具有某种经济优势，如它是某种产品的唯一生产商，使这种商品的需求者不得不接受被搭售产品，购买者就不可能再从其他企业购买这种被搭售的商品，其结果是限制了被搭售商品行业的竞争。②造成浪费。商品购买者未必需要被搭售的商品，使被搭售的商品得不到充分利用，造成浪费。③损害了消费者的利益。

经营者的这种不正当竞争行为在市场为卖方市场时发生较多，如今随着市场由卖方市场转变为买方市场，这种行为出现较少了。

4. 串通投标

采取招标、投标的方式来采购商品或发包工程的目的就是维护市场的公平竞争，但如果投标人串通投标就是一种限制竞争行为，其主要表现形式有：投标者共同抬高标价，不进行价格竞争；另一种是一批投标者在一系列投标中安排轮流提出最高报价。串通投标行为不但损害了其他正常投标人的利益，也损害了招标人的利益。

（二）不正当竞争方法

1. 欺骗性交易（假冒名牌行为）

假冒名牌行为是指经营者采用假冒或者仿冒等虚假的手段，使其商品与他人商品相混淆，而导致或者足以导致购买者误认的行为，《反不正当竞争法》第5条规定了四种假冒名牌行为：

（1）假冒他人注册商标。

（2）擅自使用知名商品特有的名称、包装、装潢，或者擅自使用与知名商品近似的名称、包装、装潢，造成和他人知名商品相混淆，使购买者误认为或者可能认为是该知名商品。

（3）擅自使用他人企业的名称、姓名。

（4）伪造或者冒用质量标志、产地，对商品作引人误解的虚假表示。

假冒他人注册商标是指未经商标所有权人允许擅自将他人的商标用在自己的商品或服务上，这种不正当竞争方法不但违反了《反不正当竞争法》同时也违反了《商标法》。擅自使用知名商品特有的名称、包装、装潢，或者擅自使用与知名商品近似的名称、包装、装潢，造成和他人知名商品相混淆，使购买者误认为或者可能认为是该知名商品；擅自使用他人企业的名称、姓名。两种不正当竞争方法中的"知名商品"是指在市场上具有一定的知名度，为相关公众所熟知的商品，在实践中如何判断某商品是否为"知名商品"？笔者认为可以从以下几个方面来判断：①该商品在市场上存续的时间。②经营者为该商品投放广告的持续时间。③经营者为该商品投放的广告的费用。擅自使用他人企业的名称，实践中一般是不知名的企业冒用知名企业的名称，引人误以为是知名企业的商品，从而增加商品的销量，获取更多利益。在商品上伪造产地一般是针对一些地域性明显的商品，比如茶叶、瓷器等商品，这类商品由于历史传统或特殊的地理环境，社会公众对某些产地的商品特别厚爱，认可这些产地的商品。

欺骗性交易的危害在于：①扭曲竞争机制。②损害了竞争对手的合法利益。③使购买商品或接受服务者受骗上当，合法利益受到损害。

2. 商业贿赂

商业贿赂是指经营者在市场交易中，为争取交易机会，特别是取得相对于竞争对手的优势地位，通过秘密地给付财物或者其他手段进行贿赂以销售或者购买商品的行为。经营者在购销商品时，可以以明示的方式给对方折扣，也可以给中间人佣金。但必须以明示的方式，并如实入账，即给付方和接收方均要如实入账。如经营者在购销商品时是暗中给对方单位和个人回扣，则以行贿论处；对方单位和个人在账外收受回扣的，以受贿论处。

(1) 商业贿赂的特征。作为贿赂的一种表现形态，商业贿赂具有以下 4 个特征：①行贿主体是从事商业活动的经营者。所谓经营者，是指从事商品经营或者营利性服务的法人、其他经济组织和个人。②目的明确化。经营者给予对方单位或者个人财物或者其他利益，目的是希望在经营活动中排斥正当竞争，获取交易机会，从而将自己的产品或服务销售出去，或者以更优惠的条件购买商品或接受服务。③手段多样化。随着社会经济的发展和查处力度的加大，商业贿赂的花样不断翻新，手段越来越隐蔽。经营者通常以财物或者其他手段贿赂对方单位或者个人。如经营者假借促销费、宣传费、赞助费、科研费、劳务费、咨询费、佣金等名义，或者以报销各种费用等方式，给付对方单位或者个人以现金或实物；为对方单位中的有关人员提供国内外各种名义的旅游、考察，甚至性贿赂等。经营者在账外暗中给予对方单位或者个人回扣，对方单位或者个人在账外暗中收受回扣，也是商业贿赂中一种比较常见的行为。所谓账外暗中，是指未在依法设立的反映其生产经营活动或者行政事业经费收支的财务账上按照财务会计制度规定明确如实记载，包括不记入财务账或者做假账等。由于商业贿赂名目繁多，无账可查或账目虚假，具有极大的隐蔽性，给查处工作带来了很大困难。④侵犯客体复杂化。商业贿赂违法犯罪行为，既是对正常、公平的竞争秩序的破坏，严重破坏了社会主义市场经济秩序。同时，由于商业贿赂往往与部分国家工作人员徇私舞弊、收受贿赂、贪赃枉法、腐化堕落直接相关，又严重侵犯国家工作人员职务行为的廉洁性，扰乱了国家机关正常的管理活动。

(2) 商业贿赂的危害。近年来商业贿赂在一些地区和行业中不断地滋生繁衍，影响面越来越宽，对我国市场经济健康发展的危害十分严重：①商业贿赂背离了市场经济公平竞争的要求，破坏了正常的市场交易秩序。商业贿赂已经成为企业运行的"潜规则"，面对这样的"潜规则"，企业自身往往无力对抗，为了避免在竞争中失去市场机会和份额，也不情愿地选择了屈从，从而使得商业贿赂的雪球越滚越大。这种商业贿赂导致的恶性竞争剥夺了其他竞争者公平交易的机会，使守法经营的企业沦为受害者，使诚信等公序良俗受到极大破坏。②商业贿赂阻碍了市场机制的有效运行，破坏了市场资源的合理配置。公平合理的竞争有利于实现资源配置的最优化，防止资源和劳动的浪费。但是，商业贿赂使商品和服务不能按照本身质量的好坏、服务水平的高低进行交易，致使在市场竞争中质量差、服务水平低的商品和服务可以打败质量好、服务水平高的商品和服务，为假冒伪劣商品生产销售活动的生存和发展提供了"肥沃土壤"，使市场价值规律和市场竞争规律无法正常发挥作用，严重影响社会资源的合理配置和生产技术、服务水平的提高以及产业结构的提升，损害了广大消费者和经营者的合法权益。③商业贿赂加大了交易成本，增加了消费者负担，造成社会财富的巨大浪费。据透明国际估计，全球每年因为贿赂和腐败导致的经济损失高达 32 000 亿美元。在我国，据有关部门资料显示，建筑企业每年的经营费用约占营业额的 2%~3%，而其正常的费用范围仅仅在 0.3%~0.5% 之内。在医药行业，推销人员一般按药价 5%~15% 或者更高的比例给医务人员以回扣。所有这些费用最终都会转嫁给消费者，使得交易成本增加，消费者不堪重负。同时，由于商业贿赂大都是在账外暗中进行，产生的不正当利益进入交易对方单位的"小金库"或者个人腰包，导致国家、集体财产被私人大量侵吞。据有关部门测算，仅在全国药品行业，由于商业贿赂每年流失的国家资产即达 7.72 亿元，约占全国医药行业全年税收的 16%。④商业贿赂已成为滋生腐败行为和经济犯罪的温床。在商业贿赂成为"潜规则"后，越来越多的经营者为了在竞争中获胜，不惜以重金腐蚀、收买商业活动相关单位人员。已查处的高官腐败案件证明，腐败通常与商业贿赂相联系，在我国，已查处的高级领导干部受贿犯罪案件（如成克杰受贿案）和重大经济犯罪案件（如厦门远华走私案）中，基本上都涉及商业贿赂。因此，商业贿赂是滋生腐败行为和经济犯罪的温床，已经成为近年来经济领域犯罪中的一个非常突出的问题。⑤商业贿赂损害国内投资环境，降低我国对外资的吸引力。随着近年来曝光的"朗讯风波"再到最近的德普"回扣门"事件，国际舆论对我国商务环境的不利评论将直接影响我国的投资环境，我国良好的国际形象受到影响和冲击，商业贿赂很有可能成为我国利用外资的新的环境瓶颈。⑥商业贿赂严重败坏社会风气。商业贿赂严重违背社会主义和谐社会"民主法治、公平正义、诚信友爱、充满活力、安定有序、人与自然和谐相处"的基本特征和要求，诱发了社会的仇富、仇官心理，对一个国家、民族文化的破坏巨大。

3. 虚假广告

虚假广告是指经营者利用广告或者其他方法，对商品的质量、制作成分、性能、用途、生产者、有效期、产地等作引人误解的虚假宣传。广告的经营者在明知或者应知的情况下，代理、设计、制作、发布虚假广告，亦同属此行为。该行为的实施主体包括产品、服务和广告的经营者，行为包括虚假宣传与引人误解的宣传两种类型。虚假宣传行为的危害在于：①违反商业道德，侵害竞争者的合法权益。②侵害了购买者的利益。

4. 不正当有奖销售

有奖销售是指经营者以提供奖品或者奖金的手段进行推销的行为，主要包括附赠式有奖销售和抽奖式有奖销售。我国《反不正当竞争法》并不完全禁止有奖销售，只有带有欺骗性的有奖销售才被法律禁止。根据《反不正当竞争法》及《关于禁止有奖销售活动中不正当竞争行为的若干规定》的规定，下列行为属于不正当有奖销售行为：

（1）以谎称有奖或者故意让内定人员中奖的欺骗方式进行有奖销售的行为。

（2）利用有奖销售行为的手段推销质次价高的商品。

（3）抽奖式有奖销售，奖金额超过5 000元的巨奖销售行为。

（4）谎称有奖销售或者对所设奖的种类、中奖概率、最高奖金额、总金额、奖品种类、数量、质量、提供方法等作虚假不实的表示。

（5）采取不正当的手段故意让内定人员中奖。

（6）故意将设有中奖标志的商品、奖券不投放市场或者不与商品、奖券同时投放市场；故意将带有不同奖金金额或者奖品标志的商品、奖券按不同时间投放市场。

5. 侵犯商业秘密

商业秘密是指不为公众所知悉、能为权利人带来经济利益、具有实用性，并经权利人采取保密措施的技术信息和经营信息。其主要包括：技术信息，如工艺流程、技术秘诀、设计图纸、化学配方等；经营信息，如管理方法、产销策略、客户名单、货源情报等。能够作为商业秘密的技术信息和经营信息必须具备实用性、秘密性和保密性等基本条件。

《反不正当竞争法》规定，下列行为属于侵犯商业秘密的不正当竞争行为：

（1）以盗窃、利诱、胁迫或者其他不正当手段获取权利人的商业秘密。

（2）披露、使用或者允许他人使用以前项手段获取的权利人的商业秘密。

（3）违反约定或者违反权利人有关保守商业秘密的要求，披露、使用或者允许他人使用其所掌握的商业秘密。

（4）第三人若明知或应知前款所列违法行为，仍获取、披露或使用他人的商业秘密的，也视为侵犯商业秘密的行为。

侵犯商业秘密的行为的危害性在于：①侵犯权利人的合法权益；权利人的商业秘密是其劳动成果的结晶，是一种无形资产，他人采用不正当手段获取、使用、披露商业秘密，会给权利人的生产、经营造成巨大的经济损失。②扭曲竞争机制。侵权人不是靠自己的劳动而是靠截取他人的成果来进行竞争，使竞争失去了刺激生产力发展的作用，使价值规律不能有效运行。

6. 掠夺性定价

掠夺性定价行为是指经营者以排挤竞争对手为目的，以低于成本价销售商品的行为。

根据《反不正当竞争法》的规定，下列情况不属于低价销售行为：

（1）销售鲜活商品。

（2）处理有效期即将到期的商品或者其他积压的商品。

（3）季节性降价。

（4）因清偿债务、转产、歇业降价销售商品。

掠夺性定价行为的危害在于：损害了弱小竞争者的利益；导致恶性竞争，造成资源浪费。

7. 诋毁竞争对手商誉

诋毁商誉行为是指经营者捏造、散布虚假的事实，损害竞争对手的商业信誉和商品声誉的行为，即商业诽谤行为。根据《反不正当竞争法》第14条的规定："经营者不得捏造、散布虚假的事实损害竞争对手的商业信誉和商品声誉。"

诋毁商誉行为的危害在于：损害竞争对手的利益；影响购买者的客观判断，从而不正当影响购买者的商品选择权。

◎开篇案例解答：

电信企业的辩解没有法律依据。电信企业的这种做法属于我国《反不正当竞争法》所规定的限制竞争行为。根据《关于禁止公用企业限制竞争行为的若干规定》，"公用企业在市场交易中的下列行为属于限制竞争行为：1. 限定用户或消费者只能购买和使用其附带提供的相关的商品，而不得购买和使用其他经营者提供的符合技术标准的同类商品；……6. 对不接受其不合理条件的用户、消费者拒绝、中断或者消减供应相关商品，或者滥收费用；"用户对电信企业的这种不正当行为可以向当地工商部门投诉，请求工商部门依法查处。

第三节　不正当竞争行为的法律责任

开篇案例：

案情：某市百货大楼在元旦期间为扩大销售额，决定进行有奖销售，有奖销售采用抽奖形式。一等奖一名，奖小轿车一辆（价值10万元），二等奖二名，奖摩托车一辆（价值5 000元），三等奖十名，奖自行车一辆（价值400元）。在进行了一个月的销售后，该百货大楼在门口贴出告示称由于原定的一等奖价值10万元远远超过了5 000元，违反了《反不正当竞争法》的规定，现予以纠正，经研究决定取消一等奖，其他奖项不变，抽奖时间不变，不当之处请消费者谅解。此告示一出，立即在消费者中引起强大反响，有消费者提出自己正是冲着小轿车才去购买一些可有可无的商品，现在一纸告示说没就没了，于是有好事者就跑到工商部门告状，要求工商部门对百货大楼查处，还消费者一个公道。工商部门说百货大楼取消一等奖是自己纠正了错误，他们现在不是搞巨奖销售，因为最高奖金额没有超过5 000元。他们没有理由处罚百货大楼。于是有好事者又跑到法院咨询，看看能不能通过打官司以维护自己的利益，法院人员回答说你们还没有中奖，没办法告。

要求：根据上述情况，分析回答下列问题：

1. 工商部门的说法正确吗？
2. 法院的说法正确吗？

一、不正当竞争行为的法律责任规定

根据《反不正当竞争法》第4章的规定，实施不正当竞争行为者依法应承担相应的民事责任、行政责任和刑事责任。

（一）民事责任

不正当竞争行为的民事责任属于民事侵权责任的范畴，我国《反不正当竞争法》主要规定了4种民事责任：①停止侵害。②赔偿损失。③消除影响。④恢复名誉，其中主要是赔偿损失。

不正当竞争行为构成民事侵权的要件是：①经营者实施了不正当竞争行为。②该行为给被侵害的经营者造成了损害。③该损害的产生与经营者实施的不正当竞争行为有因果关系。赔偿数额一般以实际损失计算，被侵害的经营者的实际损失难以计算的，赔偿额为侵权人在侵权期间因侵权所获得的利润。另外，侵权人还应当承担被侵权人因调查该经营者侵害其合法权益的不正当竞争行为所支付的合理费用。

（二）行政责任

经营者实施不正当竞争行为应承担的行政责任的形式主要有罚款、没收违法所得、吊销营业执照等。《反不正当竞争法》规定的与经营者有关的7种不正当竞争行为均可以处以罚款，但数额不同。其中，对商业贿赂、虚假宣传、侵犯商业秘密等行为，根据情节可以处以1万元以上20万元以下的罚款；对于不正当有奖销售，根据情节可以处以1万元以上10万元以下的罚款。没收是监督检查部门依法对违法所得的没收，可以同时并处罚款。吊销营业执照是一种严厉的行政处罚措施，一般情况下不予使用。只在假冒行为中的"经营者擅自使用知名商品特有的名称、包装、装潢，或者是使用与知名商品相近似的名称、包装、装潢，造成和他人的知名商品相混淆，使购买者误认为是该知名商品，并且情节严重的"，才适用。

（三）刑事责任

我国《反不正当竞争法》规定的刑事责任有以下两类：

（1）经营者的刑事责任。经营者销售伪劣商品或者进行商业贿赂的不正当竞争行为，情节严重，触犯刑法，构成犯罪的应当承担刑事责任。

（2）监督检查部门人员的刑事责任。监督检查部门的工作人员有滥用职权、玩忽职守的行为，或者徇私舞弊，对明知违反《反不正当竞争法》规定构成犯罪的经营者有故意包庇的行为，情节严重，构成犯罪的应当承担刑事责任。

二、不正当竞争行为的监督检查

不正当竞争行为损害其他经营者的合法权益，扰乱市场经济秩序，对其进行监督检查是确保《反不正当竞争法》的立法目的得以实现、维护社会正常经济秩序的重要手段。对不正当竞争行为的监督检查，既包括专门机关的监督检查，又包括其他组织和公民个人的社会监督。

（一）监督检查机关及其职权

1. 监督检查机关

《反不正当竞争法》规定，县级以上的人民政府工商行政管理部门和法律、法规规定的其他部门是对不正当竞争行为监督检查的机关。大多数情况下，由工商机关负责对不正当竞争行为监督检查。

2. 监督检查部门的职权

根据《反不正当竞争法》的规定，监督检查机关在监督检查过程中享有以下职权：

①按照规定询问被检查的经营者、利害关系人、证明人,并要求提供证明材料或者与不正当竞争行为有关的其他材料。②查询、复制与不正当竞争行为有关的协议、账册、单据、文件、记录、业务函电和其他材料。③检查与假冒行为有关的财务,必要时可以责令被检查的经营者说明该商品的来源、数量,暂停销售,听候检查处理,不得转移、隐匿、销毁该财务。监督检查部门的工作人员监督检查不正当竞争行为时,应当出示检查证件;被检查的经营者、利害关系人和证明人应当如实提供有关材料。

(二)社会监督

《反不正当竞争法》规定:国家鼓励、支持和保护一切组织和个人对反不正当竞争活动进行社会监督,国家机关工作人员不得支持、包庇不正当竞争行为。

社会公众可以向检查部门反映、检举各种不正当竞争行为;大众传媒应当对各种不正当竞争情况进行客观报道,揭露不正当竞争行为。

(三)争议处理

根据我国《反不正当竞争法》规定,当事人对监督检查部门的处罚决定不服的,可以自收到处罚决定之日起15日内向上一级主管机关申请复议;对复议决定不服的,可以自收到复议决定之日起15日内向人民法院提起诉讼;当事人也可直接向人民法院提起诉讼。

◇**开篇案例解答:**

1. 工商局的说法不正确。百货大楼的巨奖销售行为在持续了一个月后才停止,其违法行为已进行了一个月。停止其违法行为并不能免除其因违法行为而应承担的法律责任,工商局应依据《反不正当竞争法》第二十六条之规定,对百货大楼处以一万元以上十万元以下的罚款。2. 法院的说法不正确。百货大楼作为一大型的销售商品的经营者,应当知道其进行的巨奖销售是违反了《反不正当竞争法》规定的,在进行了一个月后,其扩大营业额的目的已基本达到,此时又以巨奖销售违反法律规定为由取消一等奖,这是利用消费者不懂法律及希望中奖的心理欺骗消费者,违反了诚实信用原则。只要在这段时间在该百货大楼购买了商品的消费者都可以向法院起诉百货大楼,要求其赔礼道歉,并有权要求退回消费者购买的商品。

【律师咨询热线】

广东深圳某高新技术企业研究室的主任王某,在该企业从事过智能学习机的研究工作,并掌握该智能学习机的全部技术秘密。2014年年初,蓝天公司派人以高薪挖走王某。于是王某跳槽到蓝天公司,并担任该公司的总经理。王某利用其掌握的技术秘密,组织该公司人员生产与深圳某高新技术企业开发的 KB30088 型智能语言学习机极为相似的语言学习机,导致深圳某企业的产品销量急剧下降。深圳某企业经过调查发现,此乃蓝天公司和王某所为。深圳某企业即向工商局进行了告发,并采取了相应的措施。

问题

1. 蓝天公司与王某的行为是否合法?为什么?
2. 深圳某企业可向王某和蓝天公司提出哪些请求?
3. 工商局应对蓝天公司做出哪些行政处罚?

律师解答

本案中的蓝天公司与王某的行为不合法。因为王某跳槽到蓝天公司任经理,利用其掌握的技术秘密生产智能学习机,其行为构成了侵犯深圳某企业的商业秘密的不正当竞争行为。

根据规定,深圳某企业可向蓝天公司与王某提出停止侵害、赔礼道歉,并赔偿损失的请求。

工商局应责令蓝天公司停止侵害,并处以一万元以上二十万元以下的罚款。

引用条文:

《反不正当竞争法》第十条　经营者不得采用下列手段侵犯商业秘密:

(一)以盗窃、利诱、胁迫或者其他不正当手段获取权利人的商业秘密;

(二)披露、使用或者允许他人使用以前项手段获取权利人的商业秘密;

(三)违反约定或者违反权利人有关保守商业秘密的要求,披露、使用或者允许他人使用其所掌握的商业秘密。第三人明知或者应知前款所列违法行为,获取、使用或者披露他人的商业秘密,视为侵犯商业秘密。本条所称的秘密,是指不为公众所知悉、能为权利人带来经济利益、具有实用性并经权利人采取保密措施的技术信息和经营信息。

第二十条　经营者违反本法规定,给被侵害的经营者造成损害的,应当承担损害赔偿责任,被侵害的经营者的损失难以计算的,赔偿额为侵权期间因侵权所获得的利润;并应当承担被侵害的经营者因调查该经营者侵害其合法权益的不正当竞争行为所支付的合理费用。被侵害的经营者的合法权益受到不正当竞争行为损害的,可以向人民法院提起诉讼。

第二十五条　违反本法第十条规定侵犯商业秘密的,监督检查部门应当责令停止违法行为,可以根据情节处以一万元以上二十万元以下的罚款。

第七章
会计与审计法律制度

学习提要：

主要了解会计法审计法的基本原则；熟悉会计工作、审计工作的基本制度；掌握会计机构会计人员、审计机构审计人员、注册会计师的工作职责及相关的法律责任。

第一节 会计法律制度

开篇案例：

某厂是国有企业，2009年6月10日，副厂长张某擅自与个体户赵某签订了一份借款合同。合同规定：某厂借给赵某人民币5 000元，期限为3个月。6月11日，赵某持借款合同到厂会计科提款，会计李某以资金紧张为由未支付借款，并于当日书面报告给厂长，要求取消借款合同。6月25日厂长钱某在李某的书面报告上批示：合同违法不能履行。但是5 000元的借款在6月23号已通过会计科科长提走。3个月后，赵某未能如期还款，经查，赵某已不知去向。厂长认为会计科工作不得力，于是作出如下决定：免去会计科科长职务；将出纳员王某调总务科工作，其出纳工作由稽核员陈某兼任。

问题：上述情况，哪些做法违反了会计法的规定？

一、会计与会计法概述

（一）会计概述

会计是以货币为主要计量单位，通过一定方法，对企业、机关、事业单位、社会团体及其他经济组织的经济活动进行记录、核算、控制、分析、报告，以提供财务和管理信息的活动。现代会计既包括传统会计的事后核算、监督职能，又包括与现代经济管理相适应的预测、决策、控制、分析等多种职能。

一般而言，会计的基本职能包括会计核算和会计监督两个方面。会计核算职能是指主要运用货币计量形式，通过确认、计量、记录和报告，从数量上连续、系统和完整地反映各个单位的经济活动情况，为加强经济管理和提高经济效益提供会计信息。会计监督职能是指对特定主体经济活动和相关会计核算的合法性、合理性进行审查，以保障经济活动真实、合法、有效。其中，会计核算是会计监督的基础，而会计监督是会计核算的保障，两者相辅相成，构成会计的基本职能和实现会计活动的基本目的。

会计是市场经济下重要的经济活动，是经济管理活动的重要基础。经济越发展，业务越复杂，会计越重要。因此，在法治国家，会计活动的规范化和法制化不仅是法治国家的基本要求，而且也是实现会计基本职能的必然要求，是实现会计目的的题中之义。

（二）会计法概述

1. 会计法的概念和适用范围

会计法是调整会计关系的法律规范的总称。会计关系是会计机构、会计人员在办理会计业务、进行会计核算、实施会计监督过程中以及国家在管理会计工作过程中发生的经济关系。以企业会计为例，会计关系既包括企业内部关系，又涉及国家与企业的关系。我国的《会计法》于1985年1月21日经全国人大常委会通过，经过1993年、1999年两次修改形成目前实施的《会计法》。1999年九届全国人大常委会十二次会议审议通过的《会计法》共7章52条，包括总则，会计核算，公司、企业会计核算的特别规定，会计监督，会计机构和会计人员，法律责任，附则。

《会计法》是会计活动的基本准则，其适用范围也是在不断地扩大，1985年的《会计法》适用范围比较窄，主要是对国有单位会计工作的规范，显然已不符合市场经济发展的形势要求。1999年的《会计法》第2条规定：国家机关、社会团体、公司、企业、事业单位和其他组织必须依照本法办理会计事务。即将非国有经济组织的会计工作纳入《会计法》的调整范围，使各类经济组织的会计工作都能在国家法律的保障下规范管理、顺利进行。

2. 会计法的性质和基本原则

会计法属于经济法范畴，是经济法体系中的一个组成部分。会计法作为国家经济管理活动的一种法律手段，属于经济监督法的范畴，是现代国家进行经济管理所运用的法律中的重要组成部分，是实现经济管理职能的法律。

会计法的基本原则是一切会计活动的基本准则和指导思想，对会计核算、会计监督等经济活动以及会计立法、执法、司法、守法具有规范和指导意义，是效力贯穿于各种会计法律规范之中的根本准则。我国《会计法》在总则中规定了会计法的基本原则，包括合法性原则，统一领导、分级管理原则，统一性原则。

（1）合法性原则。《会计法》第2条规定：国家机关、社会团体、公司、企业、事业单位和其他组织必须依照本法办理会计事务。《会计法》第5条规定：会计机构、会计人员依照本法规定进行会计核算，实行会计监督。这两项规定体现了会计工作的合法性原则。我国的会计工作既然是由国家颁布的法律、法规调整，就必须强调依法办理会计事务、从事会计工作。显然，这也是社会主义法制的要求。

（2）统一领导、分级管理原则。《会计法》第7条规定：国务院财政部门主管全国的会计工作，县级以上地方各级人民政府财政部门管理本行政区域内的会计工作。由于会计工作同国家财经收支关系非常密切，会计工作是财经工作的一项基础工作，所以它的管理体制必须同财经管理体制相适应，实行统一领导、分级管理的原则。《会计法》颁布后，在各级财经部门成立了专门的会计事务管理部门，加强统一领导、分级管理的体制，同时还规定由各地方、各部门、各单位领导人直接领导会计机构、会计人员和其他人员执行《会计法》，以保证对会计工作的领导。

(3) 统一性原则。《会计法》第 8 条规定：国家实行统一的会计制度，该制度由国务院财政部门根据本法制定并公布。国务院有关部门可以依照本法和国家统一的会计制度制定对会计核算和会计监督有特殊要求的行业实施国家统一的会计制度的具体办法或者补充规定，报国务院财政部门审核批准。中国人民解放军总后勤部可以依照本法和国家统一的会计制度制定军队实施国家统一的会计制度的具体办法，报国务院财政部门备案。

3. 我国会计法的立法概况

我国目前形成以《会计法》为核心、以相应配套的实施细则为补充的会计法律规范体系，对于规范会计行为，保证会计资料真实、完整，加强经济管理和财务管理，提高经济效益，维护社会主义市场经济秩序具有重大的价值和意义，也标志着我国会计工作走向规范化和法制化道路。

我国的《会计法》是 1985 年 1 月 21 日全国人大常委会通过的，1993 年 12 月 29 日对《会计法》进行了修改，此次修改只是就部分内容作了修正和补充，原有框架未变。1999 年 10 月 31 日全国人大常委会对《会计法》做了全面的修订，形成当前实施的《会计法》。

我国又制定了一系列与《会计法》相配套的细则和相关规定，其中包括 1993 年 7 月开始执行的《企业会计准则》和《企业财务通则》；1993 年 12 月 31 日发布的《总会计师条例》；2000 年 6 月 21 日发布的《企业财务会计报告条例》。

《会计法》是会计法律体系的基础，也是整个会计法律制度的核心，同时也构成整个会计法律制度的主要内容。

二、会计管理体制

《会计法》对会计管理体制做了明确的规定，包括会计制度、会计工作管理体制等。

（一）统一的会计制度

按《会计法》的规定，国家实行统一的会计制度，由国务院财政部门根据本法制定并公布。国务院有关部门可以依照《会计法》和国家统一的会计制度制定对会计核算和会计监督有特殊要求的行业实施国家统一的会计制度的具体办法或者补充规定，报国务院财政部门审核批准。另外，中国人民解放军总后勤部可以依照《会计法》和国家统一的会计制度制定军队实施国家统一的会计制度的具体办法，报国务院财政部门备案。

这样的安排体现了统一性和灵活性相结合的制度设计，一方面有利于保证会计制度的统一性和规范性，另一方面也便于各地区、各部门根据实际情况办事，从而保证国家统一的会计制度的实施。

（二）分层的会计工作管理体制

我国的会计管理，分为中央、地方、基层单位等层次。其中，财政部主管全国的会计工作；地方各级人民政府的财政部门管理本行政区域的会计工作；单位负责人管理本单位的会计工作并对本单位的会计工作和会计制度的真实性、完整性负责。我国的分层的会计工作管理体制是有分有统、分统结合的，既维护了国家统一的财经制度，又尊重了各基层单位的财务管理权。

三、会计机构和会计人员

（一）会计机构和会计人员的设置

根据《会计法》的规定，各单位应当根据会计业务的需要，设置会计机构，或者在有关机构中设置会计人员并指定会计主管人员；不具备设置条件的，应当委托经批准设立从事会计代理记账业务的中介机构代理记账。设置专门的会计机构已是国际上通行的做法，我国《会计法》对专门会计机构的规定体现了会计法的国际化，是符合国际发展趋势的。

另外，就会计人员而言，从事会计工作的人员，必须取得会计从业资格证书。担任单位会计机构负责人（会计主管人员）的，除取得会计从业资格证书外，还应当具备会计师以上专业技术职务资格或者从事会计工作三年以上经历。会计人员从业资格管理办法由国务院财政部门规定。

（二）会计机构和会计人员的主要职责

根据《会计法》的规定，会计机构、会计人员的主要职责是：①按照《会计法》第二章"会计核算"的规定和第三章"公司、企业会计核算的特别规定"，进行会计核算。②按照《会计法》第四章"会计监督"的规定，实行会计监督。③拟定本单位办理会计事务的具体办法。④参与经济决策，包括参与拟订经济计划、业务计划，考核、分析预算、财务计划的执行情况。⑤办理其他会计事务。

（三）总会计师的设置和职责

《会计法》不仅对一般性的会计机构、会计人员做出规定，而且对特殊企业规定了总会计师制度。《会计法》规定：国有的和国有资产占控股地位或者主导地位的大、中型企业必须设置总会计师。总会计师由具有会计师以上专业技术任职资格的人员担任。当取得会计师任职资格后，主管一个单位或单位内部一个重要方面的财务会计工作时间不少于三年，方可担任总会计师。总会计师是单位行政领导成员，协助单位主要行政领导人工作，直接对单位主要行政领导人负责。

在职责方面，总会计师组织领导本单位的财务管理、成本管理、预算管理、会计核算和会计监督等方面的工作；参与本单位重要经济问题的分析和决策；主管审批财务收支工作；对违反国家财经纪律、法规及具体制度和可能在经济上造成损失、浪费的行为，有权制止或纠正。

（四）保障措施

会计工作责任重大，不仅对会计人员本身要提出更高的要求，而且还应有一系列的保障措施，根据《会计法》的相关规定，包括以下几方面：

第一，会计机构、会计人员必须遵守法律、法规，按照《会计法》的规定办理会计事务，进行会计核算，实施会计监督。

第二，有关主管部门依法对人事问题实行适度管理。国有企业、事业单位的会计机构负责人、会计主管人员的任免应当经过主管单位同意，不得任意调动或者撤换；会计人员忠于职守，坚持原则，受到错误处理的，主管单位应当责成所在单位予以纠正；玩忽职守，丧失原则，不宜担任会计工作的，主管单位应当责成所在单位予以撤职或者免职。

第三，依法办理会计事务不仅仅是会计人员的事情，单位负责人也负有重要的责任。单位负责人领导会计机构、会计人员和其他人员执行《会计法》，保证会计资料合法、真实、准确、完整，保障会计人员的职权不受侵犯。任何单位或个人不得对依法履行职责、抵制违反《会计法》规定的会计人员打击报复。对认真执行《会计法》，忠于职守，坚持原则，做出显著成绩的会计人员，应当给予精神的或物质的奖励。

第四，出纳人员不得兼管稽核、会计档案保管和收入、支出、费用、债权债务账目的登记工作，即会计与出纳要分设。

四、会计核算

会计核算是会计基本职能之一，是指以货币为主要计量单位，对机关、事业单位、企业等的经济业务进行及时的、连续的、系统的记录、计算、分析，如实反映财务状况和经营成果，并据以编制会计报表、财务会计报告等活动。我国《会计法》明确规定，各单位必须根据实际发生的经济业务事项进行会计核算，填制会计凭证，登记会计账簿，编制财务会计报告。

（一）会计核算的内容

根据《会计法》规定，下列经济业务事项，应当办理会计手续，进行会计核算：①款项和有价证券的收付。②财物的收发、增减和使用。③债权债务的发生和结算。④资本、基金的增减。⑤收入、支出、费用、成本的计算。⑥财务成果的计算和处理。⑦需要办理会计手续、进行会计核算的其他事项。

（二）会计年度和记账本位币

会计年度方面，我国会计核算期采用历年制，自公历1月1日起至12月31日止为一个会计年度。

记账本位币方面，会计核算以人民币为记账本位币。业务收支以人民币以外的货币为主的单位，可以选定其中一种货币作为记账本位币，但是编报的财务会计报告应当折算为人民币。

（三）会计核算的要求

1999年的《会计法》对会计核算工作提出了更新、更高的要求。《会计法》规定：各单位必须根据实际发生的经济业务事项进行会计核算，填制会计凭证，登记会计账簿，编制财务会计报告。任何单位不得以虚假的经济业务事项或者资料进行会计核算。会计凭证、会计账簿、财务会计报告和其他会计资料，必须符合国家统一的会计制度的规定。使用电子计算机进行会计核算的，其软件及其生成的会计凭证、会计账簿、财务会计报告和其他会计资料，也必须符合国家统一的会计制度的规定。任何单位和个人不得伪造、变造会计凭证、会计账簿及其他会计资料，不得提供虚假的财务会计报告。这是《会计法》的一般性规定，另外，《会计法》又有具体的规定，包括如下几方面：

1. 对会计凭证的要求

会计凭证是指会计核算中作为记账根据的一切凭证，包括原始凭证和记账凭证。

发生的经济业务事项必须填制或者取得原始凭证并及时送交会计机构。会计机构、会计人员必须按照国家统一的会计制度的规定对原始凭证进行审核，对不真实、不合法的原始凭证有权不予接受，并向单位负责人报告；对记载不准确、不完整的原始凭证予以退回，并要求按照国家统一的会计制度的规定更正、补充。原始凭证记载的各项内容均不得涂改；原始凭证有错误的，应当由出具单位重开或者更正，更正处应当加盖出具单位印章。原始凭证金额有错误的，应当由出具单位重开，不得在原始凭证上更正。

记账凭证应当根据经过审核的原始凭证及有关资料编制。

2. 对会计账簿的要求

会计账簿包括总账、明细账、日记账和其他辅助性账簿。

各单位发生的各项经济业务事项应当在依法设置的会计账簿上统一登记、核算，不得违反规定私设会计账簿登记、核算。

会计账簿登记，必须以经过审核的会计凭证为依据，并符合有关法律、行政法规和国家统一的会计制度的规定。会计账簿应当按照连续编号的页码顺序登记。会计账簿记录发生错误或者隔页、缺号、跳行的，应当按照国家统一的会计制度规定的方法更正，并由会计人员和会计机构负责人（会计主管人员）在更正处盖章。

3. 对建立财务清查制度的要求

各单位应当建立财务清查制度。定期将会计账簿记录与实物、款项及有关资料相互核对，保证会计账簿记录与实物及款项的实有数额相符、会计账簿记录与会计凭证的有关内容相符、会计账簿之间相对应的记录相符、会计账簿记录与会计报表的有关内容相符，保证会计资料的真实性。

4. 对财务会计报告的要求

财务会计报告由会计报表、会计报表附注和财务情况说明书组成。向不同的会计资料使用者提供的财务会计报告，其编制依据应当一致。有关法律、行政法规规定会计报表、会计报表附注和财务情况说明书须经注册会计师审计的，注册会计师及其所在的会计师事务所出具的审计报告应当随同财务会计报告一并提供。

5. 会计记录的文字及档案管理

（1）就会计记录的文字方面。会计记录的文字应当使用中文；在民族自治地方，会计记录可以同时使用当地通用的一种民族文字；在中华人民共和国境内的外商投资企业、外国企业和其他外国组织的会计记录可以同时使用一种外国文字。

（2）就档案管理方面。各单位对会计凭证、会计账簿、财务会计报告和其他会计资料应当建立档案，妥善保管；会计档案的保管期限和销毁办法，由国务院财政部门会同有关部门制定。

6. 公司、企业会计核算的特别规定

对于公司、企业会计核算方面的规定，除适用以上的会计法律规范，我国《会计法》第三章专门规定了相关的特别规则，包括如下内容：

公司、企业必须根据实际发生的经济业务事项，按照国家统一的会计制度的规定确认、计量和记录资产、负债、所有者权益、收入、费用、成本和利润。另外，进行会计核算不得有以下行为：①随意改变资产、负债、所有者权益的确认标准或者计量方法，虚列、多列、不列或者少列资产、负债、所有者权益。②虚列或者隐瞒收入，推迟或者提前确认收入。③随意改变费用、成本的确认标准或者计量方法，虚列、多列、不列或者少列费用、成本。④随意调整利润的计算、分配方法，编造虚假利润或者隐瞒利润。⑤违反国家统一的会计制度规定的其他行为。

五、会计监督

会计监督是会计的又一基本职能。会计监督亦称会计检查，是监督各单位执行国家法律、财经政策、财务制度，提高经济效益、维护财经纪律的有力手段。会计监督分为单位内部监督、国家监督和社会监督三类。三者相辅相成，共同构成会计监督网，保障会计工作的合法、合理、有效进行。根据《会计法》的规定，具体包括以下内容：

（一）单位内部监督

1. 单位内部会计的监督内容和要求

各单位应当建立、健全本单位内部会计监督制度。单位内部会计监督制度应当符合下列要求：①记账人员与经济业务事项和会计事项的审批人员、经办人员、财物保管人员的职责权限应当明确，并相互分离、相互制约。②重大对外投资、资产处置、资金调度和其他重要经济业务事项的决策和执行的相互监督、相互制约程序应当明确。③财产清查的范围、期限和组织程序应当明确。④对会计资料定期进行内部审计的办法和程序应当明确。

2. 单位负责人、会计机构、会计人员的监督内容和要求

单位负责人应当保证会计机构、会计人员依法履行职责，不得授意、指使、强令会计机构、会计人员违法办理会计事项。

会计机构、会计人员对违反会计法律规定的会计事项，有权拒绝办理或者按照职权予以纠正。

会计机构、会计人员发现会计账簿记录与实物、款项及有关资料不相符的，按照国家统一的会计制度的规定有权自行处理的，应当及时处理；无权处理的，应当立即向单位负责人报告，请求查明原因，做出处理。

（二）国家监督

1. 财政部门的监督内容和要求

财政部门对各单位的下列情况实施监督：①是否依法设置会计账簿。②会计凭证、会计

账簿、财务会计报告和其他会计资料是否真实、完整。③会计核算是否符合《会计法》和国家统一的会计制度的规定。④从事会计工作的人员是否具备从业资格。在对第②项所列事项实施监督，发现重大违法嫌疑时，国务院财政部门及其派出机构可以向与被监督单位有经济业务往来的单位和被监督单位开立账户的金融机构查询有关情况，有关单位和金融机构应当给予支持。

2. 其他国家机关的监督

财政、审计、税务、人民银行、证券监管、保险监管等部门应当依照有关法律、行政法规规定的职责，对有关单位的会计资料实施监督检查。

对有关单位的会计资料依法实施监督检查后，应当出具检查结论。有关监督检查部门已经做出的检查结论能够满足其他监督检查部门履行本部门职责需要的，其他监督检查部门应当加以利用，避免重复查账。

（三）社会监督

任何单位和个人对违反会计制度规定的行为，有权检举。收到检举的部门有权处理的，应当依法按照职责分工及时处理；无权处理的，应当及时移送有权处理的部门处理。收到检举的部门、负责处理的部门应当为检举人保密，不得将检举人姓名和检举材料转给被检举单位和被检举人个人。

按有关法律、行政法规规定，须经注册会计师进行审计的单位，应当向受委托的会计师事务所如实提供会计凭证、会计账簿、财务会计报告和其他会计资料以及有关情况。任何单位或者个人不得以任何方式要求或者示意注册会计师及其所在的会计师事务所出具不实或者不当的审计报告。

六、违反会计法的法律责任

《会计法》第六章规定了法律责任，包括具体的违法行为和相应的法律责任两方面。

（一）违法行为

违反《会计法》的行为，有以下几个表现：违反会计核算、会计监督的一般规定的各种行为；伪造、变造会计凭证、会计账簿，编制虚假财务会计报告；隐匿或者故意销毁依法应当保存的会计凭证、会计账簿、财务会计报告；授意、指使、强令会计机构、会计人员及其他人员伪造、变造会计凭证、会计账簿，编制虚假财务会计报告或者隐匿、故意销毁依法应当保存的会计凭证、会计账簿、财务会计报告；单位负责人对依法履行职责、抵制违反《会计法》规定行为的会计人员以降级、撤职、调离工作岗位、解聘或者开除等方式实行打击报复；财政部门及有关行政部门的工作人员在实施监督管理中滥用职权、玩忽职守、徇私舞弊或者泄露国家秘密、商业秘密；违反《会计法》有关规定，将检举人姓名和检举材料转给被检举单位和被检举人个人的；违反企业财务会计报告规定的行为，特别是编制和对外提供虚假的或者隐瞒重要事实的财务会计报告的行为；其他与会计职务有关的违法行为。

（二）违法行为的法律责任

以上违法行为，涉及单位负责人、会计人员、有关政府管理工作人员及其他人员。

根据不同主体的违法行为，分别采取下列处理和处罚方式：通报，责令限期改正，罚款（对单位、对个人），行政处分，吊销会计从业资格证书，刑事处罚。

另外，违反《会计法》规定，同时违反其他法律规定的，由有关部门在各自职权范围内依法进行处罚。

◇开篇案例解答：

违反《会计法》的做法有：会计科科长不能在支付依据存在不合法问题的情况下私自将钱付出；稽核员陈某不可以兼任出纳工作。《会计法》对会计制度、会计人员的职责都有明确的规定。

第二节　审计法律制度

开篇案例：

某县审计局对该县的某国有制药厂进行财务审计，最终作出了该药厂某些经济活动的会计记载不真实的审计结论，并作出了相应的审计处理决定，包括对该药厂处以罚款10万元。县政府在得知这一情况后，以制药厂是利税大户为由，出面要求审计局取消对制药厂的处罚。审计局拒绝。于是县政府宣布免去审计局局长的职务，并任命新的局长。

问题：本案中县政府的做法合法吗？

一、审计与审计法概述

（一）审计概述

审计是审计机关依法独立检查被审计单位的会计凭证、会计账簿、会计报表以及其他与财政收支、财务收支有关的资料和资产，监督财政收支、财务收支的真实性、合法性和效益性的监督活动。审计的原意是详细审查会计账目，在现代市场经济下审计已成为管理监督国民经济活动的重要手段。

审计作为监督管理经济活动的一种形式和手段，具有以下特征：

（1）审计既是经济监督的一种形式，又是经济监督的一种方法。

（2）审计具有独立性。即审计是由独立于会计人员以外的审计机关和审计人员站在客观公正的立场上进行的审查、监督，独立于被审计单位。

（3）审计具有间接性。即审计是不直接干预被审计单位的经济活动而只是进入被审计单位内部进行监督，同时，审计是在对会计活动所提供的一切会计资料基础上进行的审查。

（4）审计目的具有建设性。即通过审计活动的监督，纠正违法行为，严肃财经法纪，从而提高经济效益，加强宏观控制和管理，实现监督功能和建设功能的统一。

审计作为现代市场经济中一项重要的经济管理活动,其规范化和法制化是建设法治国家的必然要求,也是保障审计活动实现审计目的应然要求,只有依法审计才能实现独立审计、客观审计,才能实现审计的监督管理职能。因此,审计的规范化和法制化至为关键,尤为必要。

(二) 审计法概述

1. 审计法的概念和适用范围

《审计法》是调整审计关系的法律规范的总称。审计关系是指从事审计工作的专职机关和专职人员在审计过程中以及国家在管理审计工作过程中所发生的经济关系。它既包括审计机关与被审计机关的审计关系,也包括国家在管理审计活动中发生的其他关系。

《审计法》第二条对《审计法》的适用范围做了明确的规定。《审计法》第二条规定:国务院各部门和地方各级人民政府及其各部门的财政收支,国有的金融机构和企业事业组织的财务收支,以及其他依照本法规定应当接受审计的财政收支、财务收支,依照本法规定接受审计监督,即《审计法》的一般适用范围。另外,根据《审计法》的规定,中国人民解放军审计工作的规定,由中央军事委员会根据《审计法》制定。

2. 审计法的性质

《审计法》属于经济法范畴,是经济法体系中的一个组成部分。《审计法》作为国家经济管理监督活动的一种法律手段,属于经济监督法的范畴,是现代国家进行经济管理所运用的法律中的重要组成部分,是实现经济管理职能的法律,体现国家对经济活动的干预、调整。

3. 我国审计法的立法概况

我国目前形成了以《审计法》为核心、以相应配套的实施细则为补充的审计法律规范体系,这对于规范审计行为,加强国家的审计监督,维护国家财政经济秩序,保障国民经济健康发展具有重大的价值和意义,也体现了我国审计工作走向规范化和法制化道路。

《审计法》是审计法律体系的基础,也是整个审计法律制度的核心,同时也构成整个审计法律制度的主要内容。

二、审计管理体制

《审计法》对审计管理体制做了明确的规定,包括审计监督制度、审计工作管理体制。

(一) 审计监督制度

1. 审计监督制度的内容

根据《审计法》规定,国家实行审计监督制度。这一制度包括以下内容:

①审计主体。国务院和县级以上地方人民政府设立的审计机关是行使审计权的主体。②审计对象。主要有三:一是国务院各部门和地方各级人民政府及其各部门的财政收支;二是国有的金融机构和企业事业组织的财务收支;三是其他依照《审计法》规定应当接受审计的财政收支、财务收支。③审计目标。审计机关对上述所列财政收支或者财务收支的真实

性、合法性和效益性，依法进行审计监督。审计的任务可概括为财政财务审计、效益审计、领导人任期经济责任审计、违纪审计等内容。其中，县级以下领导干部任期经济责任审计，是指领导干部任职期间对其所在部门、单位财政收支、财务收支真实性、合法性和效益性，以及有关经济活动所应当负有的责任，包括主管责任和直接责任。国有企业及国有控股企业领导人员任期经济责任，是指企业领导人员任职期间对其所在企业资产、负债、损益的真实性、合法性和效益性，以及有关经济活动应当负有的责任，包括主管责任和直接责任。④审计依据。审计机关以法律、法规和国家有关财政收支、财务收支的规定为审计评价和处理、处罚依据。

2. 审计监督权

审计机关在进行审计监督时，享有检查权、调查权、处理权、处罚权。审计机关依照《审计法》《审计法实施条例》以及其他有关法律、法规规定的职责、权限和程序进行审计监督。审计机关依照法律规定独立行使审计监督权，不受其他任何行政机关、社会团体和个人干预。

（二）审计工作管理体制

1. 政府与人大的关系

国务院和县级以上地方人民政府应当每年向本级人民代表大会常务委员会提出审计机关对预算执行和其他财政收支的审计工作报告，接受人大常委会的监督。

2. 上下级审计机关的关系

地方各级审计机关对本级人民政府和上一级审计机关负责并报告工作，审计业务以上级审计机关领导为主。审计机关根据工作需要，经本级人民政府批准，可以在其审计管辖范围内设立派出机构。

3. 与有关部门的关系

财政、税务、金融（包括银行业、信托业、证券业、保险业）等有关主管部门或监督管理机构，要和审计机关相互配合，协同工作，更好地完成审计监督任务。

三、审计机构和审计人员

（一）审计机构

根据《审计法》规定，我国的审计机构包括三个层次、三种性质的机构，即国家审计机关、内部审计机构、社会审计组织。

1. 国家审计机关

国务院和县级以上地方人民政府设立审计机关，依审计管辖的规定独立开展审计工作，对应当接受审计的财政收支或财务收支的真实性、合法性和效益性进行审计监督。

2. 内部审计机构

国务院各部门和地方人民政府各部门、国有金融机构和企事业组织，应当按照国家有关规定建立健全内部审计制度。内部审计机构应当接受审计机关的业务指导和监督，在本部门、本单位主要负责人的直接领导下，对本单位及其所属单位进行内部审计监督。

3. 社会审计组织

社会审计组织是依法独立承办审计查证和咨询服务的单位，包括会计师事务所、审计师事务所等。社会审计组织实行有偿服务，自收自支，独立核算，依法纳税，并接受国家审计机关的指导、监督、管理。

（二）审计人员

审计人员是有关国家审计机关或者其他社会审计机构中从事审计工作的人员。审计人员应当具备与其从事的审计工作相适应的专业知识和业务能力。审计人员办理审计事项，与被审计单位或者审计事项有利害关系的，应当回避。审计人员对其在执行职务中知悉的国家秘密和被审计单位的商业秘密，负有保密的义务。

在三层次的审计机构中，国家审计机关是专职审计机构，是审计工作的核心和关键所在。国家审计机关司职外部审计，不同于被审计部门内部审计机构，具有完全的独立性；同时，相对于社会审计机关而言，国家审计机关属国家机关，享有国家权力，具有权威性，能有效地保障审计工作的顺利进行和审计职能的实现。因此说，国家审计机关是审计工作的核心和关键，国家审计机关能否有效地开展审计工作是审计目的能否实现的前提和保障。《审计法》对国家审计机关也作了详细的规定。

四、国家审计机关

（一）国家审计机关和国家审计人员

1. 国家审计机关

国务院设立审计署，在国务院总理领导下，主管全国的审计工作。省、市、县三级的审计机关，分别在三级行政首长和上一级审计机关的领导下，负责本行政区域内的审计工作。

2. 国家审计人员

国家审计人员属于国家工作人员，应当具备与其从事的审计工作相适应的专业知识和业务能力，因而国家实行审计人员专业技术资格制度。审计人员依法执行职务，受法律保护。任何组织和个人不得拒绝、阻碍审计人员依法执行职务，不得打击报复审计人员。审计机关负责人依照法定程序任免。审计机关负责人没有违法失职或者其他不符合任职条件的情况的，不得随意撤换。地方各级审计机关负责人的任免，应当事先征求上一级审计机关的意见。

（二）国家审计机关的职责

审计机关对下列有关事项进行审计监督：

（1）审计机关所在的本级各部门（含直属单位）和下级政府预算的执行情况和决算，以及预算外资金的管理和使用情况。

（2）中央预算执行情况和其他财政收支情况；同级政府预算执行情况。

(3) 中央银行的财务收支；国有金融机构的资产、负债、损益。

(4) 国家事业组织的财政收支。

(5) 国有企业的资产、负债、损益。

(6) 国有资本占控股地位或者主导地位的企业、金融机构的财务收支。

(7) 国家建设项目的预算执行情况和决算。

(8) 政府部门管理的和社会团体受政府委托管理的社会保障基金、社会捐赠资金以及其他有关基金、资金的财务收支。

(9) 国际组织和外国政府援助、贷款项目的财务收支。

(10) 审计机关按照国家有关规定，对国家机关和依法属于审计机关审计监督对象的其他单位的主要负责人，在任职期间对本地区、本部门或者本单位的财政收支、财务收支以及有关经济活动应负经济责任的履行情况。

(11) 其他法律、行政法规规定应当由审计机关进行审计的事项。

（三）国家审计机关的审计权限

国家审计机关进行审计时，具有以下权限：

(1) 有权要求被审计单位按照审计机关的规定提供预算或者财务收支计划、预算执行情况、决算、财务会计报告，以及其他与财政收支或者财务收支有关的资料，被审计单位不得拒绝、拖延、谎报。

(2) 有权检查被审计单位的会计凭证、会计账簿、财务会计报告和运用电子计算机管理财政收支、财务收支电子数据的系统，以及其他与财政收支、财务收支有关的资料和资产，被审计单位不得拒绝。

(3) 有权就审计事项的有关问题向有关单位和个人进行调查，并取得有关证明材料。有关单位和个人应当支持、协助审计机关工作，如实向审计机关反映情况，提供有关证明材料。

(4) 有权制止被审计单位正在进行的违反国家规定的财政收支、财务收支行为。制止无效的，经县级以上人民政府审计机关负责人批准，通知财政部门和有关主管部门暂停拨付与违反国家规定的财政收支、财务收支行为直接有关的款项，已经拨付的，暂停使用。采取此措施不得影响被审计单位合法的业务活动和生产经营活动。

(5) 审计机关认为被审计单位所执行的上级主管部门有关财政收支、财务收支的规定与法律、行政法规相抵触的，应当建议有关主管部门纠正；有关主管部门不予纠正的，审计机关应当提请有权处理的机关依法处理。

(6) 审计机关可以向政府有关部门通报或者向社会公布审计结果。

(7) 审计机关履行审计监督职责，可以提请公安、监察、财政、税务、海关、价格、工商行政管理等机关予以协助。

（四）国家审计机关的审计程序

审计程序是指审计机关和审计人员对审计项目进行审计时应当遵循的步骤和方式。为了实现审计工作的制度化、规范化、公开化，保证审计监督活动的顺利进行，《审计法》对审计程序作了如下规定：

1. 审计准备

审计机关根据审计项目计划确定的审计事项组成审计组，并应当在实施审计前3日，向被审计单位送达审计通知书。

2. 实施审计

审计人员通过审查会计凭证、会计账簿、会计报表，查阅与审计事项有关的文件、资料，检查现金、实物、有价证券，向有关单位和个人调查等方式进行审计并取得证明材料。审计机关向有关单位和个人进行调查时，应当出示工作证和审计通知书副本。

3. 提出审计报告

审计组对审计事项实施审计后，应当向审计机关提出审计报告。审计报告报送审计机关前，应当征求被审计单位的意见。被审计单位应当自接到审计报告之日起10日内，将书面意见送交审计组或审计机关。

4. 出具审计意见书，做出审计决定

审计人员对审计事项做出评价，出具审计意见书，对违反国家规定的财政收支、财务收支行为需要处理的，向有关主管机关提出处理、处罚意见。

审计机关应当自收到审计报告之日起30日内，将审计意见书和审计决定送达被审计单位和有关单位。审计决定自送达之日起生效。

五、对违反审计法的法律责任

《审计法》对违反《审计法》规定的违法行为规定了明确的法律责任，按责任主体不同包括被审计单位责任和审计单位责任两方面。

（一）被审计单位及有关人员的违法责任

1. 拒不接受审计的责任

被审计单位违反《审计法》规定，拒绝或者拖延提供与审计事项有关的资料的，或者提供的资料不真实、不完整的，或者拒绝、阻碍检查的，由审计机关责令改正，可以通报批评，给予警告；拒不改正的，依法追究责任。

被审计单位转移、隐匿、篡改、毁弃会计凭证、会计账簿、财务会计报告以及其他与财政收支、财务收支有关的资料，或者转移、隐匿所持有的违反国家规定取得的资产，审计机关认为对直接负责的主管人员和其他直接责任人员依法应当给予处分的，应当提出给予处分的建议，被审计单位或者其上级机关、监察机关应当依法及时做出决定，并将结果书面通知审计机关；构成犯罪的，依法追究刑事责任。

2. 对已审计出违法问题的处理

对本级各部门（含直属单位）和下级政府违反预算的行为或者其他违反国家规定的财政收支行为，审计机关、人民政府或者有关主管部门在法定职权范围内，依照法律、行政法规的规定做出处理，包括：①责令限期缴纳应当上缴的款项。②责令限期退还被侵占的国有资产。③责令限期退还违法所得。④责令按照国家统一的会计制度的有关规定进行处理。

⑤其他处理措施。

对被审计单位违反国家规定的财务收支行为,审计机关、人民政府或者有关主管部门在法定职权范围内,依照法律、行政法规的规定做出处理,包括:①责令改正,给予警告、通报批评,依照上述关于对违法的财政收支行为的规定对违法取得的资产做出处理。②有违法所得的,处以违法所得1倍以上5倍以下的罚款;没有违法所得的,处以5万元以下的罚款。

对以上违反国家财政收支、财务收支规定的行为负有直接责任的主管人员和其他直接责任人员,应当依法追究个人的法律责任。

(二)审计单位及其审计人员的责任

审计机关的审计报告确有错误的,应当依法改正。内部审计、社会审计确有错误的,也应当依法改正。

审计人员滥用职权、徇私舞弊、玩忽职守或者泄露所知悉的国家秘密、商业秘密的,依法给予处分;构成犯罪的,依法追究刑事责任。

对内部审计、社会审计负有直接责任和领导责任的人员,违反《审计法》及相关法律规定的,也要依法追究其责任。

◇开篇案例解答:

县政府的做法不正确。审计局进行的是依照《审计法》规定的国家审计行为,是合法行为。审计局依法行使国家审计权不应当被任何机关干扰。本案中审计局的处罚符合《审计法》的规定,县政府的行为是违法的行政行为。

第八章

税收法律制度

学习提要：

了解税收的概念和性质；了解我国现行税种和税收征管制度，了解税法的构成要素。熟悉主要税种的纳税主体，征税范围，计税办法；掌握税法对纳税申报、账簿凭证管理的要求，明确违法责任。

第一节 税收与税收法律制度概述

开篇案例：

某市为奖励甲、乙、丙三人在企业承包经营中做出的突出贡献，决定奖励三人各一套住房、一辆小汽车和10万元奖金。在颁奖大会上，市政府临时决定当场宣布对三人奖励所得免征个人所得税。问：某市政府免税的决定合法吗？理由？

一、税收概述

（一）税收的概念和特征

税收，历史上曾称赋税，它是国家为了实现其职能，凭借政治权力，按照预先规定的标准，强制地、无偿地向单位和个人征收实物或货币所形成的特定分配关系。税收不仅是国家取得财政收入的主要手段，而且是国家实行宏观调控的重要经济杠杆。

税收区别于企业上缴利润、国债收入、规费收入、罚没收入等财政收入形式。归纳起来，税收主要有以下几个特征：

1. 强制性

税收的强制性，是指国家的征税凭借的是政治权力，征税的依据是国家法律、法规的明文规定，从而使依法进行的征税行为具有强制执行力。纳税人依法向国家纳税是应尽的义务，任何单位和个人只要发生了应税行为或取得了应税收入，就必须依法履行纳税义务，否则就要受到法律的制裁。

2. 非直接补偿性

非直接补偿性是指国家征税以后，运用税收进行二次分配时，不是按照每一个纳税人纳税的多少来向其提供公共产品和服务，即不存在一一对应的交换关系，因而也就不存在对每一个纳税人的直接返还关系。

3. 固定性

税收的固定性，是指国家在征税以前，就以法律的形式预先规定了征税对象，以及每一特定征税对象的征收比例或征收数额、纳税地点、纳税期限等。征收机关必须按照这种预定标准征税，不得多征，也不得少征；纳税人必须按照这种标准及时、足额地缴纳，否则，就要受到处罚。

（二）税收的分类

世界各国都有自己的税收体系和税收制度。为了便于从不同角度分析研究税制，确定科学而合理的税制结构，正确选择主体税种，有效地制定税法，更好地了解不同国家或一个国家在不同时期税制的结构、税收负担和税负转嫁等方面的情况，有必要对税收进行科学的分类。我国关于税收的分类主要有以下几种方法：

1. 直接税和间接税

以税收是否可以转嫁为标准，税收可分为直接税和间接税两大类。这是国际上普遍采用的一种分类方法。所谓直接税，是指法定纳税人与税款的实际负担人一致，税负不发生转嫁的一类税。如所得税、遗产税、赠予税、社会保障税、个人所得税等税收负担大都直接由纳税人负担。所谓间接税，是指法定纳税人与税款的实际负担人分离，税负发生转嫁的一类税。如消费税、营业税等流转税类也属于间接税。这种分类，有利于研究税收归宿、税法的实效等问题。

2. 从量税和从价税

以税款的计量依据为标准，税收可分为从量税和从价税两大类。从量税是指以征税对象的重量、件数、面积、容积等为计税标准，采取固定税额计算征收的各种税。如屠宰税、车船税、耕地占用税、城镇土地使用税等都属于从量税。从价税是指以征税对象的价格或金额为计税标准，按一定比率计算征收的各种税。如所得税、增值税、营业税、关税等，都属于此类税。这种分类，有利于研究税收与价格变动的关系，便于国家采取相应的决策。

3. 流转税、所得税、财产税和行为税

按征税对象的性质，税收可分为流转税、所得税、财产税和行为税四大类。按照传统的观点，税收依征税对象性质的不同，可分为流转税、所得税、资源税、财产税和特定行为目的税五大类。我们认为，资源属于广义的财产，资源税理应归于财产税类，而不宜单独列为一类。这种分类，有利于研究相关税种的特征、作用和征管方法。

4. 价内税和价外税

按税价与价格的关系可将税收分为价内税和价外税两大类。价内税是指税款包含在价格之中，随着商品交换价值的实现，税款即可收回的各种税的总称。如消费税、营业税就属于此类税。价外税是指税款独立于价格之外的各种税的总称。我国新的增值税就是最典型的价外税。这种分类，有利于研究税负转嫁和重复征税问题。

5. 中央税、地方税、中央与地方共享税

按管理权限和收入归宿，可将税收分为中央税、地方税、中央与地方共享税三大类。中央税又称国税，是地方税的对称，它是指由中央立法机关立法、税收管理权和收入支配权归属中央政府的一类税收。中央税包括消费税、关税、海关代征的增值税、中央企业所得税。

地方税又称地税，是中央税的对称，是指由地方立法机关立法、税收管理权和收入支配权归地方政府的一类税。地方税包括：地方企业所得税（不含地方银行、外资银行及非银行金融机构缴纳的企业所得税）、营业税（不含铁道部门、各银行总行、各保险总公司缴纳的营业税）、城乡维护建设税（不含铁道部门、各银行总行、各保险总公司集中缴纳部分）、个人所得税、城镇土地使用税、固定资产投资方向调节税、房产税、车船税、印花税、耕地占用税、契税、土地增值税、遗产和赠与税等。中央与地方共享税，是指中央和地方按一定方式分享收入的一类税。世界上实行分税制的国家，共享税的具体征收方式有分征法、分成法和附加法等三种类型。我国按"同经济发展直接相关的主要税列为共享税"的原则，将增值税、资源税和证券交易税划为共享税。这种分类方法有利于体现财权与事权相统一的原则，正确处理中央与地方之间的分配关系，充分调动中央与地方组织收入，加强税收征管的积极性，促使地方努力发展经济，确保自身的财政收支平衡。这种分类与一国的税收管理体制密切相关，直接影响税收的征管。

值得注意的是，我国的中央税、地方税和共享税的立法都集中在中央，这样有利于保证中央政令的统一，维护全国统一市场和企业平等竞争，确保税制的统一性和严肃性。

（三）税收的职能

税收职能，是指税收分配手段本身固有的职责和功能，也就是税收自它产生以后就具有的职责和功能。税收作为实现国家职能的一种分配手段，概括地说，具有财政、经济和监督管理三种职能。

1. 财政职能

税收的财政职能即税收组织财政收入的职能。人类社会中客观地存在着不同于私人需要的公共需要，为满足公共需要，就要由政府执行公共事务职能，而为保证政府顺利执行其公共事务职能，就要使其掌握一定的经济资源。税收是一种国民收入分配形式，客观上能够形成国家的财政收入。国家为取得经济资源或其支配权，最理想的方式就是向人民征税。

2. 经济职能

税收的经济职能即税收调节经济的职能。国家向经济组织、单位和个人征税，把一部分社会产品转归国家所有，必然要改变原有的分配关系，从而对经济产生影响。如对生产结构、消费结构、生产关系结构等方面产生一定的影响。这种影响可能是积极影响，也可能是消极影响；可能是促进经济发展，也可能导致经济停滞或倒退；可能是有意识的，也可能是无意识的。但无论如何，税收对经济的影响始终是客观存在的，因此，国家在制定税收制度时，一般都考虑它对经济的影响，利用税收来调节经济。所以，调节经济就成为税收的内在属性，是税收固有的必然起作用的职责和功能。

3. 监督管理职能

监督管理职能即税收对整个社会经济生活进行有效监督和管理的职能。国家要把税征收过来，必然要进行税收管理、纳税检查、税务审计和统计、税源预测和调查等一系列工作。这些工作一方面能够反映有关的经济动态，为国民经济管理提供依据；另一方面能够对经济组织、单位和个人的经济活动进行有效的监督。

上述税收的财政、经济及监督管理职能，不是孤立的，而是一个统一的整体，统一在税收的分配手段中。

二、税法概述

(一) 税法的概念和税收法律关系

税法是国家制定的，用以调整国家与纳税人之间在征纳税方面的权利和义务关系的法律规范的总称。它是国家及纳税人依法征税、依法纳税的行为准则，其目的是保障国家利益和纳税人的合法权益，维护正常的税收秩序，保证国家的财政收入。

税法与税收密不可分。税收活动必须以税法为依据，任何一种税收都是以一定的法律形式表现出来，并借助于法律的约束力保证其实现的。税收与税法之间的关系，是一种经济现象所表现出来的内容与形式的关系。税收作为社会经济关系，是税法的实质内容，税法作为特殊的行为规范，是税收的法律形式。

税收法律关系在总体上与其他法律关系一样，也由主体、客体、内容三部分构成，但在内涵上有其特殊性。税收法律关系的主体是指税收关系中享有权利和承担义务的当事人。其中，主体的一方是代表国家行使征税权的各级税务机关、财政机关和海关；另一方是负有纳税义务的单位和个人，包括各类企业、事业单位、社会团体及其他组织和公民。税收法律关系的客体即税法权利义务共同指向的对象，如应税的商品、所得、资源、财产、行为等。税收法律关系的内容是指税法主体依法享有的权利及应当承担的义务。对于国家税务机关而言，其权利主要表现为税务管理权、税收征收权、税务检查权、税收立法权、税务违法处理权等；相应的义务主要有依法征税的义务、税款解缴的义务、税法宣传的义务、税务辅导的义务以及依法处理税收争议的义务等。对于纳税人来讲，其权利主要有依法申请减免税、申请延期缴纳税款、申请复议和提起诉讼等权利；其义务主要是依法办理税务登记、进行纳税申报、接受税务检查及依法足额缴纳税款等。

(二) 税法的作用

税法的作用是由税收的职能和法的一般功能决定的。就法的一般功能而言，税法的基本作用是为税收征收管理提供法律依据和法律保障。就税收的职能而言，税法的作用是以法的形式保障充分发挥税收职能。概括起来，我国税法的作用表现为以下几个方面：

1. 税法是税收基本职能得以实现的法律保障

税收组织国家财政收入，意味着纳税人必须将其一部分经济利益让渡给国家；税收对经济进行调控，又使得个别或部分纳税人为了国家宏观调控的需要而做出较大的牺牲；税收对经济生活实行监督，发现或制裁欠税、偷税、抗税等行为，解决税务争议，又必须依靠相当程度的强制力。因此，上述税收的基本职能要想正常发挥，势必会与纳税人的利益产生矛盾、发生冲突，从而抵制和削弱税收职能。所以，国家必须也唯有通过制定税法，运用国家政权力量，才能够在根本利益一致的基础上解决税收职能实现过程中产生的与纳税人的利益冲突的问题。

2. 税法是维护正常税收秩序的法律准则

税法维护正常税收秩序包括调整税收关系和保护各方主体合法权益，税法的这一作用是其作为体现国家意志的法律的一般功能所赋予的,并由税法的调整对象——税收关系的特殊性决定的。税收关系既包括税收征纳关系,又包括税收立法权限分工、税收行政管理关系等。就税收征纳关系而言,它在本质上体现为社会产品分配过程中,国家与纳税主体之间的利益分配关系。作为征税主体的国家,为了使其自身的物质需要得到长期、持续、稳定的满足,就必须使税收征纳关系也具有稳定性、长期性和规范性,那么最佳途径就是使其合法化。通过制定税法,对税收关系各方主体及其权利、义务关系做出明确规定,在调整税收征纳关系的同时,也调整了税收立法权限分工关系、税收行政管理关系等其他税收关系;还明确了税收关系各方主体所享有的合法权益的范围,并且给各方主体维护自己的合法权益、追究他方责任提供了实际可循的法律依据。

3. 税法是贯彻和执行国家政策的一种重要的法律形式

这是税法基本原则之一的"社会政策原则"经税法规定具体化以后表现出来的税法的作用。税法作为上层建筑范畴,体现统治阶级意志。因此,其立法的首要目的之一,就是要促进占统治地位的生产关系的发展,保证公有经济在整个国民经济中的主导地位。其次,税法还具有较强的国家政策导向功能。为了实现"效率优先,兼顾公平"的分配政策,税法规定在公平税负的基础上"区别对待,合理负担";为了国家顺利调整产业结构和产品结构,税法规定分别采取税收优惠、适度征税等不同方式以区别国家对不同产业和不同产品种类的鼓励、允许和限制等不同态度。

4. 税法是维护国家税收主权的法律依据

税收主权是国家经济主权必不可少的重要组成部分,一般主要体现在国家间税收管辖权冲突和税收收益分享关系等方面。因此,涉外税法也是国家税法体系不可或缺的部分,它通过对上述问题的具体规定,使国家的税收管辖权得到彻底充分的贯彻。另外,涉外税法为了推行国家对外开放政策,针对涉外企业采取不同于内资企业的临时性的税收优惠政策,也是吸引外资为外资创造一个良好的税收法制环境的重要措施。

5. 税法对税收法律关系主体起到教育和宣传作用

(三) 税法的构成要素

税法要素,又称课税要素,是指各种单行税种法具有的共同的基本构成要素的总称。税法的构成要素是税法的必要组成部分,也称税法的结构。税法的构成要素一般包括征税主体、纳税主体、征税对象、税目、税率、计税依据、纳税环节、纳税期限、纳税地点、税收减免、法律责任。其中,主体、征税对象、税率是构成税法的三个基本要素。

1. 征税主体

从理论上讲,征税是国家主权的一部分,征税主体是国家。在具体的征税活动中,国家授权各级税务机关和其他征收机关,如国家和地方各级税务局、海关等行使征税权。不同的税种,征税主体不同。

2. 纳税主体

纳税主体,又称"纳税义务人",是指税法制定的负有纳税义务的单位和个人。纳税人有别于扣缴义务人,二者共同构成纳税主体。扣缴义务人是税法规定负有代扣代缴、代收代缴税款义务的单位和个人。扣缴义务人并不实际负担税款,可向税务机关按所扣缴税款收取一定比例的手续费。

3. 征税对象

征税对象，又称课税对象，是指税法规定对什么征税。征税对象是各个税种间相互区别的根本标志。根据征税范围不相交叉的原则设计出来的各个税种都有其各自的征税对象，并通过税法予以明确界定。国家只能就各个税种在其各自特定的征税对象范围内征税。因此，征税对象决定了各税种法不同的特点和作用。同时，在税率既定的情况下，征税的多少又直接取决于征税对象数量的多少。

与征税对象相关的有以下几个概念，应当明确它们之间的联系。第一，计税依据，计税依据又称征税基数或税基，是指计算应纳税额的依据。征税对象体现对什么征税，属于质的规定性，计税依据则是从量上来限定征税对象，属于量的规定性。第二，税目，税目又称征税品目，是指税法规定的某种税的征税对象的具体范围，是征税对象在质上的具体化，代表了征税对象的广度。税目并非每一税种法都须具备的内容。有些税种的征税对象简单、明确，无进一步划分税目的必要，如房产税。当某一税种的征税对象范围较广、内容复杂时，才将其划分为税目以明确界定，如增值税涉及上千种工业产品，关税涉及的进出口产品种类更多，必须加以划分，以便于税收的征收管理。

4. 税率

税率是应纳税额与征税对象或计税依据之间的比例，是计算应纳税额的尺度，反映了征税的深度。在征税对象既定的情况下，税率的高低直接影响国家财政收入的多少和纳税人税收负担的轻重，反映了国家和各个纳税人之间的经济利益关系，同时也反映了一定时期内国家税收政策的要求。因此，税率是税法的核心要素，是衡量国家税收负担是否适当的标志。

税率主要有比例税率、累进税率和定额税率三种基本形式。

（1）比例税率。比例税率是指对同一征税对象不管数额大小，均采取同一比例的税率，一般适用于对流转额等征税对象课税。比例税率的特点是就同一征税对象的不同纳税人而言，其税收负担相等，同时计算简便，符合税收效率原则。

（2）累进税率。累进税率是指随征税对象数额的增多而相应逐级递增的税率。具体而言，就是把征税对象按数额大小划分若干个等级并相应设置每一等级的税率，一般适用于对所得和财产的课税。按照累进的具体方式不同，累进税率又分为全额累进税率、超额累进税率、全率累进税率和超率累进税率等四种形式。累进税率体现了税收的纵向公平，有利于缓解社会分配不公平的矛盾。

（3）定额税率。定额税率又称固定税额，是指按单位征税对象直接规定固定的应纳税额。定额税率不采用百分比形式规定征收比例，是税率的一种特殊形式。定额税率计算简便，适合于从量计征的税种，如车船税、盐税等。定额税率也分为单一定额税率、差别定额税率和幅度定额税率等三种，原理与比例税率的三种基本形式相同。

5. 税收优惠

税收优惠，是指税法规定对具有某种特殊情况的纳税人或者课税对象给予鼓励和照顾的一种优待性规定。税收优惠措施采用普遍，如税收减免、税收抵免、亏损结转、出口退税等，在广义上均属于税收优惠。其中，税收减免运用最为广泛，减税是对应纳税额少征一部分，免税是对应纳税额全部免除。

6. 纳税环节

纳税环节就是指在商品整个流转过程中按照税法规定应当缴纳税款的阶段。商品从生产到消费要经历工业生产、商业销售甚至进出口等多个环节。纳税环节解决的就是在上述诸环节中就哪个或哪几个环节纳税的问题，实质就是征几道税，它关系税收由谁负担、税款能否足额及时入库及纳税人是否便利纳税等问题。按照确定纳税环节的多少，可以分为"一次课征制""两次课征制"和"多次课征制"。

7. 纳税期限

纳税期限是税法规定的纳税主体向征税机关缴纳税款的具体时间。纳税期限是衡量征纳双方是否按照税法行使征税权利和履行纳税义务的尺度，是税收的强制性和固定性特征在时间上的体现。纳税期限一般分为按次征纳和按期征纳两种。前者如屠宰税、耕地占用税等；后者如流转税、财产税等，按期征纳又分为按月、按季和按年征纳。纳税期限还可分为核定纳税期限和法定纳税期限。前者指纳税的确切时间授权税务机关根据税法规定，适当考虑纳税人的实际情况予以审核决定；后者指税法直接规定确切的纳税时间，不须经税务机关审核确定。

8. 纳税地点

纳税地点指缴纳税款的场所，即纳税人应向何地征税机关申报纳税并缴纳税款。纳税地点一般为纳税人的住所地，也有规定在营业地、财产所在地或特定行为发生地。纳税地点关系到征税管辖权和是否便利纳税等问题，在税法中明确规定纳税地点有利于防止漏征或重复征税。

9. 法律责任

税收法律责任是指税收法律关系的主体因违反税收法律规范所应承担的法律后果。主要包括以下两种：一是纳税主体（纳税人和扣缴义务人）因违反税法而应承担的法律责任；二是作为征税主体的国家机关，主要是实际履行税收征收管理职能的税务机关等，因违反税法而应承担的法律责任。违反税法的行为主要有欠税、漏税、偷税、骗税、抗税以及其他违反税法的行为。违反税法的法律责任的形式主要有三种：①经济责任，包括补缴、追缴税款，税务罚款，加收滞纳金等。②行政责任，包括吊销税务登记证和税收保全措施及强制执行措施等。③刑事责任，对情节严重构成犯罪的违反税法的行为，由司法机关追究其刑事责任。

第二节　流转税法

流转税，国际上通称"商品和劳务税"，是以纳税人的商品流转额和非商品流转额为征税对象的一类税收。商品流转额是指因销售或购进商品而发生的货币金额，既可以是销售收入额，也可以是购进商品支付金额。非商品流转额是指各种劳务收入或服务性业务收入金额，通常称营业收入。

流转税是间接税，是财政收入的稳定保障，具有税源稳定、征收及时、征收便利、税负隐蔽等优点，在大多数发展中国家和少数发达国家构成主体税制。我国现行的流转税主要包括增值税、消费税、营业税、关税等。

一、增值税

增值税是指以商品生产流通和劳务服务各个环节中的增值额为征税对象而征收的一种流转税。所谓增值额是商品销售收入额或营业收入额扣除非增值性因素后的余额。

1954年，法国将生产阶段的营业税改为增值税，首开增值税立法之先河。我国尚未制定单行增值税法，有关增值税的法律规范主要是国务院颁布的条例，以及财政部、国家税务总局颁布的规章。我国从1979年开始在部分城市试行增值税，现行增值税法律规范，是1993年12月13日国务院颁布的《中华人民共和国增值税暂行条例》（以下简称《增值税暂行条例》），以及同年12月25日财政部颁布的《中华人民共和国增值税暂行条例实施细则》。

根据《增值税暂行条例》及其实施细则的规定，有关增值税的具体制度有：

（一）纳税主体

增值税的纳税人为在中华人民共和国境内销售货物或者提供加工、修理修配劳务以及进口货物的单位和个人。构成增值税的纳税人应具备两项条件，一是有销售货物或者提供加工、修理修配劳务以及进口货物的交易行为，二是上述交易行为发生在中华人民共和国境内。

（二）课税对象

增值税的课税对象包括：销售货物、提供应税劳务、进口货物。"销售货物"是指有偿转让货物的所有权，即一方通过转让货物从购买方取得货币、货物或其他经济利益。"提供应税劳务"是指提供加工、修理修配劳务，必须是有偿的才负有缴纳增值税的义务，但不包括单位和个体经营者聘用的员工为本单位或雇主提供的加工、修理修配劳务。进口货物是指货物从国外进入中华人民共和国境内。

（三）税率

增值税的税率为比例税率，我国实行多档税率，一般将增值税的税率分三档：基本税率为17%，优惠税率为13%和零税率。销售或进口下列货物，增值税税率为13%：①农产品。②暖气、冷气、热水、煤气、石油液化气、天然气、沼气、煤炭产品。③图书、报纸、杂志。④饮料、化肥、农药、农机、农膜。⑤国务院规定的其他产品。出口货物，增值税税率为零。销售或进口除上述规定以外的其他货物，以及提供加工、修理修配劳务，增值税税率为17%。小规模商业企业税率为4%，小规模非商业企业（商业企业以外的其他企业）税率为6%。

（四）税收优惠

增值税免征项目包括：农业生产者销售的自产农业产品；避孕药品和用具；古旧图书；

直接用于科学研究、科学实验和教学的进口仪器、设备；外国政府、国际组织无偿援助的进口物资和设备；来料加工、来件装配和补偿贸易所需进口的设备；由残疾人组织直接进口、供残疾人专用的物品；销售的自己使用过的物品。除前款规定外，增值税的免税、减税项目由国务院规定。任何地区、部门均不得规定免税、减税项目。

二、消费税

消费税是对消费流转额征收的一种流转税，是商品课税的一种主要形式。我国现行消费税法主要是1993年12月13日国务院颁布的《消费税暂行条例》，以及1993年12月25日财政部颁布的《消费税暂行条例实施细则》。我国消费税立法的宗旨是调节消费结构，正确引导消费方向，保证财政收入。

（一）纳税主体

消费税的纳税义务人，是指在中华人民共和国境内生产、委托加工和进口应税消费品的单位和个人。单位和个人构成消费税纳税人必须同时具备两项条件：一是发生应税行为，即从事生产（包括自产自用）、委托加工和进口应税消费品；二是应税行为发生在中国境内，即应税行为发生在消费税法效力目前所及地域范围内。具备上列条件的自然人、法人、非法人社会组织，均为消费税的纳税人。

（二）课税对象

消费税的课税对象是在中华人民共和国境内生产、委托加工或者进口的应税消费品。应税消费品是指在消费税目税率表中列明应当征收消费税的消费品。具体划分为以下14个税目：烟、酒及酒精、化妆品、高尔夫球及球具、高档手表、游艇、木制一次性筷子、实木地板、贵重首饰及珠宝玉石、鞭炮及焰火、成品油、汽车轮胎、摩托车、小汽车。其中，烟税目下设甲类卷烟、乙类卷烟、雪茄烟、烟丝4个子税目；酒及酒精税目下设粮食白酒、薯类白酒、黄酒、啤酒、其他酒、酒精6个子税目；成品油税目包括汽油、柴油、石脑油、溶剂油、航空煤油、润滑油、燃料油7个子税目。

（三）税率

我国消费税法采用从价定率和从量定额的办法征税，按不同消费品分别采用比例税率和定额税率。对黄酒、啤酒、汽油、柴油实行定额税率，对其他应税消费品实行3%到45%不等的比例税率。

（四）税收优惠

纳税人出口的应税消费品，除国家限制出口的应税消费品外，免征消费税；子午线轮胎免征消费税；纳税人自产自用的应税消费品，用于连续生产应税消费品的不纳税；航空煤油暂缓征收消费税；委托加工的应税消费品直接出售的，不再征收消费税；用外购或委托加工的已税烟丝、已税香烟及酒精等8种应税消费品连续生产应税消费品，在计税时按当期生产领用数量准予扣除外购的应税消费品已缴的消费税税款;石脑油、溶剂油、润滑油、燃料油暂按应纳税额的30%征收消费税。

三、营业税

营业税是以在我国境内提供应税劳务、转让无形资产或者销售不动产取得的营业额为计税依据而征收的一种商品税。营业税计税依据明确,征收简便易行,营业税收入随营业额的增加而增加,有利于保障国家财政收入的稳定增长。我国现行营业税法主要是1993年12月13日国务院颁布的《营业税暂行条例》和财政部颁布的《营业税暂行条例实施细则》。

(一) 纳税主体

在中华人民共和国境内提供应税劳务、转让无形资产或者销售不动产的单位和个人,为营业税的纳税人。单位和个人构成营业税的纳税人,必须同时具备下列条件:提供应税劳务、转让无形资产或者销售不动产的行为,必须发生在中华人民共和国境内;必须是属于营业税的征税范围;必须是有偿或视同有偿提供应税劳务、转让无形资产或者转让不动产的所有权。

(二) 课税对象

营业税的课税对象是纳税人在中华人民共和国境内提供应税劳务、有偿转让无形资产或者有偿转让不动产的营业额。这里的"有偿"是指从受让方(购买方)取得货币、货物或以其他经济利益为条件。应税劳务包括交通运输业、建筑业、金融保险业、邮电通信业、文化体育业、娱乐业、服务业。单位或个人自己新建建筑物后销售的行为,视为提供劳务。加工和修理、修配不属于应征营业税的劳务;转让无形资产包括转让土地使用权、知识产权等;销售不动产包括销售建筑物及其他土地附着物。

(三) 税率

营业税实行按行业有差异的比例税率,共分3%、5%、20%三档9种。交通运输业、建筑业、邮政通信业、文化体育业的营业税税率为3%;服务业、转让无形资产、销售不动产、金融保险业的营业税税率为5%;娱乐业的营业税税率为20%的幅度比例税率,对台球、保龄球减按5%的税率征收营业税。

(四) 税收优惠

营业税免税项目包括:托儿所、幼儿园、养老院、残疾人福利机构提供的育养服务,婚姻介绍,殡葬服务;残疾人员个人提供的劳务;医院、诊所和其他医疗机构提供的医疗服务;学校和其他教育机构提供的教育劳务,学生勤工俭学提供的劳务;农业机耕、排灌、病虫害防治、植保、农牧保险以及相关技术培训业务,家禽、牲畜、水生动物的配种和疾病防治;纪念馆、博物馆、文化馆、美术馆、展览馆、书画院、图书馆、文物保护单位举办文化活动的门票收入,宗教场所举办文化、宗教活动的门票收入。除前款规定外,营业税的免税、减税项目由国务院规定。任何地区、部门均不得规定免税、减税项目。

四、关税

关税是指以进出境的货物或物品的流转额为计税依据而征收的一种商品税。关税是国家主权的重要体现，也是各国保护本国经济不受外来冲击的重要手段。关税还可以用以调节进出口，通过提高或降低某种货物的关税税率，促进或限制某种货物的进口或出口。我国现行关税法律制度包括《海关法》《进出口关税条例》《海关进出口税则》《海关入境旅客行李物品和个人邮递物品征收进口税办法》等。

（一）纳税主体

进口货物的收货人、出口货物的发货人是关税的纳税人，接受委托办理有关进出口货物手续的代理人负有代缴关税义务。对非贸易品征收关税的，关税纳税人是指：①入境旅客随身携带的行李、物品持有人。②各处运输工具上服务人员入境时携带自用物品的持有人。③馈赠物品以及以其他方式入境物品的所有人。④进口个人邮件的收货人。

（二）课税对象

关税的课税对象是准许进出口的货物或物品。"货物"是指为贸易而进出口的商品。"物品"包括入境旅客随身携带的行李和物品、个人邮递物品、各种运输工具上的服务人员携带进口的自用物品、馈赠物品以及其他方式进入国境的个人物品。

（三）税率

关税的税率实行差别比例税率，将同一税目的货物分为进口税率和出口税率。在加入世界贸易组织之前，我国进口关税设普通税率和优惠税率。加入世界贸易组织以后，为履行我国在加入 WTO 关税减让谈判中承诺的有关义务，享有 WTO 成员应有的权利，自 2002 年 1 月 1 日起我国进口税则设有最惠国税率、协定税率、特惠税率、普通税率、关税配额税率等税率。对进口货物在一定期限内可以实行暂定税率。

为鼓励出口，除特别规定的货物外，出口货物一般不征关税，或者说适用零关税。出口货物有暂定税率的，适用暂定税率。

（四）税收优惠

关税的减免很多，可分为法定减免、特定减免和临时减免。法定减免是指关税法明确规定减免关税的具体情况和条件，海关只需查明出口在事实上符合减免税的条件，则必须依法减免关税。特定减免是国务院及其授权机关在法定的减免范围以外，为实现特定的目的而给予的减免。临时减免是对某个具体的某次进出口货物临时给予的减免，不具有普遍的减免效力。

第三节 所得税

所谓所得税，亦称收益税，是指以纳税人在一定期间内的纯所得（净收入）额为征税对象的一类税的统称。所得税根据应纳税所得额的多少征收，所得多的多收，所得少的少收，没有所得不收，不像流转税那样无论纳税人是否盈利一律征收，体现了合理税负的原则。所得税的征收，一方面有利于调节社会收入差距，另一方面对国家财政有重要的意义。

所得税的特点是税源普遍，课征有弹性；税额受成本、费用及利润大小的影响较大；税负较为公平，体现量能负担的原则；一般不发生税负转嫁和重复征税的问题；但计税方法相对复杂，征管难度也较大。

一、企业所得税

企业所得税是以企业为纳税人，以企业一定期间的纯所得额为记税依据而征收的一种税。

（一）纳税主体

我国企业所得税的纳税主体以法人为标准，强调企业为纳税主体，并将企业分为居民企业和非居民企业。居民企业，是指依法在中国境内成立，或者依照外国（地区）法律成立但实际管理机构在中国境内的企业。居民企业应当承担无限纳税义务，就其来源于中国境内、境外的所得缴纳企业所得税。非居民企业，是指依照外国（地区）法律成立且实际管理机构不在中国境内，但在中国境内设立机构、场所的，或者在中国境内未设立机构、场所，但有来源于中国境内所得的企业。非居民企业承担有限的纳税义务，在中国境内设立机构、场所的，应当就其所设机构、场所取得的来源于中国境内的所得，以及发生在中国境外但与其所设机构、场所有实际联系的所得，缴纳企业所得税；未设立机构、场所的，或者虽设立机构、场所但取得的所得与其所设机构、场所没有实际联系的，应当就其来源于中国境内的所得缴纳企业所得税。个人独资企业和合伙企业（私营性质的企业）不是企业所得税的纳税人。

（二）课税对象

企业所得税的征税对象为企业以货币形式和非货币形式从各种来源取得的收入。统一后的企业所得税法对征税对象作了明确的规定，具体包括：销售货物收入；提供劳务收入；转让财产收入；股息、红利等权益性投资收益；利息收入；租金收入；特许权使用费收入；接受捐赠收入；其他收入。

（三）税率

企业所得税采用比例税率，按应纳税所得额计算，25%是企业所得税的基本税率；对符合条件的小型微利企业和非居民企业在中国境内未设立机构、场所的，或者虽设立机构、场所但取得的所得与其所设机构、场所没有实际联系的，就其来源于中国境内的所得实行20%的照顾税率；国家需要重点扶持的高新技术企业，减按15%的税率征收企业所得税。

（四）税收优惠

统一后的《企业所得税法》实行"产业优惠为主，区域优惠为辅"的税收优惠政策，在全国范围内对国家高新技术企业实行15%的优惠税率，同时扩大对创业投资机关、非营利公益组织的税收优惠，以及企业投资于环保、节能节水、安全生产方面的税收优惠，规定了法定免税收入和酌定减免收入。法定免税收入包括：国债利息收入；符合条件的居民企业之间的股息、红利等权益性投资收益；在中国境内设立机构、场所的非居民企业从居民企业取得与该机构、场所有实际联系的股息、红利等权益性投资收益；符合条件的非营利组织的收入。酌定减免收入即可以免征、减征的企业所得，包括：从事农、林、牧、渔业项目的所得；从事国家重点扶持的公共基础设施项目投资经营的所得；从事符合条件的环境保护、节能节水项目的所得；符合条件的技术转让所得；非居民企业未在中国境内设立机构、场所的，或者虽设立机构、场所但取得的所得与其所设机构、场所没有实际联系的，就其来源于中国境内的所得。

二、个人所得税

个人所得税是指以个人所得为征税对象，并且由获得所得的个人缴纳税款的一种制度。个人所得税是各国普遍开征的一种税，于1799年在英国创立，目前已有140多个国家开征了这种税。此税的征收是财政收入的重要来源，能够促进资源的有效配置，在一定程度上更好地发挥税收的自动稳定机能，进一步促进社会公平目标的实现。应该说，经济和社会越发展，个人所得税的有效征收就越重要。

（一）纳税主体

根据住所和居住时间两个标准，将纳税人分为居民纳税人和非居民纳税人。在中国境内有住所或无住所而在境内居住满1年的个人为居民纳税人，其从中国境内和境外取得的全部所得缴纳个人所得税；在中国境内无住所又不居住，或无住所而在境内居住不满1年的个人为非居民纳税人，其从中国境内取得的所得，依法缴纳个人所得税。个人独资企业和合伙企业的投资者也作为个人所得税的纳税人。

（二）课税对象

我国采用分类所得税制，明确列举了11项应纳税个人所得：工资、薪金所得；个体工商户的生产、经营所得；对企事业单位的承包经营、承租经营所得；合伙企业、个人独资企业投资者的生产、经营所得；劳务报酬所得；稿酬所得；特许权使用费所得；利息、股息、红利所得；财产租赁所得；财产转让所得；偶然所得；经国务院财政部门确定征税的其他所得。

(三) 税率

我国个人所得税实行超额累进税率和比例税率相结合的税率体系。工资、薪金所得,适用九级超额累进税率,税率为5%至45%;个体工商户的生产、经营所得和对企事业单位的承包经营、承租经营所得,适用五级超额累进税率,税率为5%至35%(个人独资企业和合伙企业也适用五级超额累进税率);稿酬所得,适用比例税率,税率为20%,并按应纳税额减征30%;劳务报酬所得,适用比例税率,税率为20%,对劳务报酬所得一次收入畸高的,可以实行加成征收,具体办法由国务院规定;特许权使用费所得,利息、股息、红利所得,财产租赁所得,财产转让所得,偶然所得和其他所得,适用比例税率,税率为20%。

(四) 税收优惠

下列各项个人所得,免纳个人所得税:省级人民政府、国务院部委和中国人民解放军军以上单位,以及外国组织、国际组织颁发的科学、教育、技术、文化、卫生、体育、环境保护等方面的奖金;国债和国家发行的金融债券利息;按照国家统一规定发给的补贴、津贴、福利费、抚恤金、救济金;保险赔款;军人的转业费、复员费;按照国家统一规定发给干部、职工的安家费、退职费、退休工资、离休工资、离休生活补助费;依照我国有关法律规定应予免税的各国驻华使馆、领事馆的外交代表、领事官员和其他人员的所得;中国政府参加的国际公约、签订的协议中规定免税的所得;经国务院财政部门批准免税的所得。

有下列情形之一的,经批准可以减征个人所得税:残疾、孤老人员和烈属的所得;因严重自然灾害造成重大损失的;其他经国务院财政部门批准减税的。

第四节 财产税

财产税是以财产为征税对象,并对财产进行占有、使用或收益的主体征收的一类税。所谓财产,一般泛指自然资源以及人类创造的多种物质财富和非物质财富。但作为财产税课税对象的财产仅只能是某些特定的财产而已。其特点是课税具有选择性;税额与财产的数额直接有关,体现量能负担原则;税额不易转嫁,课税比较公平;但因税收弹性差,税源有限,所以一般作为地方税种。

目前,我国财产税设立的税种有资源税、房产税、契税、土地增值税等税种。为适应我国市场经济发展的要求,改革并完善我国财产税法律制度,我国应当尽快开征遗产与赠予税,来促进人们创造财富的积极性,促使闲置财产投入使用、公平社会财富分配、调节人们收入水平,带动经济发展。

一、资源税

资源税是对在我国境内开发和利用自然资源的单位和个人,就其开发、利用自然资源的数量或价值征收的一种财产税。自然资源是一种重要的财产,是社会财富的一种体现,对自然资源的开发、利用,就是通过对自然资源这种特定财产的占有、使用来获得收益,因而对资源税的征收应划入财产税。

资源税的开征有利于加强对资源开采、利用的引导和监督,变资源的无偿使用为有偿使用,促进自然资源的合理开采、利用,减少资源浪费,有效配置资源;有利于调节资源的级差收入水平,促进企业之间开展公平竞争;同时有利于增加财政收入。

我国现行的资源税基本规范是1993年12月25日国务院颁布的《中华人民共和国资源税暂行条例》,以及同年12月30日财政部颁布的《中华人民共和国资源税暂行条例实施细则》。

1. 纳税主体

在中华人民共和国境内开采应税矿产品或者生产盐的单位和个人,为资源税的纳税义务人。这里的单位是指国有企业、集体企业、私有企业、股份制企业、其他企业和行政单位、事业单位、军事单位、社会团体及其他单位。这里的"个人",是指个体经营者及其他个人。其他的单位和其他个人包括外商投资企业、外国企业及外籍人员,但中外合作开采石油、天然气,仍征收矿区使用费,暂不征收资源税;进口矿产品和盐以及经营已税矿产品和盐的单位或个人,不属于资源税的纳税人。

2. 征税对象

我国现行的资源税采取列举的方法,将应税自然资源的类别设置如下:原油,是指开采的天然原油,不包括人造石油;天然气,是指专门开采或与原油同时开采的天然气,暂不包括煤矿生产的天然气;煤炭,是指原煤,不包括洗煤、选煤及其他煤炭制品;其他非金属矿原矿,是指上列产品和井矿盐以外的非金属矿原矿;黑色金属矿原矿,是指铁、锰、铬等矿的原矿;有色金属矿原矿,是指金、银、铜、锡、铝、锌等矿的原矿;盐,包括固体盐和液态盐,其中,固体盐是指海盐原盐、湖盐原盐和井矿盐,液体盐是指卤水。

3. 税率

资源税采用幅度定额税率,从量计征,税额幅度的调整,由国务院决定,纳税人具体适用的税额,按《资源税税目税额明细表》执行。未列举名称的其他非金属矿原矿和其他有色金属矿原矿,由省、自治区、直辖市人民政府决定征收或暂缓征收资源税,并报财政部和国家税务总局备案。

4. 税收优惠

有下列情形之一的,减征或者免征资源税:开采原油过程中用于加热、修井的原油,免税;纳税人开采或者生产应税产品过程中,因意外事故或者自然灾害等原因遭受重大损失的,由省、自治区、直辖市人民政府酌情决定减税或者免税;国务院规定的其他减税、免税项目。纳税人的减税、免税项目,应当单独核算课税数量;未单独核算或者不能准确提供课税数量的,不予减税或者免税。

二、房产税

房产税是以房产为征税对象,以房产余值或房产租金为记税依据向拥有房屋产权的所有人或使用人征收的一种税。房产税属于财产税的一种,由地方税务局征收。

开征房产税,有利于控制固定资产投资规模和房地产过热的现象,促进住房制度改革的顺利进行；有利于调节房产所有人的收入水平，平衡有房者和无房者的收入差距，体现税收公平原则；有利于加强对房屋的管理，提高房屋的使用效率；此外，房产税还是地方政府的主要收入来源，有利于积累一定的城市建设资金，改善城市居民的居住条件。

现行房产税的基本法律规范，是1986年9月15日国务院颁布并于同年10月1日起施行的《中华人民共和国房产税暂行条例》。但该条例并不调整外商投资企业、外国企业和外籍人员的房产。上述涉外单位和外籍人员的房产征税，仍适用《城市房地产税暂行条例》。

1. 纳税人

根据我国现行房地产税法的有关规定，房产税的纳税人是指在我国境内拥有房屋产权的单位和个人。产权属于全民所有的，由经营管理的单位缴纳。产权出典的，由承典人缴纳。产权所有人、承典人不在房产所在地的，或者产权未确定及租典纠纷未解决的，由房产代管人或者使用人缴纳。凡以分期付款购买使用商品房，且购销双方均未获得房产证书期间，应确定房屋的实际使用人为房产税的纳税人，缴纳税款。

2. 征税对象

房产税的征税对象是房产。所谓房产，是以房屋形态表现的财产。所谓房屋是指具备屋面和围护结构，可供人们居住或储藏物资的场所。而相对独立于房屋之外的建筑物，如烟囱、水塔、室外游泳池等不属于房产，因而也不是房产税的征税对象。

3. 税率

房产税的税率，依照房产余值计算缴纳的，税率为1.2%；依照房产租金收入计算缴纳的，税率为12%。对于个人按市场价格出租的居民住房，从2000年1月1日起，可暂减按4%的税率征收房产税。

4. 税收优惠

下列房产免征房产税：国家机关、人民团体、军队自用的房产；由国家财政部门拨付事业经费的单位自用的房产；宗教寺庙、公园、名胜古迹自用的房产；个人所有非营业用的房产；经财政部门批准免税的其他房产。除以上法定减免事项外，如纳税人确有困难，可由纳税人提出申请，经省、自治区、直辖市人民政府批准，定期减税或者免征房产税。

三、契税

契税是在我国境内土地、房屋发生权属转移时，对产权承受人征收的一种财产税。房产的权属发生转移时，一般都要相关书面契约，契税因而得名。

契税属于地方税种，是地方财政的重要来源之一，具有积累资金的职能，已成为地方财政的固定收入。契税的开征，有利于加强对房地产的管理，控制房地产的交易价格，促进房地产交易的良性发展；有利于稳定交易双方产权关系，避免或减少产权纠纷；有利于缓解分配不公的矛盾，促进社会安定，促进社会经济和各项事业的健康发展。

现行契税的基本法律规范是1997年7月7日国务院颁布并于同年10月1日施行的《中华人民共和国契税暂行条例》，同年10月财政部又发布了《契税暂行条例实施细则》。

1. 纳税人

凡在中华人民共和国境内转移土地、房屋权属，承受土地、房屋权属转移的单位和个人是纳税人。所谓承受,是指以受让、购买、受赠、交换等方式取得土地、房屋权属的行为。所谓土地房屋权属,是指土地使用权和房屋所有权。

2. 征税对象

契税的征税对象是在中国境内发生产权转移变动的土地、房屋,包括国有土地使用权出让、房屋交换、房屋买卖、房屋赠与、土地使用权转让等。未发生权属转移变动的土地、房屋不是契税的征税对象。

3. 税率

契税采用比例税率,税率为3%至5%。具体的适用税率,由省、自治区、直辖市人民政府在前款规定的幅度内按照本地区的实际情况确定,并报财政部和国家税务总局备案。

4. 税收优惠

有下列情形之一的,减征或免征契税:国家机关、事业单位、社会团体、军事单位承受土地、房屋用于办公、教学、医疗、科研和军事设施的,免征契税;城镇职工按规定第一次购买公有住房在国家规定标准面积以内的,免征契税;因不可抗力灭失住房而重新购买住房的,酌情准予减征或免征契税;纳税人承受荒山、荒沟、荒丘、荒滩土地使用权,用于农林牧渔生产的,免征契税;外国驻华使(领)馆和国际组织驻华机构及其外交官员、其他外交人员,承受土地、房屋权属的免征契税;县以上政府征用、占用土地、房屋后,重新承受土地、房屋权属的单位和个人,是否减征或免征契税,由各省级人民政府确定;财政部规定的其他减征、免征契税的项目。以上经批准减免税的纳税人改变有关土地、房屋权属用途,不在减免税之列,应当补缴已经减免的税款。符合减免税的纳税人,要在签定转移产权合同后10日内向土地、房屋所在地的征税机关办理减免税手续。

第五节 行为税

行为税亦称特定目的税,是指政府为实现一定目的,对某些特定行为所征收的税收。行为税法就是调整行为税征纳关系法律规范的总称。

各国征收行为税的目的不尽相同。有的国家旨在对某些行为加以限制,有的国家基于对某些行为或权益的认可,而有的国家纯粹是出于增加财政收入。我国开征行为税,主要是运用税收杠杆,对某些特定行为加以规范、引导、控制和管理,以强化宏观调控。

行为税征收范围小,征税对象具有限定性;政策目的性强,设置和废止时间性强,不具有其他税种那样的稳定性;税源分散,税收收入规模小且不稳定。因此,行为税在各个时期大都列为地方税。

中华人民共和国成立后我国先后开征了屠宰税、筵席税、燃油特别税、固定资产投资方向调节税、印花税、车船使用税、车辆购置税等13种行为税。现行的行为税体系主要包括印花税、固定资产投资方向调节税(2000年1月1日起停征但未废止)、车船使用税、车辆购置税(2001年1月1日起开征)等税种。

一、印花税

印花税是对经济活动和经济交往中书立、领受具有法律效力的凭证的行为所征收的一种税。因采用在应税凭证上粘贴印花税票作为完税的标志而得名。

印花税具有税源广、税率低、税负轻、纳税方法特殊等特点。印花税的开征有利于纳税后凭证的保护,提高合同的法律效力及其兑现率,促使经济行为规范化和法制化;有利于开拓财源,增加财政收入;有利于加强对其他税收的征收管理;有利于在对外经济交往中维护我国的权益。

印花税是一种古老的税种,于1624年创立于荷兰,以后逐步推广到世界许多国家。据不完全统计,目前世界上有90多个国家和地区征收印花税。我国曾在清朝末年立有印花税法,但未执行。现行的印花税法律规范是国务院于1988年8月6日发布的《印花税暂行条例》。

1. 纳税人

印花税的纳税人为在我国境内书立、领受应税凭证的单位和个人。具体包括国内各类企业、事业、机关、团体、部队以及中外合资企业、中外合作企业、外资企业、外国公司(企业)和其他经济组织及其在华机构等单位和个人。根据书立、领受应税凭证的不同,纳税人可分别称为立合同人、立账簿人、立据人、领受人和使用人。

2. 征税范围

《印花税暂行条例》采用列举的方式规定了印花税的征税范围。具体包括:合同或者有合同性质的凭证;产权转移书据;营业账簿;权利许可证照;经财政部确定征税的其他凭证。

3. 税率

印花税采用差别比例税率和定额税率两种形式。各类经济合同及合同性质的凭证、记载资金的账簿和产权转移书据等适用差别比例税率;其他营业账簿、权利许可证照等适用定额税率。印花税税率是本着税负从轻和公平税负的原则设计的。其中,比例税率是按不同凭证分别规定了 0.5‰、0.3‰、0.05‰、1‰、0.03‰ 五个档次的税率;定额税率采取按件贴花,每件5元。

4. 税收优惠

根据现行规定,印花税的主要免税项目有:已缴纳印花税的凭证的副本或者抄本;财产所有人将财产赠给政府、社会福利单位、学校所立的书据;国家指定的收购部门与村民委员会、农民个人书立的农副产品收购合同;无息、贴息贷款合同;外国政府或者国际金融组织向我国政府及国家金融机构提供优惠贷款所书立的合同;经财政部批准免税的其他凭证。

二、车船税

(一)车船税的概念和特征

车船税是指国家对行使于公共道路上的机动车辆和航行于境内的河流、湖泊或者领海的机动船舶，按其车船种类、数量、吨位等实行定额征收的一种财产税。车船税法是国家制定的调整车船税征纳过程中形成的权利与义务关系的法律规范的总称。车船税是一种财产税，同时又具有行为税的性质。

车船税具有以下特征：

（1）车船税属于单向财产税。不仅征税对象仅限于车船类运输工具，而且对不同的车、不同的船还规定了不同的征税标准。

（2）税赋公平。旧有的车船使用税主要是针对内资企业，车船使用牌照税主要针对外资企业，两者在征收上存在一定的差异。而新政策将车船使用税和车船使用牌照税合并为"车船税"，统一各类企业的车船税制，外资和内资企业统一到一个起跑线上。其次，行政事业单位车辆也必须缴纳车船税。

（3）实行代扣代缴征收。车船税法将保险部门指定为法定车船税代缴义务人，将车船税与交通事故责任强制保险捆绑，车主每年在购买交强险时，必须同时办理车船税，防止偷漏税现象产生。

（二）车船税的征税对象及范围

车船税的征税对象，是指依法应当在公安、交通、农业、渔业、军事等依法具有车船管理职能的部门登记的车船。其征税范围由车辆和船舶两大类构成。

车辆是指机动车辆，具体包括载客汽（电）车、载货汽车（包括半挂牵引车、挂车）、摩托车、三轮汽车、低速货车五类。载客汽车，划分为大型客车、中型客车、小型客车和微型客车4个子税目。三轮汽车，是指在车辆管理部门登记为三轮汽车或者三轮农用运输车的机动车。低速货车，是指在车辆管理部门登记为低速货车或者四轮农用运输车的机动车。

船舶是指机动船舶，即依靠燃料等能源为动力运行的船舶，包括客货轮船、气垫船、拖轮和机帆船等。

（三）车船税的税率

车船税采用定额税率，即对征税的车船规定单位固定税额。车船的适用税额，依照《车船税税目税额表》执行，国务院财政部门、税务主管部门可以根据实际情况，在《车船税税目税额表》规定的税目范围和税额幅度内，划分子税目，并明确车辆的子税目税额幅度和船舶的具体适用税额。车辆的具体适用税额由省、自治区、直辖市人民政府在规定的子税目税额幅度内确定。

三、车辆购置税

1. 车辆购置税的概念

车辆购置税是对有购买、进口、自产、受赠、获奖或者以其他方式取得并自用应税车辆的单位和个人征收的一种税。车辆购置税的基本规范是2000年10月22日国务院发布的《中华人民共和国车辆购置税暂行条例》，是自2001年1月1日起征收并取代车辆购置附加费的新税种。

2001年1月1日，中央政府决定，取消车辆购置附加费，以车辆购置税取而代之，成为新一轮费改税的先行者。从理论上讲，以税代费，使税费征收管理更加规范化，收支要纳入预算，实行规范化财政管理，接受社会各界监督，可以防止各类合法或非法的收费对税基的侵蚀，从源头上减少权利寻租的机会。而且征收车辆购置税不会增加或减少原来车辆购置费给相关主体带来的负担，使车辆购置费向车辆购置税的转换能够得到顺利的进行。

从国际通行做法看，发达国家普遍通过税收的形式，筹集交通基础设施建设资金，极少采用收费的办法，这是我国税收国际化的一个部分。

2. 车辆购置税主要特点

（1）兼有财产税和行为税的性质。车辆购置税是以购置的车辆为征税对象，并对车辆进行占有、使用或收益的主体征收的一类税，符合财产税的特点。同时购置车辆也是一种行为，即购买、进口、自产、受赠或以其他方式取得并自用应税车辆的行为，也可以认为是对这种购置行为进行的征税。

（2）车辆购置税是价外税。即在购置车辆时，购买者需要在购车款之外另行支付所购车辆价款一定比例税金。

我国车辆购置税的开征有着重大意义，有利于合理筹集建设资金，积累财政收入，促进交通基础设施建设事业的健康发展；有利于规范政府行为，理顺税费关系，深化和完善财税制度改革；有利于调节收入差别，缓解社会分配不公的矛盾。

第六节 税收征收管理的法律制度

税收征收管理是指国家及税务机关根据税收法律规范指导纳税人正确履行纳税义务，并对征纳税过程进行管理、监督、检查等一系列工作的总称。税收征收管理法是调整税收征收管理过程中形成的各种征纳关系的法律规范的总称，其主要内容包括税务登记、税收确定、纳税申报、税款征收、税务检查等方面的法律规范。1992年9月4日第七届全国人大常委会通过并于1993年1月1日起施行的《中华人民共和国税收征收管理法》（以下简称《税收征收管理法》），以及2002年9月7日国务院颁布的《中华人民共和国税收征收管理法实施细则》，确定了我国税收征收管理制度，这是我国税收管理工作的基本法和程序法。《税收征收管理法》主要有如下一些内容。

一、税务管理法律制度

（一）税务登记

税务登记又称纳税登记，是纳税人、扣缴义务人在开业、歇业前以及生产经营期间发生有关变动时，在法定的期限内就其涉税情况向主管税务机关办理书面登记的一项制度。这是税收征收管理过程中的首要环节，是税收管理的基础性工作。凡是税法规定应当纳税的义务人，如企业、企业在外地设立的分支机构和从事生产经营的场所，个体工商户和从事生产经营的事业单位（以下统称从事生产经营纳税人），都必须自领取营业执照之日起 30 天内，持有关证件，向税务机关申报办理税务登记，税务机关审核后发给税务登记证件。从事生产、经营的纳税人税务登记内容发生变化的，自工商行政管理机关办理变更登记之日起 30 日内或者在向工商管理机关申请办理注销登记之前，将有关证件向税务机关申报办理变更或者注销税务登记。

（二）账簿、凭证管理

账簿、凭证是记载纳税人经济活动的重要文字根据。纳税人使用的凭证和编制的账簿是否真实、正确、合法，直接关系到税款征收的正确性和合法性。从事生产经营的纳税人、扣缴义务人应按照国务院财政、税务主管部门的规定设置账簿，根据合法、有效记账凭证进行核算。从事生产经营的纳税人的财务会计制度或者财务会计处理办法，应当符合国家的有关规定并报送税务机关备案。从事生产经营的纳税人、扣缴义务人必须按照国务院财政、税务主管部门规定，保管账簿、记账凭证、完税凭证及有关资料。

（三）纳税申报

纳税申报，是指纳税人、扣缴义务人依据税法规定的有关事项，在法定期限内向税务机关提交书面报告的法律行为。纳税申报是纳税人必须履行的一项法定义务，是税务机关界定纳税人法律责任的主要依据，也是税务机关税收管理信息的主要来源和税务管理的主要制度。纳税人必须在法律、行政法规规定或者税务机关依照法律、行政法规确定的申报期限内办理纳税申报，报送纳税申报表、财务会计报表以及税务机关根据实际需要要求纳税人报送的其他纳税资料。扣缴义务人必须在法律、行政法规规定或者税务机关依照法律、行政法规确定的申报期限内报送代扣代缴、代收代缴税款报表以及税务机关根据需要要求扣缴义务人报送的其他有关资料。

（四）发票管理

发票，是指在购销商品、提供或者接受服务及从事其他经营活动中，开具、收取的收付款凭证。发票是记录各种经营活动实际发生或完成情况的书面证明，是会计核算的原始凭证和财务收支的法定依据，也是税务机关据以计征税款和进行税务检查的重要依据。

我国对发票的管理非常重视，经国务院批准，财政部于 1993 年颁布了《中华人民共和国发票管理办法》（以下简称《发票管理办法》）及其实施细则，国家税务总局亦于同期发布了《增值税专用发票使用规定》，对印制、领购、开具、取得、保管等方面的管理作了明确规定，从而确立了我国的发票管理法律制度。

发票分为普通发票和专用发票。专用发票特指增值税专用发票。

发票管理包括发票的印制、认购、开具和使用、保管等一系列管理活动。

1. 发票的印制

税务机关对发票印制实行统一管理。其中增值税专用发票由国家税务总局指定的企业印制；其他发票分别由省、自治区、直辖市国家税务局、地方税务局指定的企业印制。生产发票防伪专用品的企业由国家税务总局统一确定。发票应当套印由国家税务总局确定式样的全国统一发票监制章。国家对发票实行不定期的换版制度。禁止私印、伪造、变造发票。

2. 发票的领购

依法办理税务登记的单位和个人，应当向主管税务机关提出购票申请。购票单位和个人应当提供相应的证明，经审核后发给发票领购簿。申请人按领购簿核准的购票种类、数量及方式领购发票。依法不需要办理税务登记的单位和个人需领购发票的，可以按规定向主管税务机关申请领购发票。

3. 发票的开具和使用

根据《发票管理办法》的规定，销售商品、提供服务以及从事其他经营活动的单位和个人，对外发生经营业务，在收取款项时，收款方应向付款方开具发票；特殊情况下由付款方向收款方开具发票。另外，所有单位和从事生产、经营活动的个人在购买商品、接受服务以及从事其他经营活动支付款项时，应当向收款方收取发票，并不得要求变更品名和金额。

发票开具应按照规定的时限和顺序，逐栏、全部联次一次性如实开具，并加盖单位财务印章和发票专用章。不符合规定的发票，不得作为财务报销凭证，任何单位和个人有权拒收。但是目前在现实生活中，发票的开具和使用仍然存在很多问题。不按规定而按当事人要求开具发票的现象在商业零售环节还比较普遍，这是当前需要进行大力整治的方面。

任何单位和个人不得转借、转让、代开发票；未经税务机关批准，不得拆本使用发票；不得自行扩大专用发票适用范围。禁止倒买倒卖发票、发票监制章和发票防伪专用品。

4. 发票的保管

开具发票的单位和个人应当建立发票使用登记制度，设置发票登记簿，并定期向主管税务机关报告发票使用情况。发票的存放和保管应当按税务机关的规定办理，不得丢失和擅自销毁。已经开具的发票存根联和发票登记簿应当保存 5 年。保存期满，报经税务机关查验后方可销毁。

增值税专用发票的管理，按照国家税务总局制定的《增值税专用发票使用规定》办理，在此不再展开论述。

二、税款征收法律制度

税款征收是指征税机关依照税收法律、行政法规规定将纳税人应缴纳的税款组织征收入库的一系列活动的总称，是税收征收管理工作的核心内容和中心环节，是全部税收征收管理工作的目的和归宿。税收征收制度对于强化税收征收管理，维护征纳双方的权益具有重要的意义。税务机关必须依照法律、行政法规的规定征收税款，不得违反法律、行政法规的规定擅自开征、停征、多征、少征、税前征收、延缓征收或摊派税款。

税款征收的方式主要有以下几种：

1. 查账征收

查账征收是税务机关按照纳税人提供的账表所反映的经营情况，依照适用税率计算缴纳税款的方式。适用于账簿、凭证、会计核算制度等比较健全、能够据以如实核算生产经营情况、正确计算应纳税款的纳税人。

2. 核定征收

核定征收是税务机关对不能完整、准确提供纳税材料的纳税人采用特定方法确定其应纳税收入或应纳税额，纳税人据以缴纳税款的一种征收方式。主要适用于以下几种情况。

（1）依照《税收征收管理法》可以不设置账簿的。

（2）依照《税收征收管理法》应当设置账簿但未设置的。

（3）虽设置账簿，但账目混乱或者成本资料、收入凭证、费用凭证残缺不全，难以查账的。

（4）发生纳税义务，未按照规定的期限办理纳税申报，经税务机关责令限期申报，逾期仍不申报的。

（5）关联企业不按照独立企业之间的业务往来收取或支付价款、费用，而减少其应纳税的收入或者所得额的。具体又可以分为三种形式。

第一，查定征收。即由税务机关根据纳税人的从业人员、生产设备、采用原材料等因素，在正常生产经营条件下，对其生产的应税产品查实核定产量、销售额并据以征收税款的一种方式。它用于生产规模较小、账册不健全、产品零星、税源分散的小型厂矿和作坊。

第二，查验征收。即税务机关对纳税人应税商品，通过查验数量，按市场一般销售单价计算其销售收入并据以征税的方式。这种方式适用于城乡集贸市场的临时经营和机场、码头等场外经销商品的课税。

第三，定期定额征收。即对一些营业额、所得额不能准确计算的小型工商户，经过自报评议，由税务机关核定一定时期的营业额和所得税附征率，实行多税种合并征收的一种征收方式。

3. 代扣代缴、代收代缴征收

前者是指持有纳税人收入的单位和个人，从持有的纳税人收入中扣缴其应纳税款并向税务机关解缴的行为；后者是指与纳税人有经济往来关系的单位和个人借助经济往来关系向纳税人收取其应纳税款并向税务机关解缴的行为。这两种征收方式适用于税源零星分散、不易控管的纳税人。

除此以外，税款的征收方式还有委托征收、邮寄申报等。

税务机关征收税款时，应当给纳税人开具完税凭证。完税凭证是纳税人履行了纳税义务的合法证明。其形式包括各种完税证、缴款书、印花税票及其他完税证明等。当有证据表明纳税人的税款因某情况可能难以征收，税务机关有权对其采取相应的税收保全措施或强制执行措施。

税收保全措施，是指税务机关在规定的纳税期之前，由于纳税人的行为或某些客观原因导致税款难以征收时而采取的限制纳税人处理或转移商品、货物或其他财产的强制措施，其目的是保证国家税款的及时、足额入库。税收保全措施有两种主要形式：一是书面通知纳税人开户银行或其他金融机构暂停支付纳税人相当于应纳税款的存款；二是扣押、查封纳税人的价值相当于应纳税款的商品、货物或其他财产。

税收强制执行措施，是指纳税人、扣缴义务人、纳税担保人等税收管理相对人在规定的期限内未履行法定义务，税务机关采取法定的强制手段，强迫其履行义务的行为。其形式也主要有两种：一是书面通知其开户银行或其他金融机构从其存款中直接扣缴税款；

二是扣押、查封、拍卖其价值相当于应纳税款的商品、货物或其他财产，以拍卖所得抵缴税款。

三、税务检查法律制度

税务检查是指税务机关根据法律、法规及其他相关规定，对纳税人、扣缴义务人的纳税义务情况进行检查和监督。税务检查是税收征收管理的重要组成部分，也是税务监督的重要组成部分，健全的税务检查制度对于防止税款流失，提高纳税人、扣缴义务人的税收法治意识，都具有重要的意义。

根据《税收征收管理法》的规定，税务机关有权进行下列税务检查：①检查纳税人的账簿、记账凭证、报表和有关资料；检查扣缴义务人代扣代缴、代收代缴税款账簿、记账凭证和有关资料。②有权到纳税人的生产、经营场所和货物存放地检查纳税人应纳税的商品、货物或者其他财产，检查扣缴义务人与代扣代缴、代收代缴税款的有关情况。

税务机关依法进行税务检查时，有权向有关单位和个人调查纳税人、扣缴义务人和其他当事人的纳税情况或者代扣代缴、代收代缴税款的有关情况，有关单位和个人有义务向税务机关如实提供有关资料和证明材料。

纳税人、扣缴义务人必须对税务机关依法进行的税务检查，如实反映情况，提供有关资料，不得拒绝、隐瞒。

四、税务争议及其解决程序

税务争议是指纳税人、扣缴义务人和其他当事人在适用税法、核定税价、确定税率、计算税额以及对违反税法行为的处罚等问题上同税务机关发生的争议，即国家在税务管理过程中，税务行政主体因行使税务行政职权而与行政相对人之间发生的争执。

税务行政争议有广义和狭义之分、内部和外部之别。广义上的税务行政争议既包括内部行政争议，如税务管辖争议；又包括外部行政争议，即税务机关与税务相对人之间的争议。狭义上的税务争议专指税务机关与税务相对人之间的争议。本书将在狭义上使用税务争议的概念。狭义上的税务争议由于性质不同可分为纳税争议和纳税争议以外的其他争议。

（一）纳税争议及其处理

纳税争议是指纳税人对征税机关的征税决定不服所引起的争议，如有关是否纳税、应税所得额、应纳税款数额、是否享有税收优惠政策等方面发生的争议。纳税人、扣缴义务人、纳税担保人同税务机关在纳税上发生争议时，必须先依照税务机关的纳税决定缴纳或者解缴税款及滞纳金或者提供相应的担保，然后可以依法申请行政复议；对行政复议决定不服的，可以依法向人民法院起诉。

（二）纳税争议以外的其他争议及其处理

纳税争议以外的其他争议包括不服责令提供担保的争议、不服保全措施的争议、不服税收强制措施的争议、不服税务行政处罚的争议、不服税务机关不作为的争议、不服税务机关取消增值税一般纳税人资格的争议、不服税务机关做出通知出境管理机关阻止其出境的争议等。

当事人对纳税争议以外其他涉税具体行政行为不服的，可以依法申请行政复议，也可以依法向人民法院起诉。但当事人对税务机关的处罚决定逾期不申请行政复议，也不向人民法院起诉，又不履行的，做出处罚决定的税务机关可以采取《税收征收管理法》规定的强制执行措施，或者申请人民法院强制执行。

税务机关及其工作人员在行使职权的过程中，违法侵犯公民、法人或者其他组织合法的人身权和财产权并造成损害的，受害人可以依据《国家赔偿法》的相关规定主张赔偿责任。受害公民死亡的，其继承人和其他有抚养关系的亲属可以成为赔偿请求人；受害公民为限制行为能力或无行为能力人的，其法定代理人可以代为行使行政赔偿请求权。受害的法人或其他组织终止的，承受其权利的法人和其他组织是赔偿请求人。

五、违反税法的法律责任

税收征收管理的法律责任，是指税收法律关系主体因违反税法义务、实施税收违法行为所应承担的法律后果。税收征收管理法律责任是税法的一个重要内容，明确违反税法的法律责任，不仅有利于维护正常的税收征收管理秩序，确保国家的税收收入及时足额入库，而且也有利于增强税法的威慑力，为预防和打击税收违法犯罪行为提供有力的法律武器，有力维护纳税人的合法权益。

（一）纳税人违反税法的法律责任

1. 纳税人违反税务管理行为的法律责任

根据《税收征收管理法》规定，以下几种行为属于违反税收征收管理的行为：一是未按照规定期限申报办理税务登记、变更或者注销登记的；二是未按照规定设置、保管账簿或者保管记账凭证和有关资料的；三是未按照规定将财务、会计制度或者财务、会计处理办法报送税务机关备查的；四是扣缴义务人未按照规定设置、保管代扣代缴、代收代缴税款账簿或者保管代扣代缴、代收代缴税款记账凭证及有关资料的；五是纳税人未按照规定的期限办理纳税申报的；或者扣缴义务人未按照规定的期限向税务机关报送代扣代缴、代收代缴税款报表的。对于违反税收征收管理程序的行为由税务机关责令其期限改正，并处以2 000元以下罚款。情节严重或逾期不改的，根据不同行为处以2 000元以上10 000元以下的罚款。

2. 纳税人违反税款征收行为的法律责任

第一，偷税的法律责任。偷税，是指纳税人采取伪造、变造、隐匿、擅自销毁账簿、记账凭证，在账簿上多列支出或者不列、少列收入，或者进行虚假的纳税申报的手续，不缴或者少缴应纳税款的行为。对纳税人偷税的行为，由税务机关追缴其不缴或者少缴的税款、滞纳金，并处不缴或者少缴税款的50%以上5倍以下的罚款；构成犯罪的，依法追究其刑事责任。

第二，骗税的法律责任。纳税人以假报出口或者其他手段，骗取国家出口退税款的，由税务机关追缴其骗取的税款,并处骗取税款 1 倍以上 1.5 倍以下的罚款;构成犯罪的,依法追究其刑事责任。对骗取国家出口退税款的,税务机关可以在规定期间内停止为其办理出口退税。

第三,抗税的法律责任。以暴力、威胁方法拒不缴纳税款的是抗税,除由税务机关追缴其抗缴的税款、滞纳金外,依法追究其刑事责任。情节轻微,未构成犯罪的,由税务机关追缴其抗缴的税款、滞纳金,并处拒缴税款 1 倍以上 5 倍以下的罚款。

(二) 扣缴义务人未按规定设置和保管代扣代缴、代收代缴税款账簿、记账凭证和有关资料的,由税务机关限期改正;逾期不改的,可处以 2 000 元以上 5 000 元以下的罚款

扣缴义务人未按规定的期限向税务机关报送代扣代缴、代收代缴税款报表的,由税务机关限期改正;逾期不改的,可处以 2 000 元以下的罚款;情节严重的,可处以 2 000 元以上 10 000 元以下的罚款。

(三) 税务机关及税务人员违反税法的法律责任

1. 有关国家机关违反税法的法律责任

税务机关违反规定擅自改变税收征收管理范围和税款入库预算级次的,责令其限期改正,对直接负责的主管人员和其他直接责任人员依法给予降级或者撤职的行政处分。

未经税务机关依法委托征收税款的,责令退还收取的财物,依法给予行政处分或者行政处罚;致使他人合法权益受到损失的,依法承担其赔偿责任;构成犯罪的,依法追究其刑事责任。

违反法律、行政法规的规定,擅自做出税收的开征、停征或者减税、免税、退税、补税以及其他同税收法律、行政法规相抵触的决定的,除依照《税收征收管理法》的规定撤销其擅自做出的决定外,应补征应征未征税款,退还不应征收而征收的税款,并由上级机关追究直接负责的主管人员和其他直接负责人员的行政责任;构成犯罪的,依法追究刑事责任。

税务机关在实施税收征收管理活动中,因违法给纳税人造成损失的,应承担赔偿责任。

2. 税务人员的法律责任

税务人员有下列行为之一,构成犯罪的,按照《刑法》有关规定,追究刑事责任;未构成犯罪的,给予行政处分。

第一,税务人员勾结、唆使或者协助纳税人、扣缴义务人从事偷税、欠税、骗税行为的。

第二,税务人员玩忽职守,少征或者不征应征税款,致使国家税收遭受重大损失的。

第三,税务人员利用职务上的便利,收受或者索取纳税人、扣缴义务人财物的。

第四,税务人员在征收税款过程中的其他违法行为。

第九章

公司法

学习提要：

公司的概念和特征；有限责任公司的设立程序和组织机构；一人有限责任公司和国有独资公司的特别规定；有限责任公司股权转让；股份有限公司的设立程序和组织机构；股份发行和转让；公司债的发行条件及程序；公司合并、分立、解散的程序及法律后果。

第一节 公司法的概述

开篇案例：

案情：王某是一个个体户，他与程某一起发起成立了一家有限责任公司，并由该公司买下了王某的个体商业。公司并没有向王某支付现款，而是给付其股份和债权。王某持有公司80%的股份，程某持有20%的股份。由于公司经营不善，公司最终解散。清算时，王某称自己是公司的债权人，有权要求公司支付欠款。王某的主张遭到程某及公司其他债权人的反对，他们认为，既然公司成立后的业务与以前完全一样，而且王某持有公司80%的股份，那么公司就是王某的私人企业。所以王某和公司之间不存在债权债务，只能由其他债务人共同分配公司财产，以清偿债务。

要求：根据上述情况，分析回答下列问题。

1. 王某是否是公司的债权人？
2. 王某要求参与分配公司财产是否有法律依据？

一、公司的概念和特征

我国《公司法》第2条规定："本法所称公司是指依照本法在中国境内设立的有限责任公司和股份有限公司。"由此可见，只有在中国境内设立的有限责任公司和股份有限公司适用我国的公司法。公司是依法设立的以营利为目的的具有法人资格的经济组织。它是商品经济发展的产物，是目前世界上广泛采用的一种科学的企业组织形式。

公司具有如下特征：

(1) 公司是依公司法成立的经济组织。公司必须依公司法规定的条件和程序设立。

(2) 公司是以营利为目的的经济组织。公司成立的最终目的是营利，这是公司与非企业组织的区别点，也是公司企业与其他企业的共同点。

(3) 公司是具有法人资格的经济组织。这是公司与非法人企业的区别。

(4) 公司的所有权归股东共同所有。公司股东的出资构成公司财产，股东对公司财产拥有所有权，公司最终由股东共同控制。

(5) 按传统的观念，公司具有联合性特征，即公司是由两个以上的投资主体组成的法人实体，现在，多数国家的公司法都规定公司须有两个以上的投资主体，少数国家也允许单一投资主体公司的存在。我国修正后的《公司法》允许一人有限责任公司和国有独资公司的存在。

二、公司的分类

按照不同的标准，从不同的角度可以对公司作不同的分类。公司的分类有法律上的分类，也有学理上的分类。

（一）有限责任公司、股份有限公司

这是依照股东对公司承担责任的方式不同所作的分类。

有限责任公司，简称有限公司，是指股东以其认缴的出资额为限对公司承担责任，公司以其全部资产对公司债务承担责任的企业法人。

股份有限公司，简称股份公司，是指公司的全部资本分成等额股份，股东以认购的股份为限对公司承担责任，公司以其全部资产对公司债务承担责任的企业法人。

（二）人合公司、资合公司与人合兼资合公司

这是根据公司信用基础的不同所作的分类。

人合公司是指以股东的能力、财力、声望和信誉等作为公司信用基础的公司。这种公司对外进行经济活动时，主要依据的不是公司本身的资本或资产状况如何，而是股东个人的信用状况。因为人合公司的股东对公司债务承担无限连带责任，公司资不抵债时，股东应以个人的全部财产清偿公司债务。无限公司是典型的人合公司。

（三）母公司与子公司

这是根据公司之间的控制与依附关系所作的分类。

母公司是指拥有另一公司一定比例以上的股份，或通过协议方式能够对另一公司的经营实行实际控制的公司。母公司也称为控制公司。

子公司是指与母公司相对应，其一定比例以上的股份被另一公司所拥有或通过协议受到另一公司实际控制的公司。

虽然子公司受母公司的控制，但在法律上，子公司仍是具有法人地位的独立企业。在财产责任上，母公司和子公司也各以自己所有的财产对各自的债务负责，互不连带。我国《公司法》第 14 条规定："公司可以设立子公司，子公司具有企业法人资格，依法独立承担民事责任。"

（四）总公司与分公司

这是根据公司内部的管辖关系所作的分类。

总公司又称"本公司",是相对于其分支机构而言,有权管辖公司的全部内部组织如各个分部门、分公司、科室、工厂、门市部等的总机构。分公司实际上并不是法律意义上的公司,而只是本公司的组成部分或业务活动机构,没有独立的法人资格。

我国《公司法》第 14 条规定:"公司可以设立分公司。设立分公司,应当向公司登记机关申请登记,领取营业执照。分公司不具有法人资格,其民事责任由公司承担。"

三、公司法

我国现行的《公司法》于 1993 年 12 月 29 日由第八届全国人大常委会第五次会议通过并颁布,自 1994 年 7 月 1 日起施行。1999 年 12 月 25 日和 2004 年 8 月 28 日对《公司法》进行了两次修订,但涉及面很窄,仅对少数几个条文作了修改。2005 年 10 月 27 日,第十届全国人大常委会第十八次会议对《公司法》进行了第三次修订,并于 2006 年 1 月 1 日起施行。2013 年 12 月 28 日,第十二届全国人大常委会第六次会议对《公司法》进行了第四次修订,修改了现行《公司法》的 12 个条款,并于 2014 年 3 月 1 日起施行。此次修订主要体现在如下三个方面:

(1) 将注册资本实缴登记制改为认缴登记制。
(2) 放宽了注册资本登记条件。
(3) 简化了公司登记事项和登记文件。

第二节 公司法的基本制度

一、公司的权利能力与行为能力

(一) 公司的权利能力

1. 公司权利能力的含义

公司的权利能力是指法律赋予公司享有权利、承担义务的资格。公司具有权利能力,意味着公司取得民事主体资格。

2. 公司权利能力的限制

公司的权利能力从公司营业执照签发之日开始,至公司注销登记并公告之日终止。公司的权利能力与自然人的权利能力有较大的不同,其范围往往受到公司固有性质的限制、法律上的限制和目的上的限制。

(1) 公司固有性质的限制。

公司虽然具有民事主体的资格,但是公司作为一个组织体,毕竟不同于自然人。公司不具有自然人所具有的自然性质,如身体、性别、种族等,所以,公司也不享有自然人基于其自然性质而享有的权利,如生命权、健康权、肖像权、婚姻权等人身权。但是,公司仍享有某些特定的人身权，如名誉权和荣誉权。

(2) 法律上的限制。

国家通过《公司法》及其他法律如《证券法》《反垄断法》等对公司的权利能力加以限制。

关于公司转投资的限制。公司转投资是指公司通过向其他企业投资而成为其他企业的股东或出资人的法律行为。《公司法》第 15 条规定："公司可以向其他企业投资；但是，除法律另有规定外，不得成为对所投资企业的债务承担连带责任的出资人。"而 2006 年 8 月 27 日修改的新《合伙企业法》第 3 条规定："国有独资公司、国有企业、上市公司以及公益性的事业单位、社会团体不得成为普通合伙人。"

(3) 目的上的限制。

公司设立的宗旨和目的，也即公司记载于公司章程中的经营范围。公司的设立目的不同，经营范围则不同，权利能力也各有差异。《公司法》第 12 条规定："公司的经营范围由公司的章程规定，并依法进行登记。公司可以修改公司章程，改变经营范围，但是应当办理变更登记。公司的经营范围中属于法律、行政法规规定必须经批准的项目应当依法经过批准。"

(二) 公司的行为能力

1. 公司行为能力的含义

公司的行为能力是指公司通过自己的意思表示，独立取得权利、承担义务的能力。公司的行为能力与其权利能力同时产生，同时消灭，并且其范围与其权利能力的范围完全一致。

2. 公司行为能力的实现

公司是法人，具有法律上的团体人格，它在按照自己的意志实施行为时，与自然人有所不同。

首先，公司的意思能力是一种社团的意思能力，它必须通过公司的法人机关来形成和表示。公司的法人机关就是公司的意思机关。

其次，公司的行为能力体现在对外行为的实施上，公司的对外行为由公司的法定代表人来实施，或者由法定代表人授权的代理人来实施。《公司法》第 13 条规定："公司法定代表人依照公司章程的规定，由董事长、执行董事或者经理担任，并依法登记。公司法定代表人变更，应当办理变更登记。"

二、公司设立

公司设立，是指发起人或者公司的设立人依照《公司法》的规定，在公司成立之前所进行的目的在于取得公司主体资格，使得公司能够依法成立的全部活动和行为。根据公司种类的不同，设立行为的内容也有所不同。

(一) 公司设立的原则

公司设立，是指发起人为组建公司、使其取得法人资格，所进行的一系列法律行为的总称。公司设立的原则，是指公司设立的基本依据及基本方式。概括而言，从罗马社会到近代工业社会，公司的设立先后经历了自由设立主义、特许设立主义、核准主义、单纯准则主义和严格准则主义等设立原则。

(二) 设立中公司的法律地位

从发起人设立公司到公司正式成立，需要经过一段时间。这一时期的公司，称为设立中的公司，而公司设立与公司成立是有区别的。公司成立是指公司具备了法律规定的实质要件，完成了设立的程序，由主管机关发给营业执照而取得公司主体资格的法律事实。公司的设立是公司成立的前提和必经阶段，公司的成立是设立行为的目的和法律后果。

(三) 公司设立登记的程序及效力

公司设立登记是指在设立行为完成后发起人向登记机关提出申请，主管机关审查认为符合法定条件而予以注册登记并颁发营业执照的行为。

1. 公司设立登记的程序

公司设立登记前应先由发起人拟定公司章程，然后按下列程序开始申请：

(1) 名称的预先核准登记。

(2) 提出正式的登记申请：设立有限责任公司由全体股东指定的代表或者委托的代理人作申请人，设立国有独资公司由国家授权的机构或部门作申请人，设立股份有限公司由董事会作申请人。

(3) 审查核准：登记机关对申请人的材料进行审查，合格的予以核准登记，发给营业执照，不符合条件的予以驳回。

2. 公司设立登记的效力

(1) 公司取得法人资格，营业执照的签发日期就是公司取得人格的开始。

(2) 公司具有了经营的能力，可以开始经营活动。

(3) 公司取得名称专用权。

三、公司的名称和住所

(一) 公司的名称

公司的名称是一个公司区别于其他公司的标记。公司的名称是公司商誉的重要组成部分，是一种无形资产。

根据《公司法》第8条和《企业名称登记管理规定》第9条的规定，公司名称应当依次包括下列四个部分：

(1) 公司所属的行政区划名称。即注册机关的行政管辖级别和行政管辖范围。公司名称前应冠以企业所在地省、市或县行政区划名称。

(2) 字号。即公司的特有名称，一般由两个或两个以上的汉字或少数民族文字组成。这是公司名称的核心内容，也是公司名称中唯一可由当事人自主选择的内容。不过，法律对此往往规定一些禁用条款。

(3) 公司的行业或营业部类。即公司的名称应显示出公司的主要业务和行业性质。
(4) 公司的形式。即公司的种类，如"股份有限公司"或"有限责任公司"。

(二) 公司的住所

公司以其主要办事机构所在地为住所。
确定公司住所的法律意义如下：
(1) 可以据此确定诉讼管辖地。
(2) 可以据此确定法律文书或其他函件受送达的地点。
(3) 可以据此确定债务履行地。
(4) 可以据此确定登记、税收等其他管理机关。
(5) 在涉外民事法律关系中，公司住所是确认适用何种法律即准据法的依据之一，有助于解决法律冲突。

四、公司章程

公司章程是公司必备的规定公司组织及活动的基本规则的书面文件。公司章程是公司设立的必备条件，也是公司经营行为的基本准则，还是公司制定其他规章的重要依据，因此，公司章程对于公司的设立和运营都有非常重要的意义。

(一) 公司章程的特征

1. 法定性

公司章程的法律地位、主要内容及修改程序、效力都由法律强制规定，任何公司都不得违反。公司章程是公司设立的必备条件之一，无论是设立有限责任公司还是设立股份有限公司，都必须由全体股东或发起人订立公司章程，并且必须在公司设立登记时提交公司登记机关进行登记。

2. 真实性

公司章程记载的内容必须是客观存在的且与实际相符的事实。

3. 自治性

第一，公司章程作为一种行为规范，不是由国家而是由公司依法自行制定的，是公司股东意思表示一致的结果；第二，公司章程是一种法律以外的行为规范，由公司自己来执行，无须国家强制力来保证实施；第三，公司章程作为公司内部规章，其效力仅及于公司和相关当事人，而不具有普遍的约束力。

4. 公开性

这主要是对股份有限公司而言。公司章程的内容不仅要对投资人公开，还要对包括债权人在内的一般社会公众公开。

(二) 公司章程的内容

根据《公司法》对公司章程内容的强制性程度和要求不同，可以把公司章程的内容分为绝对必要记载事项、相对必要记载事项和任意记载事项。

1. 绝对必要记载事项

绝对必要记载事项是指章程中必须予以记载的、不可缺少的事项，公司章程缺少其中任何一项或任何一项记载不合法，就会导致整个章程的无效，而章程无效的法律后果之一就是公司设立无效。

2. 相对必要记载事项

3. 任意记载事项

任意记载事项，是指在《公司法》规定的绝对必要记载事项及相对必要记载事项之外，在不违反法律、行政法规强行性规定和社会公共利益的前提下，经由章程制定者共同同意自愿记载于公司章程的事项。任意记载事项的规定充分地体现了对公司自主经营的尊重。

（三）公司章程的效力

公司章程经全体股东签字盖章后生效，经公司在登记机关登记注销后失效。公司章程一经生效，即发生法律约束力。公司章程的社团规章特性，决定了公司章程的效力及于公司及股东成员，同时对公司的董事、监事、经理具有约束力。《公司法》第11条规定，设立公司必须依法制定公司章程。公司章程对公司、股东、董事、监事、高级管理人员具有约束力。

（四）公司章程的修改

公司章程生效后是可以修改的。公司章程的修改权由有限责任公司的股东会或股份有限公司的股东大会来行使。具体的修改程序是：有限责任公司必须经代表2/3以上表决权的股东通过；股份有限公司必须经出席会议的股东所持表决权的2/3以上通过。

五、股东出资的形式

根据新《公司法》第27条的规定，股东可以用货币出资，也可以用实物、知识产权、土地使用权等可以用货币估价并可以依法转让的非货币财产作价出资；但是，法律、行政法规规定不得作为出资的财产除外。

对作为出资的非货币财产应当评估作价，核实财产，不得高估或者低估作价。法律、行政法规对评估作价有规定的，从其规定。

1. 货币出资

货币出资是最简单、争议最少的出资方式，也是公司最需要的出资形式。因新《公司法》取消了公司最低注册资本数额的规定，所以也相应删除了要求全体股东的货币出资金额不得低于公司注册资本的30%的原规定。

2. 实物出资

实物包括各种具体的有形物，常见的实物出资包括房屋、车辆、设备、原材料、半成品等。采用实物出资必须进行评估作价，由资产评估所、会计师事务所等中介机构来进行。

3. 知识产权出资

知识产权包含专利权、商标权、著作权等，知识产权的价值也需要进行严格的资产评估作价。

4. 土地使用权出资

土地使用权出资要注意以下几点：

（1）土地的出资是使用权的出资，而不是所有权的出资。
（2）用于出资的土地使用权只能是国有土地的使用权，而不能是集体土地的使用权。
（3）用于出资的土地使用权只能是出让土地的使用权，而不能是划拨土地的使用权。
（4）用于出资的土地使用权应该是没有权利瑕疵的土地使用权。

根据《中华人民共和国公司登记管理条例》（简称《公司登记管理条例》）的规定，股东不得以劳务、信用、自然人姓名、商誉、特许经营权或者设定担保的财产等作价出资。

第三节 有限责任公司

有限责任公司，是指依照《公司法》设立的，股东以其认缴的出资额为限对公司承担责任，公司以其全部资产对公司债务承担责任的企业法人。

一、有限责任公司的设立

（一）设立条件

1. 股东符合法定人数

有限责任公司由50个以下股东出资设立，允许设立一人有限公司。

2. 有符合公司章程规定的全体股东认缴的出资额

根据《公司法》第26条规定："有限责任公司的注册资本为在公司登记机关登记的全体股东认缴的出资额。法律、行政法规以及国务院决定对有限责任公司注册资本实缴、注册资本最低限额另有规定的，从其规定。"

该规定将注册资本的实缴登记制改为了认缴登记制。取消了原公司法关于公司股东（发起人）应自公司成立之日起两年内缴足出资，投资公司在五年内缴足出资的规定；取消了一人有限责任公司股东应一次足额缴纳出资的规定。公司股东（发起人）可以自主约定认缴出资额、出资方式、出资期限等，并记载于公司章程之中。

规定中所指另有规定的情形主要是指证券法对证券公司最低注册资本的规定、商业银行法对设立商业银行最低注册资本的规定、保险法对保险公司最低注册资本的要求、国际货物运输代理业管理规定有关设立国际货运代理公司最低注册资本的要求等。

公司成立后，股东不得抽逃出资。

3. 股东共同制定公司章程

有限责任公司的章程应当载明下列事项：①公司名称和住所。②公司经营范围。③公司注册资本。④股东的姓名或者名称。⑤股东的出资方式、出资额和出资时间。⑥公司的机构及其产生办法、职权、议事规则。⑦公司法定代表人。⑧股东会会议认为需要规定的其他事项。股东应当在公司章程上签名、盖章。

4. 有公司名称，建立符合有限责任公司要求的组织机构

公司名称中必须标明"有限责任公司"或者"有限公司"字样，名称必须符合有关法律、行政法规的规定。公司还应建立符合有限责任公司要求的内部组织机构，包括股东会、董事会或者执行董事、监事会或者监事。

5. 有公司住所

公司以其主要办事机构所在地为住所。经公司登记机关登记的公司住所只能有一个。

（二）设立程序

1. 制定公司章程

有限责任公司的章程由全体股东共同制定。公司章程须经全体股东同意并签名盖章，报登记主管机关批准后，才能正式生效。

2. 申请名称预先核准

设立有限责任公司，应当由全体股东指定的代表或共同委托的代理人向公司登记机关申请名称预先核准。申请时应提交下列文件：公司全体股东签署的公司名称预先申请书、股东的身份证明、公司登记机关要求提交的其他文件。公司登记机关应自收到申请之日起10日内作出核准或者驳回的决定。决定核准的，应发给企业名称预先核准通知书。预先核准的公司名称保留6个月，该名称在保留期内不得从事经营活动，不得转让。

3. 报经有关部门审批

按照《公司法》的规定，并非设立所有的公司都必须经过审批，只有法律、行政法规规定设立公司必须报经批准的，才应当在公司登记前依法办理批准手续。

4. 申请设立登记

股东认足公司章程规定的出资后，由全体股东指定的代表或者共同委托的代理人向公司登记机关报送公司登记申请书、公司章程等文件，申请设立登记。

5. 登记发照

登记机关对设立申请应依法进行审查。对符合法律规定的设立条件和程序的，经公司登记机关依法核准后，发给公司企业法人营业执照。营业执照的签发日期为有限责任公司的成立日期。自成立之日起公司取得法人资格，可以公司名义对外从事经营活动。凭登记机关颁发的企业法人营业执照，公司可以雕刻印章、开立银行账户、申请纳税登记。

二、有限责任公司的组织机构

（一）股东会

1. 股东会的性质

股东会是依法由全体股东组成的公司最高权力机构，其包含着三层含义。

第一，股东会是公司的最高权力机构。

第二，股东会是公司依法必须设立的组织机构。

第三，股东会由全体股东组成，所有的股东都有权出席股东大会并进行表决。

2. 股东会的职权

股东会行使下列职权：

（1）决定公司的经营方针和投资计划。

（2）选举和更换非由职工代表担任的董事、监事，决定有关董事、监事的报酬事项。

（3）审议批准董事会的报告。

（4）审议批准监事会或者监事的报告。

（5）审议批准公司的年度财务预算方案、决算方案。

（6）审议批准公司的利润分配方案和弥补亏损方案。

（7）对公司增加或者减少注册资本作出决议。

（8）对发行公司债券作出决议。

（9）对公司合并、分立、解散、清算或者变更公司形式作出决议。

（10）修改公司章程。

（11）公司章程规定的其他职权。

对前款所列事项，股东以书面形式一致表示同意的，可以不召开股东会会议，直接作出决定，并由全体股东在决定文件上签名、盖章。

3. 股东会的召开

股东会会议分为首次会议、定期会议和临时会议。

（1）首次股东会会议由出资最多的股东召集和主持。

（2）定期会议，也叫普通会议、股东常会、股东年会，应当依照公司章程规定的时间按时召开。有限责任公司设立董事会的，股东会会议由董事会召集，董事长主持；董事长不能履行职务或者不履行职务的，由副董事长主持；副董事长不能履行职务或者不履行职务的，由半数以上董事共同推举一名董事主持。有限责任公司不设董事会的，股东会会议由执行董事召集和主持。董事会或者执行董事不能履行或者不履行召集股东会会议职责的，由监事会或者不设监事会的公司的监事召集和主持；监事会或者监事不召集和主持的，代表 1/10 以上表决权的股东可以自行召集和主持。

（3）临时会议，也称为特别会议，是指在定期会议以外必要的时候，由于发生法定的事由或者根据有关人员、机构的提议而召开的股东会议。

4. 股东会的决议

股东会决议分为两种情况。

（1）普通决议。股东会普通事项的议事方式和表决程序，除《公司法》另有规定外，由公司章程规定。

（2）特别决议。对特别事项的表决必须经代表 2/3 以上表决权的股东通过方才有效。必须以特别决议通过的法定事项主要有：修改公司章程，增加或减少注册资本，公司的合并、分立、解散以及变更公司的形式。

(二) 董事会和执行董事

1. 董事会

董事会是有限责任公司的经营决策机构和业务执行机构，具有以下特点：

（1）董事会的成员由股东会选举产生，董事会对股东会负责，执行股东会的决议。

（2）董事会是公司法定的常设机构。

（3）董事会是公司的对外代表机构。

（4）董事会是公司的经营决策机关，并且任命经理人来管理公司的日常事务。

（5）董事会的决策表决实行一人一票的原则。

（6）董事会由董事组成，其成员为3～13人，由股东会选举产生。两个以上的国有企业或者两个以上的其他国有投资主体投资设立的有限责任公司，其董事会成员中应当有公司职工代表；其他有限责任公司董事会成员中可以有公司职工代表。董事会中的职工代表由公司职工通过职工代表大会、职工大会或者其他形式民主选举产生。

2. 执行董事

股东人数较少或者规模较小的有限责任公司，可以设一名执行董事，不设董事会。执行董事可以兼任公司经理。执行董事的职权由公司章程规定。

执行董事在担任董事的同时也担任公司其他内部管理职务；非执行董事除了担任公司的董事外不再担任公司其他管理职务，只参加公司的董事会，行使一般的董事权利，不介入公司的具体管理事务。

3. 董事会的职权

董事会对股东会负责，行使下列职权：

（1）召集股东会会议，并向股东会报告工作。

（2）执行股东会的决议。

（3）决定公司的经营计划和投资方案。

（4）制定公司的年度财务预算方案、决算方案。

（5）制定公司的利润分配方案和亏损弥补方案。

（6）制定公司增加或者减少注册资本以及发行公司债券的方案。

（7）制定公司合并、分立、解散或者变更公司形式的方案。

（8）决定公司内部管理机构的设置。

（9）决定聘任或者解聘公司经理及其报酬事项，并根据经理的提名决定聘任或者解聘公司副经理、财务负责人及其报酬事项。

（10）制定公司的基本管理制度。

（11）公司章程规定的其他职权。

4. 董事会会议的召开

董事会会议由董事长召集和主持；董事长不能履行职务或者不履行职务的，由副董事长召集和主持；副董事长不能履行职务或者不履行职务的，由半数以上董事共同推举一名董事召集和主持。

(三) 经理

经理是董事会聘任的负责公司日常管理事务的高级管理人员。

有限责任公司可以设经理，由董事会决定聘任或者解聘。经理对董事会负责，行使下列职权：

(1) 主持公司的生产经营管理工作，组织实施董事会决议。
(2) 组织实施公司年度经营计划和投资方案。
(3) 拟定公司内部管理机构设置方案。
(4) 拟定公司的基本管理制度。
(5) 制定公司的具体规章。
(6) 提请聘任或者解聘公司副经理、财务负责人。
(7) 决定聘任或者解聘除应由董事会决定聘任或者解聘以外的负责管理人员。
(8) 董事会授予的其他职权。

公司章程对经理职权另有规定的，从其规定。经理列席董事会会议。

(四) 监事会或者监事

1. 监事会的性质和组成

监事会是公司的内部监督机构，负责对公司执行机构的业务活动进行监督。

有限责任公司设监事会，其成员不得少于3人。股东人数较少或者规模较小的有限责任公司，可以设1~2名监事，不设监事会。监事会应当包括股东代表和适当比例的公司职工代表，其中职工代表的比例不得低于1/3，具体比例由公司章程规定。监事会中的职工代表由公司职工通过职工代表大会、职工大会或者其他形式民主选举产生。

2. 监事会的职权

监事会、不设监事会的公司的监事行使下列职权：

(1) 检查公司财务。
(2) 对董事、高级管理人员执行公司职务的行为进行监督，对违反法律、行政法规、公司章程或者股东会决议的董事、高级管理人员提出罢免的建议。
(3) 当董事、高级管理人员的行为损害公司的利益时，要求董事、高级管理人员予以纠正。
(4) 提议召开临时股东会会议，在董事会不履行《公司法》规定的召集和主持股东会会议职责时召集和主持股东会会议。
(5) 向股东会会议提出提案。
(6) 依照《公司法》第152条的规定，对董事、高级管理人员提起诉讼。
(7) 公司章程规定的其他职权。

监事可以列席董事会会议，并对董事会决议事项提出质询或者建议。

3. 监事会会议的召开

监事会每年度至少召开一次会议，监事可以提议召开临时监事会会议。

监事会的议事方式和表决程序，除《公司法》有规定的外，由公司章程规定。监事会决议应当经半数以上监事通过。监事会应当对所议事项的决定作成会议记录，出席会议的监事应当在会议记录上签名。

四、一人有限责任公司的特别规定

一人有限责任公司，是指只有一个自然人股东或者一个法人股东的有限责任公司。

承认一人公司的合法存在，有利于吸引民间投资，扩大投资渠道。但由于其股东只有一人的特殊构成，权利集中于唯一的股东，相对于多数人组成的公司，更容易发生股东滥用法人地位和股东有限责任、损害债权人利益的情况。因此，《公司法》一方面肯定一人公司的合法地位，另一方面，又针对其特殊性规定了一整套特别适用的法律规则。

1. 出资的限制

一个自然人只能投资设立一个一人有限责任公司。该一人有限责任公司不能投资设立新的一人有限责任公司。

2. 公示的要求

一人有限责任公司应当在公司登记中注明自然人独资或者法人独资，并在公司营业执照中载明。

3. 组织机构的规定

一人有限责任公司不设股东会。法律规定的股东会职权由股东行使，当股东行使相应职权作出决定时，应当采用书面形式，并由股东签名后置备于公司。

4. 公司财务的监督

一人有限责任公司应当在每一会计年度终了时编制财务会计报告，并经会计师事务所审计。

5. 公司法人人格的否认

一人有限责任公司的股东不能证明公司财产独立于股东自己财产的，应当对公司债务承担连带责任。

五、国有独资公司的特别规定

国有独资公司，是指国家单独出资，由国务院或者地方人民政府授权本级人民政府国有资产监督管理机构履行出资人职责的有限责任公司。国有独资公司是我国公司法借鉴现代各国通行的公司制度，针对中国的特殊国情，为促进国有企业制度改革而专门创立的一种特殊的公司形态。一方面，国有独资公司采取了有限责任公司的基本形式和结构，另一方面，《公司法》又根据其股东单一的特点规定了较为灵活和简易的组织机构和管理方式。

1. 公司章程

国有独资公司章程由国有资产监督管理机构制定，或者由董事会制定，报国有资产监督管理机构批准。

2. 股东权的行使

国有独资公司不设股东会，由国有资产监督管理机构行使股东会职权。国有资产监督管理机构可以授权公司董事会行使股东会的部分职权,决定公司的重大事项,但公司的合并、分立、解散、增加或者减少注册资本和发行公司债券,必须由国有资产监督管理机构决定。

3. 董事会

国有独资公司设董事会。董事每届任期不得超过3年。董事会成员中应当有公司职工代表。董事会成员由国有资产监督管理机构委派;但是,董事会成员中的职工代表由公司职工代表大会选举产生。

4. 经理

国有独资公司设经理,由董事会聘任或者解聘。经国有资产监督管理机构同意,董事会成员可以兼任经理。国有独资公司经理的职权与一般有限责任公司经理相同。

5. 监事会

国有独资公司监事会成员不得少于5人,其中职工代表的比例不得低于1/3,具体比例由公司章程规定。监事会成员由国有资产监督管理机构委派;但是,监事会成员中的职工代表由公司职工代表大会选举产生,监事会主席由国有资产监督管理机构从监事会成员中指定。监事会行使一般有限责任公司监事会的职权和国务院规定的其他职权。

六、有限责任公司的股权转让

有限责任公司股东转让股权包括股东之间转让股权、股东向股东以外的人转让股权和人民法院强制转让股东的股权等几种情形。

1. 股东之间转让股权

有限责任公司的股东之间可以相互转让其全部或者部分股权。公司章程对股权转让另有规定的从其规定。

2. 股东向股东以外的人转让股权

股东向股东以外的人转让股权,应当经其他股东过半数同意。股东应就其股权转让事项书面通知其他股东征求同意,其他股东自接到书面通知之日起满30日未答复的,视为同意转让。其他股东半数以上不同意转让的,不同意的股东应当购买该转让的股权;不购买的,视为同意转让。

3. 因强制执行程序引起的股权转让

人民法院依照法律规定的强制执行程序转让股东的股权时,应当通知公司及全体股东,其他股东在同等条件下有优先购买权。其他股东自人民法院通知之日起满20日不行使优先购买权的,视为放弃优先购买权。

依照上述规定转让股权后,公司应当注销原股东的出资证明书,向新股东签发出资证明书,并相应修改公司章程和股东名册中有关股东及其出资额的记载。对公司章程的该项修改不需再由股东会表决。

4. 请求转让

有下列情形之一的,对股东会该项决议投反对票的股东可以请求公司按照合理的价格收购其股权:

(1) 公司连续5年不向股东分配利润,而公司该5年连续盈利,并且符合《公司法》

规定的分配利润条件的。

（2）公司合并、分立、转让主要财产的。

（3）公司章程规定的营业期限届满或者章程规定的其他解散事由出现，股东会会议通过决议修改章程使公司存续的。

自股东会会议决议通过之日起60日内，股东与公司不能达成股权收购协议的，股东可以自股东会会议决议通过之日起90日内向人民法院提起诉讼。

5. 股权继承

自然人股东死亡后，其合法继承人可以继承股东资格；但是，公司章程另有规定的除外。

第四节　股份有限公司

股份有限公司，是指公司全部资本分为等额股份，股东以其所认购的股份为限对公司承担责任，公司以其全部资产对公司债务承担责任的企业法人。

一、股份有限公司的设立

（一）设立方式

股份有限公司的设立，可以采取发起设立或者募集设立的方式。

发起设立，是指由发起人认购公司应发行的全部股份而设立公司。

募集设立，是指由发起人认购公司应发行股份的一部分，其余股份向社会公开募集或者向特定对象募集而设立公司。募集设立分为公开募集和定向募集两种方式。

（二）设立条件

（1）发起人符合法定人数。

发起人，是指依法办理筹建股份有限公司事务的人。发起人可以是自然人，也可以是法人。设立股份有限公司，应当有2人以上200人以下的发起人，其中须有半数以上的发起人在中国境内有住所。股份有限公司发起人承担公司筹办事务。发起人应当签订发起人协议，明确各自在公司设立过程中的权利和义务。

（2）有符合公司章程规定的全体发起人认购的股本总额或者募集的实收股本总额。股份有限公司采取募集方式设立的，注册资本为在公司登记机关登记的实收股本总额。法律、行政法规以及国务院决定对股份有限公司注册资本实缴、注册资本最低限额另有规定的，从其规定。

（3）股份发行、筹办事项应符合法律规定。

（4）发起人制定公司章程，采用募集方式设立的，须经创立大会通过。

股份有限公司章程应当载明下列事项：①公司名称和住所。②公司经营范围。③公司设立方式。④公司股份总数、每股金额和注册资本。⑤发起人的姓名或者名称、认购的股份数、出资方式和出资时间。⑥董事会的组成、职权和议事规则。⑦公司法定代表人。⑧监事会的组成、职权和议事规则。⑨公司利润分配办法。⑩公司的解散事由与清算办法；公司的通知和公告办法；股东大会会议认为需要规定的其他事项。

（5）有公司名称，建立符合股份有限公司要求的组织机构。

（6）有公司住所。

（三）设立程序

1. 发起设立的程序

（1）签订发起人协议。

（2）报经有关部门批准。

这一程序并非所有股份有限公司设立的必经程序。根据《公司法》第6条的规定，法律、行政法规规定设立公司必须报经批准的，应当在公司登记前依法办理批准手续。

（3）制定公司章程。

（4）申请名称预先核准。

（5）认缴股款并验资。

以发起设立方式设立股份有限公司的，发起人应当书面认足公司章程规定其认购的股份，并按照公司章程规定缴纳出资。以非货币财产出资的，应当依法办理其财产权的转移手续。发起人不依照前款规定缴纳出资的，应当按照发起人协议承担违约责任。

（6）选举董事会和监事会成员。

发起人认足公司章程规定的出资后，应当选举董事会和监事会，由董事会向公司登记机关报送公司章程以及法律、行政法规规定的其他文件，申请设立登记。

（7）申请设立登记。

由董事会向公司登记机关报送公司章程、由依法设定的验资机构出具的验资证明以及法律、行政法规规定的其他文件，申请设立登记。

（8）公告。

股份有限公司应当在其设立登记被核准后的30日内发布设立登记公告，并应当自公告之日起30日内将发布的公告报送公司登记机关备案。

2. 募集设立的程序

（1）签订发起人协议。

（2）制定公司章程。

采取募集方式设立股份有限公司的，由发起人制定的股份有限公司章程应经创立大会通过。

（3）申请名称预先核准。

（4）发起人认购股份。

以募集设立方式设立股份有限公司的，发起人认购的股份不得少于公司股份总数的35%；但是，法律、行政法规另有规定的，从其规定。发起人应一次缴纳所认购的股款。发起人缴纳股款后，应经法定的验资机构验资并出具证明。

（5）向国务院证券监督管理机构申请募股。

发起人在向社会公开募集股份时，必须向国务院证券监督管理机构递交募股申请，并报送相关文件，未经国务院证券监督管理机构核准，发起人不得向社会公开募集股份。

（6）公告招股说明书，制作认股书。

发起人向社会公开募集股份，必须公告招股说明书，并制作认股书。招股说明书应当附有发起人制定的公司章程，并载明下列事项：

①发起人认购的股份数。②每股的票面金额和发行价格。③无记名股票的发行总数。④募集资金的用途。⑤认股人的权利、义务。⑥本次募股的起止期限及逾期未募足时认股人可以撤回所认股份的说明。

认股书应当载明招股说明书所列事项，由认股人填写认购股数、金额、住所，并签名、盖章。认股人按照所认购股数缴纳股款。

（7）签订股票承销协议和代收股款协议。

发起人向社会公开募集股份，应当由依法设立的证券公司承销，签订承销协议。应当同银行签订代收股款协议，代收股款的银行应当按照协议代收和保存股款，向缴纳股款的认股人出具收款单据，并负有向有关部门出具收款证明的义务。

（8）召开创立大会。

发起人应当自股款缴足之日起30日内主持召开公司创立大会。创立大会由发起人、认股人组成。发行的股份超过招股说明书规定的截止期限尚未募足的，或者发行股份的股款缴足后，发起人在30日内未召开创立大会的，认股人可以按照所缴股款并加算银行同期存款利息，要求发起人返还。

（9）申请设立登记。

董事会应于创立大会结束后30日内，向公司登记机关报送下列文件，申请设立登记：①公司登记申请书。②创立大会的会议记录。③公司章程。④验资证明。⑤法定代表人、董事、监事的任职文件及其身份证明。⑥发起人的法人资格证明或者自然人身份证明。⑦公司住所证明。⑧国务院证券监督管理机构的核准文件。

经公司登记机关核准发给《企业法人营业执照》，公司即告成立。

（10）公告。

股份有限公司应当在其设立登记被核准后30日内发布公告，并应当将募集股份的情况报国务院证券监督管理机构备案。

（四）股份有限公司发起人的责任

发起人的设立行为对于认股人、公司都有直接的影响。为增加发起人的责任感，防止滥设公司以及以公司名义进行欺诈活动，各国公司法均对发起人规定了较为严格的责任。因此，无论公司最终成立还是不成立，发起人对其设立行为，都要承担相应的法律责任。根据《公司法》第94、95条的规定，股份有限公司的发起人应当承担下列责任：

1. 公司成立后的资本补足责任

股份有限公司成立后，发起人未按照公司章程的规定缴足出资的，应当补缴；其他发起人承担连带责任。股份有限公司成立后，发现作为设立公司出资的非货币财产的实际价额显著低于公司章程所定价额的，应当由交付该出资的发起人补足其差额；其他发起人承担连带责任。

2. 公司成立后的损害赔偿责任

在公司设立过程中,由于发起人的过失致使公司利益受到损害的,应当对公司承担赔偿责任。

3. 公司不能成立时的责任

公司不能成立时,发起人对设立行为所产生的债务和费用负连带责任,对认股人已缴纳的股款,负返还股款并加算银行同期存款利息的连带责任。

二、股份有限公司的组织机构

(一)股东大会

1. 股东大会的性质和组成

股东大会是股份有限公司的权力机关。股东大会由全体股东组成。

2. 股东大会的职权

《公司法》中关于有限责任公司股东会职权的规定,适用于股份有限公司的股东大会。

3. 股东大会的召开

股东大会分为股东年会和临时股东大会。股东年会应当每年召开一次,由公司章程规定具体的召开时间。

有下列情形之一的,应当在2个月内召开临时股东大会:

(1)董事人数不足《公司法》规定人数或者公司章程所定人数的2/3时。

(2)公司未弥补的亏损达实收股本总额1/3时。

(3)单独或者合计持有公司10%以上股份的股东请求时。

(4)董事会认为必要时。

(5)监事会提议召开时。

(6)公司章程规定的其他情形。

股东大会会议由董事会召集,董事长主持;董事长不能履行职务或者不履行职务的,由副董事长主持;副董事长不能履行职务或者不履行职务的,由半数以上董事共同推举一名董事主持。董事会不能履行或者不履行召集股东大会会议职责的,监事会应当及时召集和主持;监事会不召集和主持的,连续90日以上单独或者合计持有公司10%以上股份的股东可以自行召集和主持。

4. 股东大会的决议

股东出席股东大会会议,所持每一股份有一表决权。但是,公司持有的本公司股份没有表决权。股东可以委托代理人出席股东大会会议,代理人应当向公司提交股东授权委托书,并在授权范围内行使表决权。

(二)董事会

1. 董事会的性质和组成

股份有限公司董事会是公司的经营决策和业务执行机构,依法对公司进行经营管理。董事会成员为 5 至 19 人。董事会成员中可以有公司职工代表。董事会中的职工代表由公司职工通过职工代表大会、职工大会或者其他形式民主选举产生。

董事会设董事长一人，可以设副董事长。董事长和副董事长由董事会以全体董事的过半数选举产生。董事任期每届不得超过 3 年，董事任期届满，连选可以连任。

2. 董事会的职权

《公司法》中关于有限责任公司董事会职权的规定，适用于股份有限公司董事会。

3. 董事会会议的召开

董事会每年度至少召开两次会议，每次会议应当于会议召开 10 日前通知全体董事和监事。董事会召开临时会议，可以另定召集董事会的通知方式和通知时限。

（三）经理

股份有限公司设经理，由董事会决定聘任或者解聘。

公司董事会可以决定由董事会成员兼任经理。《公司法》中关于有限责任公司经理职权的规定，适用于股份有限公司经理。

（四）监事会

1. 监事会的性质和组成

监事会是股份有限公司的监督机构。股份有限公司设监事会，其成员不得少于 3 人。监事会应当包括股东代表和适当比例的公司职工代表，其中职工代表的比例不得低于 1/3，具体比例由公司章程规定。监事会中的职工代表由公司职工通过职工代表大会、职工大会或者其他形式民主选举产生。

2. 监事会的职权

《公司法》关于有限责任公司监事会职权的规定，适用于股份有限公司监事会。监事会行使职权所必需的费用，由公司承担。

3. 监事会会议的召开和议事规则

监事会每 6 个月至少召开一次会议。监事可以提议召开临时监事会会议。监事会的议事方式和表决程序，除《公司法》有规定的外，由公司章程规定。

三、上市公司组织机构的特别规定

上市公司，是指其股票在证券交易所上市交易的股份有限公司。为了规范上市公司，《公司法》对上市公司的组织机构作了特别规定。

（一）上市公司有关行为的限制

1. 重大资产变动事项的决议

上市公司在一年内购买、出售重大资产或者担保金额超过公司资产总额 30% 的，应当由股东大会作出决议，并经出席会议的股东所持表决权的 2/3 以上通过。

2. 董事会对关联交易的表决

上市公司董事与董事会会议决议事项所涉及的企业有关联关系的，不得对该项决议行使表决权，也不得代理其他董事行使表决权。该董事会会议出过半数的无关联关系董事出席即可举行，董事会会议所作决议须经无关联关系董事过半数通过。出席董事会的无关联关系董事人数不足 3 人的，应将该事项提交上市公司股东大会审议。

3. 信息披露

上市公司必须依据法律、行政法规的规定，定期公开财务状况、经营情况及重大诉讼，在每会计年度内半年公开一次财务会计报告。

（二）上市公司组织机构的特别规定

1. 设置董事会秘书

上市公司设董事会秘书，负责公司股东大会和董事会会议的筹备、文件保管以及公司股东资料的管理，办理信息披露事务等事宜。

2. 设立独立董事制度

上市公司的独立董事，是指不在公司担任除董事以外的任何其他职务，并与其所受聘的上市公司及其主要股东不存在可能妨碍其进行独立客观判断的关系的董事。《公司法》第 123 条明确规定："上市公司设立独立董事，具体办法由国务院规定。"独立董事对上市公司及全体股东负有诚信与勤勉义务。

四、股份有限公司的股份发行与转让

股份有限公司的资本划分为股份，每一股的金额相等。公司的股份采取股票的形式，股票是公司签发的证明股东所持股份的凭证。

（一）股份发行

1. 股份发行的原则

股份的发行，实行公平、公正的原则，同种类的每一股份应当具有同等权利。同次发行的同种类股票，每股的发行条件和价格应当相同；任何单位或者个人所认购的股份，每股应当支付相同价额。

2. 股票发行的价格

股票发行价格可以按票面金额，也可以超过票面金额，但不得低于票面金额。

公司发行的股票，可以为记名股票，也可以为无记名股票。公司向发起人、法人发行的股票，应当为记名股票，并应当记载该发起人、法人的名称或者姓名，不得另立户名或者以代表人姓名记名。

股份有限公司成立后，即向股东正式交付股票。公司成立前不得向股东交付股票。

（二）股份转让

1. 股份转让的方式

股东持有的股份可以依法转让。股东转让其股份，应当在依法设立的证券交易场所进行或者按照国务院规定的其他方式进行。

2. 股份转让的限制性规定

（1）发起人持有的本公司股份，自公司成立之日起一年内不得转让。公司公开发行股份前已发行的股份，自公司股票在证券交易所上市交易之日起一年内不得转让。

（2）公司董事、监事、高级管理人员应当向公司申报所持有的本公司的股份及其变动情况，在任职期间每年转让的股份不得超过其所持有本公司股份总数的25%；所持本公司股份自公司股票上市交易之日起一年内不得转让。上述人员离职后半年内，不得转让其所持有的本公司股份。

（3）公司不得收购本公司股份。但是，有下列情形之一的除外：①减少公司注册资本。②与持有本公司股份的其他公司合并。③将股份奖励给本公司职工。④股东因对股东大会作出的公司合并、分立决议持异议，要求公司收购其股份的。

（4）公司不得接受本公司的股票作为质押权的标的。

第五节 公司董事、监事、高级管理人员

一、公司的董事、监事与高级管理人员的任职资格与责任

（一）公司高级管理人员的概念

《公司法》第217条规定，高级管理人员，是指公司经理、副经理、财务负责人、上市公司董事会秘书和公司章程规定的其他人员。

（二）董事、监事、高级管理人员的任职资格

我国《公司法》对于这些人员没有规定积极的任职资格，却规定了相应的消极资格，即规定了不得担任董事、监事、高级管理人员的情形，具体包括：

（1）无民事行为能力或者限制民事行为能力。

（2）因贪污、贿赂、侵占财产、挪用财产或者破坏社会主义市场经济秩序，被判处刑罚，执行期满未逾5年，或者因犯罪被剥夺政治权利，执行期满未逾5年。

要特别注意该种情形分为两种：一是必须是经济类犯罪，被判处刑罚，执行期满未逾5年的；二是只要被剥夺政治权利，不管犯罪类型，执行期满未逾5年。

（3）担任破产清算的公司、企业的董事或者厂长、经理，对该公司、企业的破产负有个人责任的，自该公司、企业破产清算完结之日起未逾3年。

注意：该董事、厂长或者经理必须对公司企业的破产负有个人责任；3年期间的起算点是清算完结之日。

（4）担任因违法被吊销营业执照、责令关闭的公司、企业的法定代表人，并负有个人责任的，自该公司、企业被吊销营业执照之日起未逾3年。注意此种情形只适用于法定代表人，不包括非法定代表人的董事、经理等；而且必须是对公司、企业违法负有个人责任。

（5）个人所负数额较大的债务到期未清偿。

注意：若其所负的债务已经清偿或者尚未到期都不影响其担任董事、经理、监事及其他高级管理人员。

公司董事、监事、高级管理人员的义务：董事、监事、高级管理人员应当遵守法律、行政法规和公司章程，对公司负有忠实义务和勤勉义务。董事、监事、高级管理人员不得利用职权收受贿赂或者其他非法收入，不得侵占公司的财产。董事、高级管理人员不得有下列行为：

（1）挪用公司资金。

（2）将公司资金以其个人名义或者以其他个人名义开立账户存储。

（3）违反公司章程的规定，未经股东会、股东大会或者董事会同意，将公司资金借贷给他人或者以公司财产为他人提供担保。

（4）违反公司章程的规定或者未经股东会、股东大会同意，与本公司订立合同或者进行交易。

（5）未经股东会或者股东大会同意，利用职务便利为自己或者他人谋取属于公司的商业机会，自营或者为他人经营与所任职公司同类的业务。

（6）接受他人与公司交易的佣金归为己有。

（7）擅自披露公司秘密。

（8）违反对公司忠实义务的其他行为。

董事、高级管理人员违反上述规定所得的收入应当归公司所有。

董事、监事、高级管理人员执行公司职务时违反法律、行政法规或者公司章程的规定，给公司造成损失的，应当承担赔偿责任。

三、董事、监事、高级管理人员责任的追究

（一）公司自行主张损害赔偿请求权

董事、监事、高级管理人员执行公司职务时违反法律、行政法规或者公司章程的规定，给公司造成损失的，公司应当向其主张损害赔偿。公司的董事会是公司的法定代表机关，因此应该由董事会代表公司主张权利。

（二）股东代表诉讼

股东代表诉讼，又称股东派生诉讼，是指当公司的合法权益受到不法侵害而公司却怠于起诉时，公司的股东即以自己的名义起诉、所获赔偿归于公司的一种诉讼制度。

《公司法》第152条规定，董事、高级管理人员执行公司职务时违反法律、行政法规或者公司章程的规定，给公司造成损失的，有限责任公司的股东、股份有限公司连续180日以上单独或者合计持有公司1%以上股份的股东，可以书面请求监事会或者不设监事会的有限责任公司的监事向人民法院提起诉讼。

(三) 股东直接诉讼

董事、高级管理人员违反法律、行政法规或者公司章程的规定，损害股东利益的，股东可以向人民法院提起诉讼。

第六节　公司债券与公司财务、会计

一、公司债券

(一) 公司债券的概念

公司债券，是指公司依照法定程序发行，约定在一定期限还本付息的有价证券。公司以实物券方式发行公司债券的，必须在债券上载明公司名称、债券票面金额、利率、偿还期限等事项，并由法定代表人签名、公司盖章。

相关链接

债券与股票的区别

(1) 筹资的性质不同。债券的发行主体可以是政府、金融机构或公司；股票的发行主体只能是股份有限公司。

(2) 存续时限不同。债券作为一种投资到一定期限后就要偿还。股票是没有期限的有价证券，企业无须偿还，投资者只能转让不能退股。

(3) 收益与风险不同。债券投资者获得的债券利息是固定的。相对于股票持有人，债券持有人承担的风险较小。股票投资者作为公司股东，从公司利润分配中获得股息、红利，其收益往往是不稳定的。

(4) 对公司享有的经营管理权利不同。债券持有人无权参与公司经营管理，而股票持有人则可通过在股东大会上行使表决权参与公司的经营管理。

(二) 公司债券的发行

1. 发行公司债券的条件

根据《证券法》第16条的规定，公司公开发行公司债券，应当符合下列条件：

(1) 股份公司的净资产不低于人民币3 000万元，有限责任公司的净资产不低于人民币6 000万元。

(2) 累计债券余额不超过公司净资产的40%。

(3) 最近3年平均可分配利润足以支付公司债券1年的利息。

(4) 筹集的资金投向符合国家产业政策。

(5) 债券的利率不超过国务院限定的利率水平。

(6) 国务院规定的其他条件。

公开发行公司债券筹集的资金，必须用于核准的用途，不得用于弥补亏损和非生产性支出。

《证券法》第 18 条规定，有下列情形之一的，不得再次公开发行公司债券：

（1）前一次公开发行的公司债券尚未募足。

（2）对已公开发行的公司债券或者其他债务有违约或者延迟支付本息的事实，仍处于继续状态。

（3）违反本法规定，改变公开发行公司债券所募资金的用途。

2. 发行公司债券的程序

（1）作出决议或决定。

由董事会制定方案，股东会或股东大会作出决议；国有独资公司发行公司债券，应由国家授权投资的机构或者国家授权的部门作出决定。

（2）申请发行。

公司应当向国务院授权的部门提出发行申请，并提交规定的申请文件。

（3）主管部门核准。

国务院授权的部门应当自受理公司债券发行申请文件之日起 3 个月内作出决定；不予审批的，应当作出说明。

（4）与证券商签订承销协议。

（5）公告募集办法。

发行公司债券申请经批准后，应当公告债券募集办法，在募集办法中应当载明下列事项：公司名称；债券总额和债券的票面金额；债券的利率；还本付息的期限和方式；债券发行的起止日期；公司净资产额；已发行的尚未到期的公司债券总额；公司债券的承销机构。

（6）认购公司债券。

二、公司财务、会计

（一）公司财务、会计制度

公司应当依照法律、行政法规和国务院财政部门的规定建立本公司的财务、会计制度。公司应当在每一会计年度终了时编制财务会计报告，并依法经会计师事务所审计。财务会计报告应当依照法律、行政法规和国务院财政部门的规定制作。

（二）公司税后利润的分配

公司税后利润是指公司当年利润减除应纳所得税的余额。

税后利润的分配是公司财务管理的重要内容，关系到公司、股东、债权人、公司职工和国家等各不同利益主体的切身利益。我国《公司法》对可供分配的利润范围、分配原则、分配顺序等也都作了具体而明确的规定，体现了国家为保护上述主体利益对公司事务的介入和干预。

（1）弥补以前年度亏损。

公司的法定公积金不足以弥补以前年度亏损的，在依照规定提取法定公积金之前，应当先用当年利润弥补亏损。

(2) 提取法定公积金。

公积金又称储备金，是指公司为了增强自身财力、扩大业务范围和预防意外亏损，依照法律和公司章程的规定以及股东会决议而从公司税后利润中提取的累积资金。我国《公司法》规定的公积金主要有两种：法定公积金和任意公积金。

(3) 提取任意公积金。

任意公积金是公司在法定公积金之外，依照公司章程或股东会决议而从税后利润中提取的公积金。

《公司法》第167条规定，公司从税后利润中提取法定公积金后，经股东会或者股东大会决议，还可以从税后利润中提取任意公积金。《公司法》对任意公积金提取的比例、最低提取额以及其用途均无规定，这些完全属于公司自己的事。

(4) 支付股利。

各国公司法在股利的分配上，一般贯彻"无盈不分"的原则。我国《公司法》明确规定，公司只有在弥补亏损、提取法定公积金后有剩余利润时，才可向股东分配股利。股东会、股东大会或者董事会违反规定，在公司弥补亏损和提取法定公积金之前向股东分配利润的，股东必须将违反规定分配的利润退还公司。

股利分配的标准，按《公司法》的规定，有限责任公司股东按照实缴的出资比例分取红利，但是全体股东约定不按照出资比例分取红利的除外。

第七节　公司合并、分立、解散和清算

一、公司的合并与分立

(一) 公司的合并

公司合并是指两个或两个以上的公司订立合并协议，依照法定程序的规定直接结合为一个公司的法律行为。公司合并有两种形式：一是吸收合并，是指一个公司吸收其他公司后存续，被吸收的公司解散；二是新设合并，是指两个或两个以上的公司合并设立一个新的公司，原合并各方解散。

(二) 公司的分立

公司分立是指一个公司通过依法签订分立协议，不经过清算程序，分为两个或两个以上公司的法律行为。

公司分立有派生分立和新设分立两种形式。派生分立是指公司以其部分资产另设一个或数个新的公司，原公司存续。新设分立是指公司全部资产分别划归两个或两个以上的新公司，原公司解散。公司分立前的债务由分立后的公司承担连带责任。

公司分立的程序和公司合并的程序基本相同。

二、公司的解散和清算

（一）公司的解散

公司解散是指已经成立的公司基于一定的合法事由而使公司消灭的法律行为。这种行为的结果是公司丧失了经营活动能力。

根据我国《公司法》的相关规定，公司解散的事由有：

（1）公司章程规定的营业期限届满或者公司章程规定的其他解散事由出现。

（2）股东会或股东大会决议解散。

（3）因公司合并或者分立需要解散的。

（4）依法被吊销营业执照、责令关闭或被撤销的公司属于强制解散。

（5）公司经营管理发生严重困难，继续存续会使股东利益受到重大损失，通过其他途径不能解决。

（6）持有公司全部股东表决权 10% 以上的股东，可以请求人民法院解散公司。

（二）公司的清算

公司的清算是指公司解散事由出现后，处理公司未了结的事务，使公司的法人资格归于消灭的法律行为。依照我国《公司法》的规定，公司除因合并或分立解散无须清算，以及因破产而解散的公司适用破产清算程序外，其他解散的公司，都应当按《公司法》的规定进行清算。

第十章
企业法

学习提要：

理解合伙企业中合伙人的责任承担、合伙企业设立条件与程序；掌握合伙企业的执行、入伙及退伙的效力；理解三种外资企业的出资及其组织机构；掌握三种外资企业的特殊法律制度。

第一节　合伙企业法

开篇案例：

案情：甲、乙、丙3人各出资5万元组成普通合伙企业——松美汽车配件厂。合伙协议中规定了利润分配和亏损分担办法：甲分配或分担3∶5，乙、丙各自分配或分担1∶5，委托甲执行合伙企业的事务并对外代表合伙企业，经营期限为两年。

要求：根据上述情况，分析回答下列问题。

什么是合伙企业？合伙人的法律责任有哪些？

一、合伙企业概述

合伙企业是依照《合伙企业法》的规定在中国境内设立的由各合伙人订立合伙协议，共同出资、合伙经营、共享收益、共担风险，并对合伙企业债务承担无限连带责任的营利性组织。

合伙企业具有如下法律特征：

第一，合伙企业是以合伙协议为基础而设立的企业，这一点和公司不同，公司是以公司章程为基础而设立的，所以合伙企业是典型的契约型企业。

第二，合伙企业必须由全体合伙人共同出资，合伙经营，出资是每个合伙人的法定义务，也是出资人取得合伙人资格的前提。如果合伙人没有特别约定，那么任何一个合伙人都是合伙企业的当然经营者。

第三，合伙人共负盈亏、共担风险。对合伙企业债务负无限连带责任。这和公司的股东明显不同，股东是以出资额或者所持股份为限对公司承担责任，而不对公司债务承担责任。而在企业财产不足以清偿债务时，合伙人要对企业的债务承担清偿责任，而且这种清偿责任是无限的，同时，任何一个合伙人都有清偿公司全部债务的责任，因此其责任是连带的。

第四，合伙企业都不具有法人资格。合伙企业是典型的自然人企业，没有具有法人资格的合伙企业。

二、合伙企业的设立

根据《合伙企业法》的规定，合伙企业的设立必须具备下列条件：

（一）有符合要求的合伙人

设立合伙企业，依法必须有两个以上的合伙人，并且必须都是依法承担无限责任者。合伙人人数只有下限的要求，而没有上限的要求。无论合伙人在合伙协议中有何约定，但是合伙人对外都必须是承担无限责任者，而且根据《合伙企业法》第9条的规定，合伙人不能是法人或其他经济组织，而只能是自然人，同时不能是限制民事行为能力和无民事行为能力人，而只能是具有完全民事行为能力的自然人。国有独资公司、国有企业、上市公司、公益性事业单位和社会团体不可以为普通合伙人；另外，法律法规禁止从事经营的人如国家公务员、法官、检察官、警察也不能成为合伙人。

（二）必须有书面的合伙协议

合伙协议是合伙人之间关于设立合伙企业和相互权利义务关系而签订的合同，法律规定合伙协议必须以书面形式签订。合伙协议经全体合伙人签名、盖章后生效。

（三）有各合伙人实际缴付的出资

合伙人的出资方式有货币、实物、知识产权、土地使用权及其他财产权利，经全体合伙人同意，合伙人还可以以劳务出资，这和公司股东出资不同，合伙人可以以著作权、劳务及其他财产权利出资，而公司的股东却不能以这几种方式对公司出资。

（四）有合伙企业的名称

《合伙企业法》规定的合伙企业与《民法通则》规定的合伙略有不同。《民法通则》规定的合伙可以起字号，也可以不起字号，既可以有名称，也可以没有名称。而《合伙企业法》规定的合伙企业必须有名称，这是它取得注册登记的必备要件。合伙企业的名称应当符合《企业名称登记管理规定》的要求，即法律禁止使用的名称不能作为合伙企业的名称，同时，合伙企业的名称不能有"有限"或"有限责任"字样。

（五）有经营场所和必要的生产经营条件

设立合伙企业应有全体合伙人共同委托的代表或者代理人向企业登记机关提交登记申请书、合伙协议书、合伙人身份证明等文件，登记机关应当在30日内决定登记或者不登记，决定登记的，发给营业执照，营业执照签发之日为合伙企业成立之日；不予登记的，应书面通知申请人并说明理由。

三、合伙企业的财产

合伙企业财产是指合伙人的出资和合伙企业存续期间以其名义取得的收益。所以,合伙企业财产的范围包括以下两部分:

(一)合伙人的出资部分

它包括合伙人按照法定的出资方式出资而形成的财产,对这一部分合伙企业财产,如果合伙人是以所有权出资,那么归全体合伙人共有;如果是以使用权出资,那么归全体合伙人共用。

(二)合伙企业的积累部分

它指在合伙企业存续期间的一切所得,分为经营所得和非经营所得,既包括财产的所有权,也包括财产的使用权。如果取得的是所有权,归全体合伙人共有;如果取得的是使用权,归全体合伙人共用。

综上所述,合伙企业的财产为全体合伙人共同共有或共同共用,合伙企业存续期间除合伙人退伙或合伙企业解散,合伙人不能主张分割合伙企业财产。合伙人对合伙企业出资后,各合伙人即享有出资份额,但出资份额只是一个抽象概念,它不表明每一个合伙人对合伙企业的财产享有多少具体的数额,而只表明合伙人依此所享有的分配收益的比例及分担风险和亏损的比例。

根据《合伙企业法》规定的精神,合伙企业的财产以全体合伙人共同管理、使用为原则,在这个原则基础上,对合伙企业财产的管理和使用法律规定了以下几种具体的形式:

(1)在合伙企业存续期间合伙人向合伙人之外的其他人转让其在合伙企业中的全部或部分财产份额,必须经其他合伙人的一致同意。所谓一致同意即其他合伙人的一票否决制,有一个合伙人不同意即不能转让;并且在同等条件下其他合伙人有优先受让的权利。如果经一致同意有新的受让人受让了原合伙人的财产份额即发生入伙的法律后果,因此要修改合伙协议。

(2)在合伙企业存续期间合伙人相互转让其全部或部分财产份额,只需通知其他合伙人即可,但不能因财产份额的转让而只剩一个合伙人。

(3)在合伙企业存续期间合伙人以其在合伙企业中的财产份额出质的须经其他合伙人的一致同意,否则出质行为无效或者按退伙处理,给合伙企业造成损失的还要承担赔偿责任。

(4)在合伙企业存续期间合伙人不得私自转移或处分合伙企业的财产,如果私自转移或处分合伙企业财产的,合伙企业不能以此对抗不知情的善意第三人。

在合伙企业清算前,合伙人不得主张分割合伙企业财产。

四、合伙企业事务的执行和合伙企业事务的决定

合伙企业事务的执行是指为实现合伙目的而进行的合伙企业的经营活动。合伙企业事务

的执行以全体合伙人共同执行为原则,在这个原则基础上选择哪种执行方式由合伙人协商确定,具体包括以下四种:

(一) 由全体合伙人共同执行

这种执行方式适合于合伙人较少的企业。

(二) 由一名合伙人执行合伙企业的事务

经全体合伙人同意可以委托 1 名合伙人负责全部合伙企业事务的执行。

(三) 由数名合伙人共同执行合伙企业事务

即全体合伙人共同委托数名合伙人,没有分工地执行合伙企业事务。

(四) 由数名合伙人分别执行合伙企业事务

经全体合伙人同意,委托数名合伙人有分工地执行合伙企业的事务。委托 1 名或者数名合伙人执行合伙企业事务的,其他合伙人不再执行合伙企业事务但有权了解企业的经营状况和财务状况并查阅账目。执行合伙企业事务的合伙人对外代表合伙企业,并对其他合伙人有报告的义务,其执行事务所产生的法律后果由合伙企业承担,即所取得的收益归全体合伙人共有,其亏损或其他民事责任由全体合伙人承担。

合伙企业事务的执行以合伙企业事务的决定为前提,事务的决定关系到全体合伙人的利益,因此,对不同的事项,其决定的方式也不相同。

五、合伙企业与第三人的关系

除法律规定外,合伙人的任何内部约定及合伙协议对合伙人的限制性规定都不得对抗不知情的善意第三人。

合伙企业对其债权人所负的债务应依法先以合伙企业的全部财产来偿还,当合伙企业的财产不足以偿还其债务时,各合伙人对企业未偿还的部分承担无限连带责任。

首先是无限责任,它是指合伙人不以其出资到合伙企业中的财产份额为限,而应以向合伙企业出资的财产之外的其他个人的全部财产来对企业的债务承担偿还责任,如果合伙人是以其家庭财产对合伙企业出资的,应以其家庭的全部财产来偿还。之所以承担无限责任,是因为《合伙企业法》既没有规定合伙企业资本的最低限额,也没有规定合伙企业必须有公共积累,所以合伙企业的经营所得可能都被合伙人分配干净。因此,如果只以合伙企业财产对其债务承担责任,对债权人是极为不利的,所以要承担无限责任。

其次是连带责任,连带责任即指每一个合伙人都有义务清偿合伙企业的全部债务。连带责任是加重责任,也是补充责任。所谓补充责任,是指当合伙企业财产不足以清偿其全部债务时,各合伙人才承担连带责任。合伙人承担连带责任后,对超过其应承担部分的债务数额有权向其他合伙人追偿。

合伙企业与合伙人的个人债务人的关系界限是清楚的,即合伙人的个人债务人不得以其对合伙人所享有的债权抵销其对合伙企业所负的债务。如甲是合伙企业，乙是该企业的合伙人，丙是乙的债权人。乙欠丙 10 万元，丙欠甲 10 万元，那么，丙并不能以自己欠甲的 10 万元抵销乙欠自己的 10 万元。同时，合伙人的债权人也不得代位行使合伙人在合伙企业中的权利。例如，甲是合伙企业中的合伙人，乙是甲的债权人，乙不能因自己是甲的债权人而替甲行使其在合伙企业中的诸如事务执行权、利润分配权以及查阅账目权等权利。

作为合伙人的债权人，其行使权利时首先只能针对合伙人的个人财产，只有当合伙人的个人财产不足清偿时，该债权人才能主张以合伙人从合伙企业中分配的利润获得偿还，其也可以申请人民法院强制执行合伙人在合伙企业中的财产份额用于清偿。但是对该财产份额其他合伙人有优先受让的权利。

六、入伙和退伙

（一）入伙

入伙是指在合伙企业存续期间合伙人以外的人加入合伙企业并取得合伙人资格的法律行为。

1. 入伙的条件

入伙必须经全体合伙人同意。一个合伙企业接受一个新的合伙人必须经全体合伙人一致同意，原因在于合伙企业是典型的人合性企业，人与人之间的信任关系是合伙企业得以存续和发展的基础，所以，接纳新的合伙人是件非常严肃的事情。

2. 入伙的程序

入伙人必须与原合伙人订立书面合伙协议，就相互的权利、义务关系在协议中做出明确的约定。订立入伙协议前，原合伙人应将原合伙企业的经营状况和财务状况明确告知新合伙人。协议签订后，应在 15 日内向企业登记机关办理合伙企业的变更登记手续。

3. 入伙的法律后果

新入伙人对其入伙前合伙企业的债务承担连带责任，不论入伙人与原合伙人就此问题是否有其他约定，那么其约定都不得对抗合伙企业的债权人。只有在入伙人履行偿债的义务后才能按照与原合伙人的约定去处理他们内部的关系。

（二）退伙

退伙是在合伙企业存续期间合伙人退出合伙企业并使其合伙人资格归于消灭的法律行为。

1. 退伙的情形

依照《合伙企业法》的规定，退伙包括以下四种情形：

（1）协议退伙。

协议退伙是退伙人与其他合伙人协商一致或按合伙协议的约定退伙。如果合伙协议约定了合伙企业经营期限，那么出现下列情形之一时，合伙人可以退伙：

第一，合伙协议约定的退伙事由出现。

第二,经全体合伙人同意退伙。

协议退伙自退伙事由出现或协议达成之日起生效。

(2) 声明退伙。

声明退伙是指基于退伙人的单方意思表示而退伙。声明退伙发生在以下两种情况:

第一种情况,如果合伙协议约定了合伙企业经营期限的,出现下述情形之一时,合伙人可以声明退伙:

第一,发生合伙人难于继续参加合伙企业的事由。

第二,其他合伙人严重违反合伙协议规定的义务。

第二种情况,如果合伙协议未约定合伙企业经营期限的,只要退伙不给合伙企业事务的执行造成不利影响,合伙人可以声明退伙,但应当提前30日通知其他合伙人,以便其他合伙人提前就有关事宜做出安排。

约定经营期限的声明退伙,自合伙人提出退伙声明之日起生效;未约定经营期限的声明退伙,从提出退伙声明之日起满30日生效。

(3) 法定退伙。

法定退伙是指基于法律的直接规定而退伙。法定退伙的情形包括:

第一,公民死亡或被依法宣告死亡。

第二,公民被依法宣告为无民事行为能力人,因为合伙人必须是具有完全民事行为能力的人。

第三,个人丧失偿债能力,因为在这种情况下合伙人无法履行无限连带责任。

第四,被人民法院强制执行在合伙企业中的全部财产份额,这种情况出现即可视为合伙人在合伙企业中没有因出资而形成的财产份额。

法定退伙在法定事由成就时即发生退伙的效力。

(4) 除名。

除名是指其他合伙人一致决定将某一合伙人开除出合伙企业。除名的事由包括:

第一,未履行出资义务。

第二,因故意或重大过失给合伙企业造成重大损失。

第三,执行合伙企业事务时有不正当行为,如违反竞业禁止。

第四,合伙协议约定的其他事务。

除名以被除名合伙人接到除名通知之日起生效。

2. 退伙的效力

退伙的效力表现在以下几个方面:

(1) 退伙人丧失合伙人身份。

(2) 退伙并不必然导致合伙企业的解散,但退伙导致合伙企业只剩一名合伙人时,合伙企业应当解散。

(3) 不论退伙人退伙时是否承担了其应承担的合伙企业债务份额,退伙后退伙人对其退伙前合伙企业的债务仍承担无限连带责任。退伙人履行了无限连带责任后有权向其他合伙人追偿。

(4) 合伙人死亡或依法宣告死亡,合伙人的合法继承人依合伙协议约定或经全体合伙人同意可以继承该合伙人在合伙企业中的身份，依继承人自己的意愿也可继承财产而不继承身份。继承人为未成年人的，经全体合伙人一致同意，可以在其未成年时由其监护人代行其权利。

（5）合伙人退伙，应依法对合伙企业财产进行清算，如有未了结的事务，则等到了结后清算。清算完了，退还退伙人财产，可以退还货币，也可以退还实物。

七、合伙企业的解散和清算

（一）合伙企业解散

合伙企业的解散是指基于某种法律事实的发生而使合伙企业消灭的法律行为。
（1）合伙协议约定的解散事由出现。
（2）合伙协议约定的经营期限届满，合伙人不愿再继续经营。
（3）全体合伙人决定解散。
（4）合伙人不具备法定人数，如低于2人。
（5）合伙协议约定的经营目的已经实现或无法实现。
（6）被依法吊销营业执照。
（7）法律法规规定的其他解散事由出现。
上述事由只要具备其一，合伙企业即应解散。

（二）合伙企业清算

合伙企业的清算是指合伙企业解散后，对其债权债务及未了结的事务进行清理、核算、偿还债务、退还出资的法律行为。

合伙企业解散后应依法确定清算人。清算人的产生方式有三种：
（1）清算人应由全体合伙人担任。
（2）如果不能由全体合伙人担任清算人的，经全体合伙人过半数同意可以自企业解散之日起15日内指定1名或数名合伙人或者委托第三人担任清算人。
（3）15日内未确定清算人的，合伙人或者其他利害关系人可以申请人民法院指定清算人。

清算人的职责包括：清理合伙企业的财产，编制资产负债表和财产清单，处理企业未了结的事务，清缴所欠税款，清理债权、债务，分配剩余财产，从事诉讼活动。

清偿债务的顺序为：
（1）合伙企业财产支付清算费用后按下列顺序清偿。
（2）支付所欠职工的工资和劳动保险费。
（3）支付所欠税款。
（4）清偿企业债务。
（5）退还合伙人的出资。
按上列顺序清偿完毕后，清算人持清算报告到企业登记机关办理注销登记手续，企业注销后合伙人对合伙企业存续期间的债务仍负连带责任,但是在 5 年内债权人不提出偿债要求的,合伙人的该责任消灭。

小结:公司和合伙企业的区别体现在七个方面

第一,成立基础不同。公司以章程为基础而成立,合伙企业以协议为基础而成立。

第二,当事人之间的关系不同。公司,特别是股份有限公司,股东之间可以说不发生任何关系。但有限责任公司具有人合性,在这一点上类似于合伙企业,合伙企业的合伙人之间就是靠人合关系成立的,具体说就是靠人与人之间的信任基础来成立的,所以他们之间的依附关系比较强。

第三,法律地位不同。这里主要说的是,公司是法人企业,它能够以自己的财产对外独立承担民事责任;合伙企业不具有法人资格,所以它不能对外以企业的财产独立承担民事责任,那么企业财产不够偿还债务时,还要靠合伙人的个人财产来偿还。

第四,承担责任的方式不同。就是说公司的股东都是承担有限责任,那么合伙人和合伙企业,首先合伙人是承担无限责任,就是说合伙企业负债了,先以合伙企业财产来还,合伙企业财产不够还了,合伙个人还要以其个人财产来还。还到什么程度为止,没有限制,什么时间有财产,什么时间还,直到把所有的债务还完了为止。但是,这并不是让合伙人倾家荡产,这方面法律都是有规定的,就是还要保留其必要的生活费和其所供养的亲属所必需的费用。

第五,规模大小不同。合伙企业一般规模都比较小,因为它靠人的信用基础来成立,所以其规模不可能太大。而公司特别是股份有限公司,可能几万人规模都不是很大的,它发行股份的时候一般都是几千万股,但几千万不能说被几千万个人买了。比如说美国通用汽车公司,在美国很多国民都持有它的股票,所以它的人数是相当多的。但合伙企业无论如何达不到这种规模,但也不是说所有的合伙企业规模都很小,现在欧洲有一些大的跨国企业还是合伙企业。但一般的合伙企业规模都小于公司。

第六,出资方式不同。合伙企业的合伙人可以以劳务出资,那么公司的股东却不行。合伙企业的合伙人可以以其他财产权利出资,也可以以著作权出资,而公司不行。

第七,关于注册资本的规定不同。合伙企业没有最低注册资本限额的规定,而公司都有最低资本限额的规定,也就说有限责任公司为 3 万元,一人公司为 10 万元,股份有限公司最低是 500 万元。

第二节 个人独资企业法

开篇案例:

案情:刘某是某高校的在职研究生,经济上独立于其家庭。2000 年 8 月在工商行政管理机关注册成立了一家主营信息咨询的个人独资企业,取名为"远大信息咨询有限公司",注册资本为人民币一元。营业形势看好,收益甚丰。于是后来黄某与刘某协议参加该个人独资企业的投资经营，并注入投资 5 万元人民币。经营过程中先后共聘用工作人员 10 名，对此刘某认为自己开办的是私人企业，并不需要为职工办理社会保险，因此没有给职工缴纳社会保险费也没有与职工签订劳动合同。后来该独资企业经营不善导致负债 10 万元。刘某决定于 2001 年 10 月自行解散企业，但因为企业财产不足清偿而被债权人、企业职工诉诸人民法院。法院审理后认为刘某与黄某形成事实上的合伙关系，判决责令刘、黄补充办理职工的社会保险并缴纳保险费，由刘某与黄某对该企业的债务承担无限连带责任。

请分析：个人独资企业与合伙企业存在什么区别？

一、个人独资企业法概述

（一）个人独资企业的概念

1. 含义

个人独资企业是指依《个人独资企业法》，在中国境内设立的，由一个自然人投资，财产为投资人个人所有，投资人以其个人财产对企业债务承担无限责任的经营实体。

2. 个人独资企业的特征

(1) 投资主体是一个自然人。
(2) 财产所有权归一个自然人所有。
(3) 出资人必须对企业债务承担无限责任。
(4) 依照《个人独资企业法》设立。
(5) 个人独资企业在国内设立。

（二）个人独资企业法概念

个人独资企业法，是指国家关于个人独资企业的各种法律规范的总称。《个人独资企业法》1999 年 8 月 30 日经第九届全国人大常委会第十一次会议通过，并于 2000 年 1 月 1 日起施行。

二、个人独资企业的设立

（一）设立条件：

(1) 主体只是一个自然人。
(2) 企业要有自己的名称。
(3) 有投资人申报的出资，《个人独资企业法》没有规定注册资本金额是多少，规定不规定都一样，因为出资人对企业的债务承担无限责任，但必须有申报的出资才能开展经营。
(4) 有固定的经营场所和必要的经营条件。
(5) 有必要的从业人员。

（二）设立程序

个人独资企业由投资人或者其委托的代理人向个人独资企业所在地的登记机关提交设立申请，委托代理人申请时应出具投资人的委托书和代理人的合法证明。

个人独资企业设立如需批准，应在设立时向登记机关提交批准文件。工商行政管理局在接到申请之日起 15 日内决定是否登记。个人独资企业从领取营业执照之日起即告成立。

个人独资企业没有法人资格，个人独资企业可设立分支机构。

个人独资企业如果是以其个人财产投资设立的，即以其个人财产对企业的债务承担无限责任；如果是以其家庭财产设立的即以其家庭财产对企业的债务承担无限责任。

（三）事务管理

个人独资企业可自行管理、委托他人管理和聘用他人管理。

投资人委托或者聘用他人管理的，应与对方签订书面合同，并明确具体内容和授权范围。

投资人对受托人或者被聘用的人员职权的限制，不得对抗善意第三人。

受托人或聘用人负有诚信和勤勉的义务，负有依约定管理个人独资企业的义务。《个人独资企业法》第 20 条规定："投资人委托或者聘用的管理个人独资企业事务的人员不得有下列行为：①利用职务上的便利，索取或者收受贿赂。②利用职务或者工作上的便利侵占企业财产。③挪用企业的资金归个人使用或者借贷给他人。④擅自将企业资金以个人名义或者以他人名义开立账户存储。⑤擅自以企业财产提供担保。⑥未经投资人同意，从事与本企业相竞争的业务。⑦未经投资人同意，同本企业订立合同或者进行交易。⑧未经投资人同意，擅自将企业商标或者其他知识产权转让给他人使用。⑨泄露本企业的商业秘密。⑩法律、行政法规禁止的其他行为。"

其中，第 6 项、第 7 项为竞业禁止。

（四）解散

个人独资企业的解散分为任意解散和强制解散。

任意解散包括投资人决定解散；投资人死亡或者被宣告死亡，无继承人或者继承人决定放弃继承等。强制解散是依法被吊销营业执照，在这里因其不是法人企业，它不可能破产。

解散以后清算，如果是投资人自行清算的，应当在清算前 15 日内书面通知债权人，无法通知的应当公告。债权人在接到通知之日起的 30 日内，未接到通知的自公告之日起的 60 日内，向投资人申报债权。

清算结束后，投资人或者人民法院应当编制清算报告，在 15 日内办理企业注销登记手续。

清算里有一个重要问题，即个人独资企业解散后，原投资人对个人独资企业存续期间的债务仍应承担偿还责任，债权人在 5 年内未向债务人提出偿还债务请求的，债务人责任消灭。

第三节 "三资企业"法

开篇案例：

案情： 某市某衬衫厂（甲方）与美国某服装公司（乙方）在穗签订一份中外合资经营企业合同，合同规定，双方共同投资组成顺美子服装有限公司，主要从事服装的生产。合同规定，合营企业注册资本600万美元，甲方投资480万美元，出资方式为货币、机器、厂房，乙方投资120万美元，出资方式为货币，双方出资在营业执照签发之日起7个月内一次缴清。甲方用其房产为乙方货币出资提供担保。公司所有原料须从乙方进口50%。产品不得出口到乙方所指定的国家和地区。公司设立董事会，董事长由甲、乙双方轮流担任。总经理由乙方担任。合营企业期限为10年，甲、乙双方利润分配和亏损分担的比例8:2，合营各方发生争议，采用仲裁方式解决，仲裁地点和规则为瑞典斯德哥尔摩商会仲裁院及其规则。合同签订后，双方又依据该合同订立了合营企业章程。甲方向合营企业审批机构报送了合营企业合同和章程以及其他法律文件。审批机构在接到甲方报送的全部文件后做出了不予批准的决定。

请分析：中外合资经营企业在出资的过程中有哪些违法之处？

一、中外合资经营企业法

中外合资经营企业（以下简称合营企业）是指中国合营者与外国合营者按照平等互利的原则依照中华人民共和国的法律在中华人民共和国境内共同投资、共同经营并按投资比例分享利润、分担风险和亏损的企业。中国合营者包括中国的公司、企业及其他经济组织，外国合营者包括外国公司、企业和其他经济组织或个人。中国的自然人不能与外国合营者设立中外合资经营企业。

（一）合营企业的设立

1. 设立申请

设立合营企业应由中国合营者和外国合营者共同将申请材料报审批机关批准后，合营各方正式进行谈判，在此基础上签订合营企业的协议、合同和章程。协议、合同和章程是合营企业的重要法律文件。所谓合营企业协议，是指合营各方对设立合营企业的某些要点和原则达成一致意见而订立的书面文件。所谓合营企业合同，是指合营各方为设立合营企业就相互权利、义务关系达成一致意见而订立的书面文件。所谓合营企业章程，是指按照合营企业合同规定的原则，经合营各方一致同意而订立的规定合营企业的宗旨、组织原则和经营管理方法等事项的书面文件。当合营企业协议与合营企业合同规定的内容发生抵触时，以合同规定为准。经合营各方同意，可不订立合营协议，只订立合同和章程。

2. 设立审批和登记

设立合营企业的审批机关是国家对外经济贸易主管部门或其委托的省、自治区、直辖市人民政府或国务院有关部、局（即受托机关）。属于受托机关批准的合营企业有下列两类：

（1）是投资总额在国务院规定的金额内，中国合营者的资金来源已落实的。

（2）是不需要国家增拨原材料，不影响燃料、动力、交通运输、外贸出口配额等全国平衡的。

不论是国家对外经济贸易主管部门批准，还是受托部门批准，一律由国家对外经济贸易主管部门颁发批准证书。

合营企业的设立申请人应当在收到批准证书之日起30日内向企业登记机关提出设立登记申请。登记机关应当在受理申请之日起30日内作出是否核准登记的决定，登记机关核准登记注册的，发给营业执照，合营企业即告成立。

（二）合营企业的组织形式与注册资本

1. 合营企业的组织形式

根据《中外合资经营企业法》的规定，合营企业的组织形式为有限责任公司，合营企业不能采用其他的组织形式，合营各方以其出资额为限对其公司承担责任，公司以其全部资产对其债务承担责任，合营企业是中国法人。

2. 注册资本和投资总额

合营企业的注册资本是指合营各方认缴的经企业登记机关登记的资本总额，它是合营各方认缴的出资额之和，在注册资本中，外国合营者的出资比例不低于25%，特殊情况下需要低于该比例的，需报国务院批准。

合营企业的投资总额是指按照合营企业合同、章程规定的生产规模需要投入的基本建设资金和生产流动资金的总和。合营企业的注册资本少于投资总额的，可以以合营企业的名义通过借贷来弥补其差额，因此，投资总额等于注册资本加上企业借款。关于注册资本占投资总额的比例，按照国家工商行政管理局1987年3月1日公布的《关于中外合资经营企业注册资本与投资总额比例的暂行规定》来执行。

（三）合营企业合营各方的出资方式与出资期限

1. 出资方式

合营各方的出资方式与我国《公司法》规定的股东的出资方式基本相同，可以是货币、实物、工业产权、专有技术、土地使用权，但是对于外国合营者，以实物出资和以工业产权、专有技术等无形资产出资作出了特殊的要求，以土地使用权出资的肯定是中方合营者。

2. 出资期限

合营各方在合营合同中可以规定一次性出资，也可以规定分期出资，如果是一次性出资的，合营各方必须在营业执照签发之日起6个月内缴清，分期出资的，第一期出资不得低于合营各方各自认缴出资额的15%，并且应当在营业执照签发之日起3个月内缴清。合营各方未能在合同规定的期限内缴清出资的，视为合营企业自动解散，批准证书自动失效。合营各方缴付第一期出资后超过合同规定的其他任何一期出资期限3个月仍未出资或出资不足的，由企业登记机关会同审批机关向其发出通知，要求在1个月内缴清出资，期限届满仍未出资的，原审批机关有权撤销批准证书。合营一方未按合同规定如期缴付或缴清出资的，即构成违约。守约方有权催告违约方在 1 个月内缴付或缴清出资，逾期未缴付或缴清的，视违约方放弃对合营企业合同中的一切权力，自动退出合营企业。给守约方造成损失的，依法承担赔偿责任。

◆开篇案例解答：

本案主要涉及中外合资经营企业的资本问题。从本案看，审批机关没有批准企业设立是正确的。主要有下列问题违反了法律的规定：

其一，关于外方的出资比例问题

《中外合资经营企业法》第 4 条规定，在合营企业的注册资本中，外国合营者的投资比例一般不低于 25%。从本案看，合营企业的注册资本为 600 万美元，而外方的出资为 120 万美元，仅为注册资本的 20%，不符合上述规定。

其二，关于双方的出资时间问题

根据《中外合资经营企业合营各方出资的若干规定》的规定，合营合同规定一次缴清出资的，合营各方应当在营业执照签发之日起 6 个月内缴清。从本案看，双方规定出资在 7 个月内缴清是不符合规定的。

其三，关于外方现金投资的担保问题

对于投资的担保问题，我国法律并没有具体规定，但从本案看，对方的现金出资以中方的房产担保，显然是把经营风险转移给了合营企业，转移给了中方，违反了合同平等、公平的原则，也没有体现出合营企业作为有限责任公司的有限责任的特点，即出资人以其出资为限对公司承担有限责任。

（四）合营企业的组织机构

（1）合营企业的董事会是合营企业的最高权力机构。

董事会的人数由合营各方协商确定，但不得少于 3 人。董事名额参照各方出资比例分配，合营各方按照协商确定的名额分别委派董事，董事每届任期 4 年，任期届满，经合营者委托可以连任。董事会设董事长和副董事长，其产生方式由合营各方协商确定或由董事会选举产生。一方为董事长，由他方担任副董事长，董事长是合营企业的法定代表人。董事会每年至少召开一次会议，经 1/3 以上的董事提议可以召开临时会议，董事会应有 2/3 以上董事出席才能举行，董事会的议事规则由合营企业章程规定。

（2）合营企业设经营管理机构负责企业的日常经营管理工作。

经营管理机构设总经理 1 人，副总经理若干人，设总工程师、审计师、总会计师，上述人员由董事会聘认，除总会计师通常由中国公民担任外，其他职务可以由中国公民担任，也可以由外国公民担任。

（五）外汇及保险管理、税收管理、物资的购买和产品的销售

1. 外汇及保险管理

合营企业的有关外汇事宜，按我国《外汇管理条例》的规定办理。合营企业的各项保险应向中国境内的保险公司投保。

2. 税收管理

合营企业的毛利润按中国税法规定纳税后，提取章程规定的储备基金、奖励及福利基金、企业发展基金，剩余的净利润按各自的出资比例进行分配，而且可以依法享受减税、免税的优惠待遇。外国合营者以其分得的净利润在中国境内进行再投资可申请退还已缴纳的部分所得税。

3. 物资的购买和产品的销售

物资的购买，在公平合理原则的基础上既可以在国内市场购买，也可以在国际市场购买。关于产品的销售，《中外合资经营企业法》鼓励向中国境外销售产品，合营企业也可以在中国市场销售产品。

（六）合营期限与解散

1. 合营期限

合营企业的合营期限按不同行业、不同情况作不同的约定，有的行业必须约定合营期限，有的行业可以约定也可以不约定合营期限。约定合营期限的，期限届满，经合营各方同意延长的，应在距合营期限届满6个月前向审批机关提出申请，审批机关在1个月内决定批准或不批准。

2. 解散

合营企业发生严重亏损或一方不履行约定义务以及发生不可抗力的，经合营各方协商同意报请审批机关批准并经工商管理局登记可终止合营合同。如因违约而终止，给守约方造成损失的，违约方应承担赔偿责任。

二、中外合作经营企业法

（一）中外合作经营企业的含义及类型

中外合作经营企业是指中国合作者与外国合作者依照中华人民共和国法律的规定在中国境内共同举办的按合作企业合同的约定分配收益或者产品，分担风险和亏损的企业。中方合作者是中国的企业或其他经济组织，外方合作者是外国的企业、其他经济组织或个人。

中外合作企业分为两种类型：一是产品出口型企业，它是指产品主要用于出口，年度外汇总收入减除年度生产经营支出额和外国投资者分得利润所需外汇额后，外汇有节余的生产型企业。二是技术先进型企业，是指外国投资者提供先进技术，从事新产品开发，实行产品升级换代以增加出口创汇或者替代进口的生产型企业。

（二）中外合作经营企业设立的审批

设立中外合作经营企业由中方合作者提出设立申请，由对外经济贸易主管部门或者国务院授权部门和地方人民政府审批。属下列情形之一的，由国务院授权部门或地方人民政府审批：第一，投资总额在国务院规定的由其授权的部门或地方人民政府审批的投资限额以内的；第二，自筹资金且不需要国家平衡建设生产条件的；第三，产品出口不需要领取国家有关主管部门发放的出口配额许可证的或者需要领取但在报送项目建议书前已征得国家有关主管部门同意的；第四，法律法规规定由国务院授权部门或地方人民政府审批的其他情形。除了上述几种情形外，其他中外合作经营企业由对外经济贸易主管部门审批。对外经济贸易主管部门或国务院授权部门审批的，由对外经济贸易主管部门颁发批准证书，地方人民政府审批的，由地方人民政府颁发批准证书，但应当自批准证书颁发之日起 30 日内将批准文件报送对外经济贸易主管部门备案。

有下列情形之一的，设立申请不予批准：

第一，损害国家主权和社会公共利益的。

第二，危害国家安全。

第三，造成严重环境污染的。

第四，违反法律法规或者不符合国家产业政策的其他情形。

中方合作者应当自接到批准证书之日起 30 日内向当地工商行政管理部门申请登记，并自企业成立之日起 30 日内向税务机关办理税务登记。

（三）组织形式、注册资本

1. 合作企业的组织形式

合作企业依我国法律规定分为法人企业和非法人企业。

具备中国法人条件的合作企业取得中国法人资格，其组织形式为有限责任公司，合作各方以各自认缴的出资额或提供的合作条件为限对企业承担责任，企业以其全部资产对企业的债务承担责任。

不具备中国法人条件的合作企业，其合作各方的关系是一种合伙关系，合作各方不以出资额或提供的出资条件对企业承担责任，而是按照合作企业合同的约定对企业的债务承担责任，合作各方对企业承担的责任是连带责任，一方履行了全部责任后，有权就其多承担的部分向他方追偿。合作各方的出资或提供的合作条件为合作各方分别所有，经约定也可以共有或者部分分别所有，部分共有。合作期间积累的财产归合作各方共有。

2. 合作企业的注册资本

合作企业的注册资本是指合作各方认缴的并在工商管理机关登记的出资额之和。出资方式依照我国公司法或合伙企业法的规定。合作企业同合资企业一样，也有投资总额和注册资本的问题，这一内容和合资企业相同。

（四）出资方式、合作各方的出资比例

1. 出资方式

合作各方对合作企业的出资可以是货币、实物、工业产权、专有技术、土地使用权或其他财产权利。合作各方以自有财产出资的，那么不能以该财产对外设立抵押或其他担保。出资后，应经中国注册会计师验证并出具验资证明。

2. 合作各方的出资比例

各方的出资比例通过合作合同约定，但是外方合作者的出资不得低于合作企业注册资本

的25%。合作各方的出资期限在合作企业合同中约定。如一方不按约定出资的,应对他方承担违约责任。

(五) 组织机构与议事规则

1. 组织机构

依照《中外合作经营企业法》的规定,合作企业的组织机构有下列三种:

(1) 董事会制:具备法人资格的合作企业即有限责任公司其管理机构实行董事会制,董事会是合作企业的最高权力机构,董事会设董事长、副董事长,其产生方式由合作各方协商确定,但是如果一方为董事长,他方必须是副董事长。董事会下设总经理,总经理是董事会的执行机构和企业的日常经营管理机构,对董事会负责;可设副总经理1人或若干人,其职责是协助总经理工作。

(2) 联合管理制:不具备法人资格的合作企业其管理机构为联合管理委员会,联合管理委员会由合作各方的代表组成,是合作企业的最高权力机构。联合管理委员会设立主任和副主任,如果一方担任主任,那么他方应当是副主任。联合管理委员会下设总经理,由联合管理委员会任命或撤销,总经理负责企业的日常经营管理工作,对联合管理委员会负责,也可不设总经理,直接由联合管理委员会负责企业的经营管理。

(3) 委托管理制:经合作各方协商一致,可以将合作企业委托合作一方进行管理,他方不参加管理,也可以委托合作各方之外的第三方负责经营管理,但是,委托第三方进行经营管理属合作企业合同的重大变更,除经董事会或联合管理委员会一致同意外,还必须报审批机关批准,获批准后,还必须到工商管理部门办理变更登记。

2. 议事规则

合作企业的最高权力机构每年至少召开一次会议,由董事长或主任召集并主持,1/3以上的董事或委员可以提议召开董事会或联合管理委员会。开会的条件为必须有2/3以上的董事或委员出席才能开会,作出一般决议的条件为必须经全体董事或委员的过半数通过;作出特别决议必须由出席会议的全体董事或者委员一致通过。这里值得注意的是,董事或委员无正当理由不参加会议又不委托他人代表其参加会议的,视为出席董事会会议或联合管理委员会会议并在表决中投了弃权票。董事会或联合管理委员会必须在会议召开10日前通知全体董事或委员。董事会或联合管理委员会也可以以通信方式作出决议。

(六) 合作企业的收益分配和投资回收

1. 合作企业的收益或产品的分配

合作各方可以约定分配合作企业的利润也可以约定分配产品,其分配方式、份额或比例由合作各方通过合作企业合同约定。这和合营企业不一样,合营企业是按各自的出资比例来分享利润,而合作企业只能按约定来分配利润并且可以分配产品。

2. 合作企业的投资回收

根据《中外合作经营企业法》的规定,合作企业的外方投资者可以在合作企业经营期限届满前先行收回投资。回收投资的办法有三种:第一,增加外方利润分配的比例,直到其收回全部投资;第二,加速固定资产折旧,用折旧金返还外方的投资;第三,经财政、税务部门和审批机关批准的其他回收投资方式。外方合作者先行收回投资后,中外合作各方应当依照法律的规定或合同的约定对合作企业的债务承担责任。

合作各方可以在合作合同中约定经营期限,也可以不约定合作期限。约定合作期限的,期限届满,合作各方同意延长经营期限,应当在期限届满 180 天前向审批机关提出延期的申请,审批机关自接到申请之日起 30 日内作出批准或不批准的决定。经批准延长合作期限的,合作企业应当到工商管理部门办理工商登记手续。

(七) 合作企业的解散

合作企业出现下列情形之一时解散:

第一,合作期限届满。
第二,合作企业发生严重亏损或因不可抗力造成严重损失无力继续经营。
第三,合作一方或数方不履行合同、章程规定的义务致使合作企业无法继续经营。
第四,合作企业合同章程规定的其他解散事由出现。
第五,因违法被责令关闭。

三、外资企业法

外资企业即外商独资企业,是指依照中华人民共和国法律在中国境内设立的全部资本由外国投资者投资的企业,外资企业不包括外国的企业和其他经济组织在中国境内设立的分支机构。

(一) 外资企业的设立与变更

1. 设立外资企业的申请和审批

设立外资企业的申请和审批与设立合营和合作企业的申请和审批不同。法律规定的合营及合作企业都由中外双方合营者共同向审批机关办理审批手续,而外资企业没有中方合作者,它的审批不能由外资企业的投资者直接向审批机关提出设立申请,其申请程序为:必须通过拟设立外资企业所在地的县级或县级以上地方人民政府提出申请,具体说,外国投资者应当先就法定的事项向拟设立外资企业所在地的县级或县级以上地方人民政府提出报告,地方人民政府在接到外国投资者提交的报告之日起 30 日内以书面形式答复外国投资者,然后通过上述地方人民政府向审批机关提出设立申请并报送法律规定的一系列文件。

两个或两个以上外国投资者共同申请设立外资企业应当将其签订的合同副本报送审批机关备案。外资企业的审批机关同合营企业、合作企业的审批机关略有不同。合营企业的设立由国家对外经济贸易主管部门或其委托的有关省、自治区、直辖市人民政府或国务院有关部、局审批。合作企业的设立由国家对外经济贸易主管部门或者国务院授权的部门和地方人民政府审批。外资企业的设立由国家对外经济贸易主管部门或国务院授权的省、自治区、直辖市、计划单列市、经济特区人民政府审批。国家对外经济贸易主管部门审批的,由其颁发批准证书,省、自治区、直辖市、计划单列市、经济特区人民政府审批的,由该地方人民政府颁发批准证书,但是应当在批准后 15 天内报国家对外经济贸易主管部门备案。属地方人

民政府审批的,包括下列情形:

第一,投资总额在国务院规定的投资审批权限以内的。

第二,不需要国家调拨原材料,不影响能源、交通运输、外贸出口配额等全国综合平衡的。

需要指出的是,国家限制设立外资企业的行业,其设立外资企业除法律、法规另有规定外,必须经国家对外经济贸易主管部门批准。

审批机关应当在接到申请设立外资企业的全部文件之日起 90 日内决定批准或不批准。审批机关如果发现申请文件不齐备或有不当之处,可以要求限期补报或者修改。

2. 外资企业的设立登记和变更

设立外资企业的申请经批准后,外国投资者应当在接到批准证书之日起 30 日内向国家工商行政管理局或者国家工商行政管理局授权的地方工商行政管理局申请设立登记。登记机关应当自接到申请之日起 30 日内作出准予登记或不予登记的决定。准予登记的签发营业执照,签发营业执照之日即为企业成立之日。外资企业应当自成立之日起 30 日内到税务部门办理税务登记。

外资企业改变名称、住所、经营场所、法定代表人、经济性质、经营范围、经营方式、注册资本、经营期限,以及增设或撤销分支机构,应当报审查批准机关批准。外资企业申请变更登记,应当在审查批准机关批准后 30 天内,向登记主管机关申请办理变更登记。外资企业分立、合并、迁移,应当报审查批准机关批准,并在批准后 30 天内,向登记主管机关申请办理变更登记、开业登记或者注销登记。

(二) 外国投资者的出资方式与出资期限

(1)《外资企业法实施细则》第 18 条第 1 款规定:"外资企业的组织形式为有限责任公司。经批准也可以为其他责任形式。"这一规定说明,外资企业都是有限责任公司,如果要设立成承担其他责任的企业,比如说承担无限责任或者无限连带责任的个人独资企业或合伙企业,还必须经审批机关批准,也就是说,有限责任公司是外资企业首选的组织形式。

外资企业的注册资本与对合营企业的规定相同。

(2) 外国投资者的出资方式与出资期限。

1) 出资方式:外国投资者的出资方式包括货币出资,也可以以机器设备、工业产权、专有技术作价出资。需要注意的是,以货币出资必须是以可以自由兑换的外币即世界货币或称硬通货出资。如果没有特殊情况,不能以人民币出资,但是经审批机关批准外国投资者可以用其从中国境内兴办的其他外资企业获得的人民币利润出资。

外国投资者以机器设备作价出资的,该机器设备必须符合下列要求:

第一,外资企业生产经营所必须的。

第二,中国不能生产或者虽能生产但在技术性能或供应时间上不能保证需要的。该机器设备的作价不得高于国际市场上同类设备的正常价格。

外国投资者以工业产权、专有技术作价出资的,该工业产权、专有技术必须符合下列要求:一是外国投资者自己所有的,这说明外国投资者不能以只享有使用权的他人所有的工业产权、专有技术作为在中国设立外资企业的出资而只能是自己享有所有权的工业产权、专有技术来出资。二是能生产中国急需的新产品或者适销产品的。以工业产权、专有技术作价出资应当与国际上通常的作价相当，并且其作价金额不能超过其注册资本的20%。作价出资的工业产权、专有技术应当备有详细的资料，同申请书一并报审批机关，审批机关有权对工业产权、专有技术的实施进行检查。

2）出资期限：外国投资者缴付出资的期限应当在设立申请书和企业章程中载明。外国投资者可以一次出资，也可以分期出资。

如果是分期出资，最后一次出资应当在营业执照签发之日起3年内缴清，其第一次出资不得少于外国投资者认缴的投资额的25%，并应当在外资企业营业执照签发之日起90天内缴清。

外国投资者未能在企业营业执照签发之日起90天内缴付第一期出资的，外资企业批准证书即自动失效。外资企业应当向工商行政管理机关办理企业注销登记手续并缴销营业执照。不办理注销登记手续和缴销营业执照的，由工商行政管理机关吊销营业执照并予以公告。

第一期出资后的其他各期出资，如无正当理由逾期30日不出资的，其后果与上述规定相同。外国投资者有正当理由要求延期出资的，应当报审批机关同意并报工商行政管理机关备案。外国投资者缴付每期出资后，应当聘请中国的注册会计师验证并出具验资证明，报审批机关和工商行政管理机关备案。

（三）外资企业用地及其费用

1. 外资企业用地的取得

外资企业的用地由其所在地的县级或县级以上地方人民政府根据本地区的情况审核后予以安排。外资企业应在营业执照签发之日起30日内持批准证书和营业执照到外资企业所在地县级或县级以上地方人民政府的土地管理部门办理土地使用手续，领取土地证书。土地证书是外资企业使用土地的法律凭证，土地的使用年限与经批准的外资企业的经营期限相同。外资企业的土地使用权未经批准不得转让。

2. 外资企业土地使用费

外资企业领取土地使用证时应向其所在地人民政府土地管理部门缴纳土地使用费，土地使用费的缴纳视土地的状况（即经过开发的或未经开发的），依照我国法律规定处理。

外资企业经营所得应依照我国法律规定缴纳所得税，纳税后形成的税后利润应当提取企业储备基金及奖励和福利基金，储备基金的提取比例不得低于税后利润的10%。当累计提取额达到注册资本的50%时，可不再提取。外资企业以往年度的亏损未弥补前不得分配利润，以往会计年度的未分配利润可与本会计年度可供分配的利润一并分配。

外资企业的经营期限由外国投资者申报，由审批机关批准，期满需要延长的应当在期满前180日以前向审批机关提出申请，审批机关在接到申请之日起30日内决定批准或不批准。批准延长经营期限的，外资企业应自接到批准文件之日起30日内向工商行政管理机关办理变更登记手续。

外资企业出现下列情形之一应予终止：

第一，经营期限届满。

第二，经营不善，严重亏损，外国投资者决定解散。

第三，因自然灾害、战争等不可抗力而遭受严重损失，无法继续经营。

第四，破产。

第五，违反中国法律、法规，危害社会公共利益被依法撤销。

第六，外资企业章程规定的其他解散事由已经出现。

外资企业解散后要成立清算委员会依法进行清算。清算委员会应由外资企业的法定代表人、债权人代表以及有关主管机关的代表组成，并聘请中国的注册会计师、律师参加。外资企业清算结束前，外国投资者不得将该企业的资金汇出或携带出中国境外，不得自行处理企业财产。外资企业的财产优先支付清算费用后，按照法律规定的顺序进行清偿，清偿完毕后，外资企业的清算所得即企业资产净额和剩余财产减去注册资本部分所得的余额，视同为外资企业的利润，依法缴纳所得税。外资企业处理财产时在同等条件下中国企业和其他经济组织有优先购买权，外资企业清算结束应当向工商行政管理机关办理注销登记手续，缴销营业执照。

第十一章

企业破产法

学习提要：

了解破产法的基本规定，破产的含义；掌握债权人会议的规定，法院宣告企业破产的条件；掌握企业破产财产的清偿顺序。

开篇案例：

某国有企业被依法宣告破产，经清理组清理，情况如下：（1）该企业的总资产为1 000万元；负债总计为1 300万元，其中包括应付职工工资及劳动保险费用160万元，应付税款120万元。（2）该企业的固定资产中，有四处房产，其中两处已因民事诉讼被法院查封，但后来又被该企业在向某工商银行借款80万元时用于抵押，该房产变现价值100万元。另两处房产也被该企业在向某建设银行借款120万元时用于抵押，该房产变现价值为150万元。（3）破产费用为100万元。

要求：根据上述情况，分析回答下列问题：

(1) 该企业的资产应按什么顺序清偿债务？

(2) 本案中担保债权额数额是多少？为什么？

第一节　破产法概述

一、破产的概念

破产简单说就是还不起债。具体说破产是指债务人不能清偿到期债务时，由债务人或债权人向法院提出申请，法院作出破产宣告，以债务人的全部财产对全体债权人进行公平的有限偿还的一个特别的诉讼法律制度。

二、破产法的适用范围

我国目前破产法的适用对象还只限于法人企业，非法人企业还不能依法破产。《最高人民法院〈关于审理企业破产案件若干问题的决定〉》第4条又进一步重申了我国破产制度的适用对象："申请（被申请）破产的债务人应当具备法人资格，不具备法人资格的企业、个体工商户、合伙组织、农村承包经营户不具备破产主体资格。"因此，破产法对法人的适用范围为：

(1)《企业破产法（试行）》及其司法解释只适用于国有法人企业。

(2)《民事诉讼法》第19章及其司法解释适用于非国有的法人企业。

(3) 商业银行类金融企业的破产优先适用《商业银行法》的规定。

破产有两个重要职能，即破产还债和破产淘汰。还债是主要职能，淘汰是间接的职能。一般肯定是落后的，它才能是经营不好欠债，欠债还不起才淘汰破产，有几方面的意义：

第一，可以公平偿还债务。公平偿还包括两方面含义，就是因为破产肯定是债务人的财产极其有限，不能偿还债权人的全部债权，这时以债务人的所有财产对其所有债权人按比例偿还，债权人的损失也是公平地按比例来分担，如在深圳国有企业破产偿债，其偿还率平均不到30%，最低只有0.2%，就是这个企业欠我100元钱最后我只能拿到2角钱。但平均不到30%的偿还率中，所有的债权人受到的损失也都是公平的。

第二，充分地保护了债务人的合法权益。严格讲，破产就是为了保护债务人才产生的一种制度，在我国有一个传统习惯，就是父债子还，债务人父辈欠的债，下辈也是债务人，只要还不起就祖祖辈辈不得翻身，甚至沦为奴隶。破产就是为了把债务人所有的财产进行清算，用于偿还其全部债务，那么没偿还的部分予以豁免，以便债务人重新再起。这就更大限度地保护了债务人的利益。

第三，优胜劣汰机制的发挥。在外国（地区）破产是非常常见的事情，在20世纪80年代，香港每年有3 000多家企业破产，日本每年有4万多家企业破产，瑞典每年有3万多家企业破产。那么是不是这么多企业破产，这个国家或者地区经济就垮台了呢，恰恰相反，这些国家或者地区的经济在当时并未因此而丧失生机，反倒更有活力。因为落后的都被及时淘汰掉了，那么多企业破产以后，同时也有相应数量的企业诞生，这些企业肯定都不是经营夕阳产业的企业。一个国家只有破产制度建立健全起来了，这个国家才有生命力。沈阳在计划经济时代，是我国的重工业基地，目前近60%的企业都不能正常开工，亏损的企业比比皆是，那么按照破产机制来说，这些企业都应该破产，但是这样谁也承受不了。现在已经有那么多下岗工人，如果大面积破产肯定还会造成大批工人失业。因此宁可在那支撑着开不出工资也不破产，让人感到有一点希望。正因为如此，那里的经济是非常缺乏活力的，原因在于缺少一种有效的优胜劣汰的机制。

破产程序的特点：破产程序是特别强制程序，破产程序是还债程序，但这种还债不是愿意还就还，不愿意还就不还，它是强制的，用债务人所有的财产来还，这是它的特点。

关于破产原因亦称破产界限，它的表述都很简单，就是说企业不能清偿到期债务，就依法宣告破产。我国现行的这个破产法和民诉法对破产原因都附加了条件。特别是适用于国有企业的《企业破产法（试行）》，其制定是1986年，当时还处于计划经济时代，该法1988年生效，在当时破产法不可能考虑到现在的情况，因为在当时所有的企业都不是独立的法人，只是行政机关的附属物。计划经济体制下企业生产什么，生产多少，怎么销售，都不由自己说了算，全是政府部门说了算，这导致企业不能清偿到期债务的情况不是企业自己造成的，而是由有关部门造成的，那么有关部门造成的这种状况却把责任全部推到企业身上可以说对企业是不公平的。因此制定破产法时，关于破产界限的规定附加了①经营管理不善、②造成严重亏损这样两个前提。在这两个前提条件同时具备的情况下出现不能清偿到期债务时，才依法破产。它强调不能清偿到期债务是什么原因造成的，那么首先肯定是企业经营管理不善，因此又出现严重亏损，最后到了不能清偿债务的时候才破产。《民事诉讼法》规定的破产原因较《破产法（试行）》宽松一些，只规定企业法人①严重亏损，②不能清偿到期债务两项事实，而不强调是否因经营管理不善造成的。《公司法》和《商业银行法》规定的破产原因只有不能清偿到期债务一项事实出现即可进入破产程序，没有附加任何其他条件。世界多数国家关于破产界限的规定大都是只要不能清偿到期债务即可，不用追究是什么原因造成的。由此可见，我国破产制度关于破产原因的规定是多元化的，它体现了我国相关立法随经济体制转轨而不断变化的现实。

是不是所有出现破产原因的企业都依法破产了呢？不是的。有几种例外：

第一，公用企业和与国计民生有重大关系的企业出现破产原因，有关部门愿意帮助偿还债务时就不破产，但这类企业只限于公用企业和与国计民生有重大关系的企业。公用企业是同城乡居民生活密切相关的企业，如供电、供水、供气、公共交通、通信、邮电，这些都是公用企业。这些企业不破产，并不是欠债不还，由谁来还？政府来还，如果政府不管，那么照样破产。与国计民生有重大关系的企业是指资源、能源、电力、重要的汽车制造等企业，这些企业一般也不破产，不但中国这样，其他国家也这样。比如说在1979年美国的克莱斯勒公司，它是美国汽车三大支柱之一，它欠债100亿美元，还不起了，大家都说克莱斯勒肯定要破产了，破与不破只是时间问题，克莱斯勒的总裁叫雅克卡，他非常善于游说，通过他在国会两院的游说，美国国会给克莱斯勒拨款150亿美元，把这个公司给扶植起来了，到现在这个企业也没破产。那么为什么国会要给它拨款呢，因为它是三大汽车支柱之一，可以说它与国计民生有重大关系。那么在中国也是这样。

第二，债务人取得担保自破产申请之日起6个月内能清偿债务的，也不破产。在这种情况下为什么不破产，因为现在有人为其担保，担保这个企业在6个月内清偿债务，如果6个月内清偿不了，由担保人来偿还。那么这是有条件地把到期债务推后6个月，使不能清偿到期债务的状况暂时消失了，不再对债权人的利益有威胁了，这种情况下也不破产。

第三，企业上级主管部门申请对出现破产原因的企业进行整顿，这个企业和债权人会议进行和解并达成和解协议，那么也暂时不破产。

如何判定"不能清偿到期债务"，关于这一点，《最高人民法院〈关于审理企业破产案件若干问题的规定〉》第31条规定了两个要件：

第一，债务的履行期限已届满。

第二，债务人明显缺乏清偿债务的能力。

如果债务人停止支付到期债务并呈连续状态，如无相反证据，可推定为"不能清偿到期债务"。这里首先确定债务清偿期是否已到即清偿期限是否已届满；其次债务人明显缺乏清偿能力。这两个要件必须同时具备，缺一不可。这就是债务人不能清偿到期债务。

什么是"明显缺乏清偿能力"呢？比如说一个企业有10万元资产，欠了100万元的债务，而且已经到期了，债权人来讨债了，企业负责人马上向银行贷款，银行也愿意贷给他，把100万元的债务还清了，这不叫明显缺乏清偿能力。就是说你能拆东墙补西墙，能把原来到期的债务通过举新债还上，虽然债务并未消失，但已通过一种方式把原来已到期的债务变为未到期的债务，所以说明显缺乏清偿能力这一点不具备，不能认为债务人缺乏清偿能力。

如何理解"停止支付呈连续状态可以推定为不能清偿到期债务"？简单说就是债务清偿

期满了，债权人也提出债权主张了，债务人还了一部分但没全还清，剩下部分以后在一个相当长的时间内再也没有还，这叫停止支付呈连续状态。如债务人欠 100 万元，第一次还了 6 万元，然后每一星期都还你 50 元，连续 5 年都这样做了，那么这算不算停止支付呈连续状态？不算。只要债务人能举出这样的证据来，即举出一个反证来就不能推定为不能清偿到期债务。

第二节　破产程序

一、破产申请

能提出破产申请的主体有两个，即债权人和债务人。

（一）债权人申请

只要企业不能清偿到期债务，债权人即可向法院申请其破产。债权人申请破产应提供法定文件：

第一，债权发生的事实及有关证据。

第二，债权性质、数额、有无担保并附证据。

第三，债务人不能清偿到期债务的情况及有关证据。比如说，合同规定支付货款的时间到了，但债务人没有支付并持有没有支付的证明，债权人可以向法院提供这些文件。债权人申请破产，只要债务人不能清偿到期债务就可以申请宣告其破产，债权人没有义务去判断这个企业是否亏损，他也无法去判断这个企业是否亏损。

（二）债务人申请

债务人可以申请自己破产。债务人申请破产应当提交下列文件：

（1）书面破产申请。

（2）企业主体资格证明。

（3）企业法定代表人与主要负责人名单。

（4）企业职工情况和安置预案。

（5）企业亏损情况的书面说明，并附审计报告。

（6）企业至破产申请日的资产状况明细表，包括有形资产、无形资产和企业投资情况等。

（7）企业在金融机构开设账户的详细情况，包括开户审批材料、账号、资金等。

（8）企业债权情况表，列明企业的债务人名称、住所、债务数额、发生时间和催讨偿还情况。

（9）企业债务情况表，列明企业的债权人名称、住所、债权数额、发生时间。

（10）企业涉及的担保情况。

（11）企业已发生的诉讼情况。
（12）人民法院认为应当提交的其他材料。

国有企业申请破产时，还应当提交其上级主管部门同意其破产的文件；一个企业的厂长认为经营不下去了想破产，不能说破就破，因为这里涉及国有资产问题。这时上级同意你才能申请，上级不同意申请破产，那么上级领导得采取措施进行挽救。

其他企业应当提交其开办人或者股东会议决定企业破产的文件。

二、破产案件的管辖和受理

（一）破产案件的管辖

有权管辖破产案件的只有人民法院，其他任何组织和部门都没有权力管辖破产案件。

法院管辖涉及地域管辖和级别管辖。

（1）地域管辖。地域管辖就是债务人住所地的法院对破产案件有管辖权。这与民诉上的原告就被告原则相似。债务人欠钱还不起就类似被告的角色，债务人所在地的法院有权管辖破产案件。债务人的主要办事机构所在地为其住所地，债务人无办事机构的，其注册地人民法院对该破产案件有管辖权。

（2）级别管辖是根据企业登记管理机关的级别来确定法院的管辖级别，所以基层法院一般管辖县、区、县级市或者区的工商行政管理部门登记的企业破产案件；中级人民法院管辖地区、地级市（含本级市）以上工商管理机关核准登记的企业破产的案件。因此，只要是地区、地级市以上工商行政管理机关登记的企业破产案件，中级法院都可以管辖。纳入国家计划调整的企业破产案件也由中级人民法院管辖。

上下级法院之间可以依照《民事诉讼法》第39条的规定实行移交管辖。省、自治区、直辖市范围内因特殊情况需对个别企业破产案件的地域管辖作调整的，必须经共同上级法院批准。

（二）破产案件的受理

法院在接到破产案件申请之日起的7日内决定是否立案，7日是法定的时间。如果申请材料不全，需要补正（补充、更正）材料的，法院可以要求申请人补正有关材料，申请人按期补正的，法院在接到补正材料之日起7日内决定是否立案。申请人未按期补正的，视为撤回申请。7日期限届满，如果法院认为破产申请符合立案条件的，准予受理并以案件受理通知书的形式送达债权人和债务人，通知书作出时间为破产立案时间。

法院受理破产案件后不能立即进入破产宣告程序的，可以依法成立临时监管组织——企业监管组接收该企业。企业监管组成员由企业上级主管部门的代表、股东会代表、企业原管理人员、主要债权人组成，也可以聘请会计师、律师参加。企业监管组对法院负责并接受法院的指导和监督。企业监管组的职责包括：清点、保管企业财产；核查企业债权；为企业利益而进行的必要经营活动；支付法院许可的必要支出；法院许可的其他工作。这一内容是最高人民法院司法解释的最新规定，原来没有这一内容。

认为不符合立案条件的，驳回申请，对此申请人不服有权提出上诉，上诉期限为自驳回申请裁定送达之日起 10 天。不予受理的情形包括：

（1）债务人有隐匿、转移财产等行为，为了逃避债务而申请破产的。
（2）债权人借破产申请毁损债务人商业信誉，意图损害公平竞争的。
（3）债务人巨额财产下落不明且不能合理解释财产去向的。

债务人对提出破产申请的债权人的债权提出异议并且法院认为异议成立，应告知债权人先行提起民事诉讼，破产申请不予受理。

法院如果受理破产案件应在法定时间内向申请人和被申请人发出通知，在法院公告栏张贴受理公告，并要求债务人接到通知之日起的 15 日内提交有关材料，材料提交上来以后，在法定时间内向债权人发出通知，同时向社会发出公告。

那么接到通知的债权人在 1 个月内，未接到通知的债权人在 3 个月内向法院申报债权。法院的通知和公告应写明债权申报的时间、地点及逾期未报的法律后果，第一次债权人会议召开的时间、地点。

申报债权的期限是 1 个月和 3 个月，在法定期限内不申报的视为自动放弃。比如说某人发现了自己的债务人已经被申请破产了而不申报债权，他认为债务人欠他的债，但债务人的一大笔财产在他手里作为质押标的，债务人破产这笔财产就是他的了，结果他在法定的 1 个月内或 3 个月内没申报债权，这笔债即一笔勾销了。以后债权人有财产，其占有的质押标的物只能按无偿占有的债务人的财产，必须返还给破产企业。这里也有例外情况，即债权人虽然未能在法定的期限内申报债权，但是因不可抗拒的事由或者其他正当理由耽误期限的，在破产财产分配前可向清算组申报债权，该申报的债权由清算组审查，法院确定，债权人会议对法院同意该债权人参加破产财产分配有异议的，可以向法院申请复议。

（三）破产案件受理的法律后果

破产案件受理后产生下列法律后果：

破产程序是解决债权债务关系的强制程序，这一强制程序优先于任何其他民事诉讼程序，因此，破产案件一经被受理，与破产案件当事人有关的其他所有民事纠纷案件都必须为此让步。

1. 民事诉讼程序的中止或终结

这个问题依《最高人民法院〈关于审理企业破产案件若干问题的规定〉》第 19 条、第 20 条的规定分为几种情况：

（1）人民法院受理企业破产案件后，以债务人为原告的其他民事纠纷案件尚在一审程序的，受诉人民法院应当将案件移送受理破产案件的人民法院；案件已进行到二审程序的，受诉法院应当继续审理。

（2）人民法院受理企业破产案件后，以债务人为被告的其他债务纠纷案件，按以下情况分别处理：

首先，受诉法院已经受理但尚未审结且无其他被告和无独立请求权的第三人的，应当中止诉讼，由债权人向受理破产案件的人民法院申报债权；待企业被宣告破产后，终结诉讼。

其次，尚未审结并有其他被告和无独立请求权的第三人的，应当中止诉讼，由债权人向受理破产案件的法院申报债权，待破产程序终结后恢复审理。比如，A 是出现破产原因的债务人，其债权人 B 向甲法院提起要求 A 履行债务的请求给付之诉，甲法院受理后正在审理过程中，A 的债权人 C 向乙法院对 A 提出破产申请，乙法院受理并立了案，这时，甲法院对 B 与 A 的经济纠纷案必须终结，不能再继续审理，B 只能就其对 A 享有的债权向乙法院申报，参加 A 的破产程序。如果甲法院尚未审结但是 A 另有连带责任人 D 和 E，甲法院应当中止审理，由 B 向乙法院申报债权，如果破产程序终结后，B 只得到了 30% 的偿还，这时，甲法院恢复对 B 请求给付之诉案件的审理，由 A 的连带责任人 D 和 E 对 B 未获清偿的另 70% 部分给予偿还。

再次，债务人是从债务人的债务纠纷案件继续审理。如甲、乙、丙三个企业，甲是债权人，乙是甲的债务人，丙因不能清偿到期债务而被申请破产并已由法院受理，乙的 100 万元债务中的 5 万元由丙提供担保，甲、乙的债务纠纷已经在其他法院审理之中，这时，此案不因丙被破产立案而中止。

（3）对破产企业的其他民事执行程序应当中止。这里的"其他民事执行程序"是指在破产程序之外的针对被破产立案的企业所作出的民事判决、裁定、决定的执行程序。包括：其他法院已审结但未执行或未执行完毕的民事判决；其他法院已审结但未执行或未执行完毕的民事裁定；其他法院已审结但尚未执行或未执行完毕的已生效的关于财产部分的刑事判决、裁定；已申请法院执行但尚未执行或未执行完毕的仲裁裁决；已向人民法院提出执行申请但尚未执行或未执行完毕的公证机关依法赋予强制执行效力的债权文书，这时由申请执行人凭生效的法律文书向受理破产案件的法院申报债权。这好比是，一个债务人欠我一大笔钱，我通过提起民事诉讼程序，法院判决这个债务人必须还我钱，判决书都做出来了，已经生效还没有执行时，我的这个债务人被破产立案了，已生效的判决书不能执行了，到嘴边的肥肉跑了。这时我只能拿这个已生效的法律文书到受理破产案件的法院去申报债权。这时，债权能受偿多少可就没有保证了。偿还率如果只有 0.2% 的话，剩下未偿还的钱即一笔勾销了。但是，如果执行了，相对来说，其他债权人应得到的份额就减少了。所以说你已执行部分拿走就算了，没执行的就不能再执行了。

（4）对债务人实施的一切财产保全措施应当中止，包括对已经查封、扣押、冻结或以其他方式予以保全的债务人财产，均应解除保全措施。

2. 法院受理破产案件对债务人产生的法律后果

（1）债务人在法院受理破产案件后，有义务妥善保管好其财产、账册、文书、资料和印章；不得隐匿、私分、转让、出售企业财产；有义务将其亏损情况、会计报表、债务清册和债权清册等以书面形式向法院提交。

（2）其法定代表人有义务列席债权人会议并回答债权人的询问，不得擅离职守，否则法院可依《民事诉讼法》第 102 条的规定视情节轻重，予以罚款、拘留；构成犯罪的，依法追究刑事责任。

（3）被破产立案的企业为其他债务人担任保证人的，法院受理破产案件后，被破产立案的企业有义务发出通知，债权人接到通知后，可以参加破产程序，也可以不参加破产程序，如果参加破产程序了，通过分配破产财产受偿，未获清偿部分他有权向他的债务人即被保证人继续要求赔偿，接到通知以后他既不参加破产程序也不告知保证人的，那么保证人的保证义务到此终止。通知的时间以收到法院关于破产立案的通知之日起计算5日内，不是立案之日起5日。

（4）债务人不得对个别债权人清偿债务，如果对个别债权人清偿了，其他债权人就会因此而受到损失。因此，债务人不经法院许可，既不得个别清偿债务，也不得以其财产设立新的担保。其维持正常生产经营所必须支付的费用也必须经法院审查批准。

3. 法院受理破产案件对债权人产生的法律后果

法院受理破产案件后，被破产立案的企业的债权人只能申报债权，通过破产程序受偿，而不能就该债权向法院提起新的诉讼；有财产担保的债权人未经法院许可也不得行使优先权。

4. 法院受理破产案件对第三人产生的法律后果

这里的第三人就是指被破产立案的企业的开户银行和债务人的债务人及财产持有人。被破产立案的企业即债务人的开户银行应停止办理债务人清偿债务的一切结算业务，支付债务人维持正常业务所必需的费用，必须经法院许可；债务人的开户行不得扣划债权人的既有存款和汇入款抵偿债务人的贷款，扣划的无效，必须返还，如不返还，法院可以通知其开户银行采取强制措施，但经法院依法许可的除外。

被破产立案企业的债务人和财产持有人在法院受理破产案件后，必须按照法院通知要求的时间和数量偿还债务或交付财产，如对法院通知的内容有异议，可以申请法院裁定。

三、债权人会议

债权人会议是由申报债权的债权人组成的，集体行使权力讨论决定有关破产法定事项的临时性机构。任何一个国家在其破产法中都规定了债权人会议制度，以通过这一制度保证所有债权人公平地得到偿还，因为破产程序中涉及债权人的所有事项都要在债权人会议上决定。债权人会议由债务人的所有申报债权的债权人组成，包括有财产担保的债权人和无财产担保的债权人，有财产担保的债权人可就担保物优先受偿，无财产担保的债权人必须通过参加破产程序，从其债务人有限的财产中得到偿还，取回权人也包括在内。另外，代位债权人也是债权人会议的成员。代位债权人就是债务人的保证人替债务人偿还了债务，这时候，他即取得代位债权，成为债务人的债权人。上述债权人可以自己出席债权人会议，也可以书面委托代理人出席债权人会议并授权其行使表决权。

债权人会议设主席1人，由法院指定。法院必须依法从有表决权的债权人中指定债权人会议主席。必要时，法院可以指定多名债权人会议主席，成立债权人会议主席委员会。

哪些人在会议上有表决权呢？有财产担保的债权人无表决权，无财产担保的债权人在债权人会议上才有表决权。无担保的债权人又分为三种：第一种是本身就无财产担保的债权人，即债权成立时就没有设立担保；第二种是有财产担保的债权人放弃了优先受偿权后，视为无财产担保债权；第三种是债务人的保证人履行了保证义务后，取得代位债权，这时他也是无财产担保的债权人。所以，无财产担保的债权人有这三种，这三种债权人分两类：一类是有财产担保的债权人，另一类是无财产担保的债权人。

债权人会议主席实质上只不过是个会议的组织者。

第一次债权人会议在债权申报期限（即受理破产立案公告3个月期限）届满后的15日内召开，由人民法院召集并主持。如一个破产案件于5月1日立案并发布公告，从5月1日这一天起申报债权就已经开始了，那么债权申报期限届满的最长时间是3个月，那就应该在8月1日—15日的期间内召开第一次债权人会议。人民法院在第一次债权人会议上宣布债权人资格审查结果，指定并宣布债权人会议主席，宣布债权人会议的职权及其他有关事项，通报债务人经营及债务情况。

以后的债权人会议在出现以下四种情况之一时召开：

第一，人民法院认为必要时。

第二，债权人会议主席认为必要时。

第三，清算组要求时。

第四，占无财产担保债权总额1/4以上的债权人要求时。

这四种情形中的任意一种情形出现都可以召开债权人会议，这是不定期的。前三种情形比较好理解，第四种情形举例说明一下，比如说，债务人的债务总额是100万元，有A、B、C、D、E 5个债权人，其享有的债权额分别为：A是20万元，B是35万元，C是25万元，D是10万元，E是10万元。B在成立债权时设了担保，那么在提议召开债权人会议时，只要提议的债权人所代表的债权额占无财产担保债权总额1/4以上，即65万元的1/4，也就是16.25万元，债权人会议就可以召开。这里只强调债权额数，而不强调债权人人数。

除因债务人的财产不足以支付破产费用而提前终结破产程序外，不得以一般债权的清偿率为零为理由而取消债权人会议。

债权人会议的职权包括以下三个方面：

第一，讨论审查有关债权的证明材料，确认债权有无财产担保及其数额。作为债权人谁都愿意自己的债权是有财产担保的债权，因为这样其债权可以得到百分之百的满足，但是担保是不是符合法律规定的条件，不符合法律规定条件的不能优先受偿，这个权利是由债权人会议来行使的。

第二，讨论通过和解协议草案。债务人要与债权人会议和解，首先债务人必须提出和解协议草案，提交债权人会议讨论，若通过有什么好处，不通过有什么坏处，由于涉及债权人的切身利益，因此在债权人会议上进行充分讨论，最后决定是否通过以达成和解。

第三，审阅清算组的清算报告。

第四，讨论通过破产的变价和分配方案。财产怎么分，由债权人会议决定。

债权人会议决议的条件：在我们国家和其他国家都一样，债权人会议决议的形成实行双重条件的原则，就是说债权人会议如果作出一般决议，必须同时具备两个条件：第一个条件是必须得有出席债权人会议的多数债权人通过；第二个条件就是债权人所代表的债权额必须占无财产担保债权总额的多数，决议才为有效。如果两个条件不能同时具备那么通过的决议是无效的。比如说，一个债务人负有120万元的债务，有A、B、C、D、E、F、G 7个债权人，其数额分配是这样的：A是5万元，B是10万元，C是15万元，D是30万元，E是40万元，F是10万元，G是10万元。在成立债权之初，B是有财产担保的债权人，D也是有财产担保的债权人，那么在通过债权人会议决议的时候，表决结果有ABCD、BCDE、ACG、CEF、CDFG、ABCFG 6种，那么，哪种表决结果能通过债权人会议的一般决议？那就看法律关于债权人会议决议通过的条件是怎样规定的。我国《破产法》规定，债权人会议通过一般决议要由出席会议的有表决权的债权人过半数通过，并且其所代表的债权额必须占无财产担保债权总额的半数以上；通过和解协议草案，过半数的债权人所代表的债权额必须占无财产担保债权总额的 2/3 以上。

针对这两个条件，看一下这六种表决结果。首先看看无财产担保债权人有多少个，是 6 个，过半数就是 3 人以上；再看看无财产担保债权总额是多少，除去 B 的 10 万元和 D 的 30 万元共 40 万元有财产担保的债权，80 万元为无财产担保债权，它的半数就是 40 万元。那么能同时满足这两个条件的有 CEF 和 ABCFG 两组结果。通过和解协议草案要求过半数的债权人所代表的债权额必须占无财产担保债权总额的 2/3 以上，那么只有 CEF 一组符合要求。这里要求同时满足两个条件既在人数上坚持了少数服从多数，又照顾了大宗债权额的债权人的利益。

少数债权人拒绝参加债权人会议不影响债权人会议的召开，但是债权人会议作出的决议不得剥夺拒绝参加债权人会议的债权人对破产财产受偿的机会，也不得作出不利于其受偿的决议。

债权人会议决议的效力：债权人会议依法作出的决议，对全体债权人均有约束力。全体债权人，既包括有财产担保的，也包括无财产担保的，既包括参加会议的，也包括未参加会议的，既包括投赞成票的，也包括投反对票的。只要决议的程序及内容合法，决议对所有的债权人即都有效。

债权人会议作出决议后，如果债权人对债权人会议的决议有异议，即认为债权人会议的决议违反法律、法规的规定，可以在决议作出之日起的 7 日内提请法院裁定。7 日届满没有人提出异议决议即生效。

四、破产和解和破产整顿

（一）和解

和解和整顿，特别是整顿是我们国家破产法特有的，是有中国特色的东西。和解当然是一种程序了。那么，为什么破产法要有和解和整顿程序呢？一个债务人还不起债就让它破产算了，但破产有它好的一面，就是说可以淘汰落后，将浪费社会资源又不能带来效益的企业及时淘汰掉；但也会带来很多负效应，既会产生大量失业人口，也不能使债权人的债权得到全额满足，那么这对债权人对社会都是不利的。针对这种情况，所以对有挽救希望的企业还是尽量挽救，不让它破产。这样就产生了一个和解程序。

和解是指法院在受理破产案件后至破产程序终结前，为避免债务人破产，经债务人向法院申请、债权人会议和债务人自愿或者在法院的建议下债权人会议与债务人就债务的延期偿还或者减免达成协议，协议经法院裁定认可后生效使破产程序中止的一种法律程序。通过这一程序给了债务人一个再生的机会，这就是和解。

1. 和解的发生条件

和解因下列情况之一出现并提出和解协议草案而发生：

（1）债务人向法院提出和解申请。如果是国有企业破产，必须是债权人申请的案件才能和解，债务人自己申请破产的案件不能和解。其他企业破产，不论是债权人还是债务人申请破产，债务人都可以申请和解。

（2）法院提出和解建议被债权人会议和债务人接受。法院在审理破产案件过程中认为有必要和解，可以主动建议双方和解。

（3）债权人会议愿意与债务人和解。债权人会议认为和解比破产对债权人更有利时，可以主动与债务人和解。

（4）因整顿申请的提出而和解。对于国有企业破产，法院受理破产案件之日起的3个月内其上级主管部门提出整顿申请，或者超过3个月而在破产宣告前提出整顿申请。后者是最新司法解释的新规定。对于非国有企业或者是国有企业但是无上级主管部门的，由股东会议决议并以股东会的名义提出整顿申请。整顿申请被法院同意后，进入和解程序。和解达成后开始整顿，整顿工作由企业上级主管部门或者股东会指定的人员负责。整顿的期限不超过2年。

2. 和解的程序条件

（1）必须由债务人向债权人会议提出和解协议草案，和解协议草案必须经债权人会议通过。

（2）债权人会议通过的和解协议须经人民法院认可。

3. 和解的时间条件

和解可以在破产案件受理后在破产宣告作出前提出，也可以在破产宣告作出后提出。

上述条件完全具备后，和解协议生效并产生如下效力：

第一，生效的和解协议对债权人及债务人都产生约束力，债权人、债务人都必须认真履行和解协议规定的各项义务。

第二，破产程序中止。和解协议生效后，破产程序暂时不再进行，进入整顿程序。

（二）整顿

整顿程序结果分两种情况：

1. 期限届满而终结整顿

确定的整顿期限届满了，出现两种结果：一是继续破产程序，即没有达到预期的目的，整顿失败。二是整顿期限届满，和解的目的已经达到，把所有欠债都还了，那么这时候这个企业恢复了原来的民事主体资格。

2. 在整顿期间终结整顿

在整顿期间终结整顿有7种情况：

（1）整顿期间不遵守和解协议。债务人在整顿期间不履行和解协议，那么整顿目标就不能实现，这样的整顿只能是进一步浪费财富，如果不整顿债权人本应得到多一点的偿还，经过整顿原有的财产又给浪费掉了，这时应当立即终结整顿程序。

（2）财务状况继续恶化。整顿没有好转反而恶化了，这时整顿就不能再继续进行了，应及时终结。

（3）有下列5种情况之一出现时，要终结整顿。这就是《企业破产法（试行）》第35

条第 1 款规定的 5 种行为：第一，隐匿、私分或无偿转让财产，这种行为肯定使财产总额减少；第二，非正常压价出售财产，即以明显低于市场价格的价格出售财产；第三，对原来没有财产担保的债务提供财产担保，原来没有担保的债权人本来是应按照破产程序来受偿的，在这里结果可以优先受偿了，该债权人优先受偿了，其他债权人应得的份额就相应减少了；第四，对未到期的债务提前清偿；第五，放弃自己的债权。具备上述所列行为之一的，法院应裁定终结整顿，恢复并宣告债务人破产。

五、破产宣告与破产清算

（一）破产宣告的概念和条件

破产宣告是法院对债务人具备破产原因的事实作出有法律效力的裁定。对债务人来说，破产宣告就像一个自然人被宣判死刑一样，它虽然还未被注销，但其性质已发生根本变化，原来它是为生产经营而存在，而在破产宣告后它只为清偿债务而存在。

破产宣告必须具备法定条件：

（1）其首要条件肯定是达到破产界限了，即出现破产原因。

（2）和解和整顿被完全否定了，这时就可以宣告债务人破产。和解和整顿被完全否定，一种情况是与债权人会议没能达成和解，另一种情况就是不能和解，就是从根本上不能和解，即国有企业债务人自己申请破产的案件就直接进入破产程序，既不能和解也不能整顿。

（3）和解达成以后在整顿期间，出现前面所述的 7 种情况之一，即终结整顿进入破产程序进行破产宣告。

（二）破产宣告的程序和效力

破产宣告，是法院依法作出的，而且应当当庭宣告，债权人、债务人都应到庭，但是拒不到庭的也不影响宣告的效力。

破产宣告的法律后果：

（1）破产案件进入清算程序。进入清算程序以前，债务人可以进行一些生产经营，一旦进入清算程序，这个企业就不能进行生产经营了。所有的财产、债权债务都要进行清理。

（2）债务人成为破产人。债务人在破产宣告以后，就是破产人了。这好比是一个人故意杀了人，在宣判之前称为犯罪嫌疑人，宣判以后就是死刑犯。达到破产界限的债务人在这之前是债务人，是为了生产经营而存在，它被宣告破产以后虽然还没有马上被吊销营业执照，但只是为了清还债务而存在，那么称谓变了，它的性质也就变了，债务人的财产经营权和使用权也就丧失了。它的财产全部变为破产财产了，破产财产是谁的财产呢？是债权人的财产。债务人丧失对其原有财产的支配权。同时，其必须停止生产经营活动，但是经法院许可可以为债权人利益确有必要的生产经营。

（3）债务人被宣告破产后，债务人的法定代表人，从破产宣告这一天起不能再对债务人的经营管理事务行使权力，他必须履行破产法为其规定的各项义务。他必须同财会人员、财务保管人员留守企业。

（4）债权人权利的特别许可。

债权人未到期的债权视为已到期的债权，如某债权人的一项债权10月1日才到期，其债务人在5月1日被宣告破产，则该债权不能等到10月1日再来申报，这时候没到期视为已到期，但应减除未到期的利息。

有财产担保的债权人可以就担保物优先受偿，没宣告之前别除权不能优先受偿。

对破产企业负有债务的债权人可以依法行使抵销权，就是说这个债权人和破产人互为债权债务关系，他也欠破产人的债务，这时候就拿相同部分抵销，作为抵销权人，他负有的债务应小于其所享有的债权，才能行使抵销权，如果他享有的债权小于债务，他还是抵销权人吗？就不叫抵销权人了。如一个债权人欠一个破产企业5万元，破产企业欠他10万元，这时应以债务人享有的债权作为抵销的标准，即以债务人享有的5万元为标准抵销，而不能以10万元为标准来抵销。如果以债权人享有的债权抵销，抵销完5万元后，还得再从破产企业拿5万元给该债权人，这个债权人这时即100%受偿了，这对其他债权人是不公平的。

取回权人依法可以行使取回权。由破产企业占有但不属于其所有的财产，这时权利人可以取回，如破产人租借的设备，出租人可以取回了，这类财产是不能给分掉的，当破产财产分配的时候取回权标的物仍未被取回可以提存。

（5）对第三人产生的效力。

一是破产企业所有债务人应按法院通知的要求偿还债务，就是说破产人也有债务人，只要法院通知其偿还，它就得偿还，不论该债务是否到期；二是破产人的财产持有人应当按照法院的通知向清算组交付财产；三是破产人的开户银行应当将破产人的银行账户供清算组使用。四是债务人的财产在其他民事诉讼程序中被查封、扣押、冻结的，采取此类强制措施的法院在接到受理破产案件的法院的通知后必须解除此类强制措施，并向受理破产案件的法院办理移交手续。

（6）对破产企业在破产宣告前订立的但未履行或未履行完毕的合同，清算组依法有权决定解除或继续履行。合同相对人在破产宣告后有权督促清算组尽快作出决定。如果清算组决定继续履行合同，应当向合同对方当事人给予充分的对待给付或提供相应的财产担保；清算组如果决定解除合同，因此给合同对方当事人造成损失的，受损害人的损害赔偿额作为破产债权申报。

法院作出破产宣告后，债权人或者债务人对破产宣告有异议的，可以在破产宣告作出之日起的10日内向上一级法院申诉，上一级法院应当组成合议庭进行审理，并在30日内作出裁定。

破产清算组又称为破产清算人，是指在破产宣告后成立的，依法独立执行清算事务的临时性机构。

人民法院自破产宣告之日起15日内成立清算组，其成员由法院从企业上级主管部门、政府财政部门及专业人员中指定。人民银行分（支）行可以依法派人参加清算组。

清算组设组长1人，由人民法院指定。清算组可以聘请律师、审计师、会计师、工程师等专业人员。

清算组的职权包括：接管破产企业；清理破产企业的财产并编制有关账册、表格；管理、处分破产财产；制定破产财产的变价和分配方案；参加必要的诉讼活动；办理企业的注销登记手续；法院指定的其他事项。

清算组对法院负责并报告工作，接受法院的领导和监督；清算组必须列席债权人会议，接受债权人的询问。清算组对破产财产应当及时登记、清理、评估、审计、变价，并采取一切有效措施妥善保管破产财产。

六、破产债权

破产债权就是破产宣告前成立的通过破产财产的分配能够得到公平受偿的财产请求权。破产债权具有如下法律特征：

第一，破产债权是破产宣告前即已发生的债权。

第二，破产债权是财产请求权。请求权很多，比如说一个企业侵犯了人家的肖像权，非法使用了一个没有签约的模特的肖像，该模特对其提起诉讼，并要求其赔礼道歉、消除影响、赔偿损失，这些主张是不是都是请求权？如果法院对该企业已经作出了破产宣告，那么在这些权利主张中，哪一个才算破产债权？很显然有财产内容的"赔偿损失"才能作为破产债权，所以说破产债权必须是财产请求权，就是可以用货币计算的权利。而赔礼道歉不能用金钱计算，所以不能作为破产债权。

第三，破产债权是不能就特殊财产优先受偿的债权，即无财产担保的债权。那么，有财产担保的债权，可以就担保物优先受偿，只有无财产担保的债权才能通过破产程序受偿。那么放弃优先受偿权的有财产担保的债权，也可以视为破产债权。

第四，破产债权必须依破产程序申报。破产债权必须申报并经确认，未申报的债权视为自动放弃，那么该债权无论其数额多大都不存在了，因此不再是破产债权。

破产债权的范围：

第一，破产宣告前发生的无财产担保的债权。

第二，有财产担保的债权其数额超过担保标的物价款未受清偿的部分，如债权是10万元，而担保物的价款只有8万元，超过的2万元即为破产债权。

第三，破产企业的担保人，或其他连带责任人，为破产人清偿债务后而取得的代位债权为破产债权，这时该债权人也是破产债权人。

第四，清算组依法解除破产人未履行或未完全履行的合同，给合同另一方当事人造成损失，受损害人的损害赔偿额为破产债权。该债权的计算以实际损失为计算原则。

第五，因票据关系而发生的债权。票据的出票人破产，而付款人或承兑人不知其事实而向持票人付款或承兑，由此而产生的债权为破产债权。票据有以下几种：支票、汇票和本票。比如汇票承兑以后，承兑人即承担无条件付款的义务，出票人被宣告破产，付款人、承兑人不知道这种情况，付款了或承兑了，那么这个时候付款人或承兑人说，既然破产了你快把钱还给我吧，能这样吗？不能了。这时付款人或承兑人付款或承兑是他自己的事，他不能就这样跟人家追回已支付或承兑的款项了，而只能将该款项作为破产债权申报，通过破产程序受偿。

第六，破产宣告时未到期的债权视为已到期债权，但应当减除未到期的利息。未到期的债权视为已到期的债权，应当减去未到期的利息，因为等到到期了，这个破产企业已经不存在了，没有什么财产可还的了，这时只能让它作为已到期的债权来得到偿还了。

第七，放弃了优先受偿权的有财产担保的债权。那么有没有这样的债权人放弃优先受偿权呢？有，但很少，如虽然有担保，但无法就担保物行使优先受偿权，那么该债权人可能放弃优先受偿权，成为破产债权人参加破产程序从破产财产中得到偿还。

第八，债务人的受托人在债务人破产后，为债务人的利益处理委托事务而发生的债权为破产债权。如债务人委托某人为其追讨债务，该受托人在为其追讨债务过程中的合理支出，在该债务人破产后，即成为破产债权。

第九，债务人发行债券而形成的债权为破产债权。如债务人原为有资格发行公司债券的公司或者其他法人企业，经国务院证券管理部门批准向社会发行过债券的，债券持有人享有的债权为破产债权。

第十，债务人的保证人依照《担保法》第32条规定预先行使追偿权而申报的债权为破产债权。《担保法》第32条规定："人民法院受理债务人破产案件后，债权人未申报债权的，保证人可以参加破产财产分配，预先行使追偿权。"如甲、乙、丙三人，甲是乙的债权人，丙是乙的保证人，乙被破产立案后，甲没有申报债权，丙在未履行保证责任的情况下，为了减轻自己的损失，可预先向甲行使追偿权。丙行使的追偿权即破产债权。

第十一，债务人为保证人的，在破产宣告前已经被生效的法律文书确定承担的保证责任，因此而形成的债权为破产债权。如甲、乙、丙三人，甲是乙的债务人，丙是甲的保证人。因甲对乙未履行债务并下落不明，乙将丙诉到法院要求其履行保证责任。法院判决丙应当偿还甲所欠的债务，该判决生效但是未执行时丙被破产立案。这时乙对丙享有的请求权为破产债权。

第十二，债务人在破产宣告前因侵权、违约给他人造成财产损失而产生的赔偿责任，对方享有的请求权为破产债权。

第十三，债务人退出联营应当对该联营企业的债务承担责任的，联营企业的债权人对该债务人享有的债权属于破产债权。

第十四，财政、扶贫、科技管理等行政部门通过签订合同，按有偿使用、定期归还原则发放的款项可以作为破产债权。

第十五，取回权的标的物在破产宣告前毁损灭失的，取回权人只能以直接损失额申报债权，该债权为破产债权。

第十六，法院认可的其他债权。

下列债权不属于破产债权：

第一，破产债权在破产宣告后的利息。利息是使用本金的代价，破产宣告后破产企业不可能再使用本金了，因此，利息不能再继续计算。

第二，债权人参加破产程序的费用。如果这类费用都计入破产债权的话，破产债权将一直处于不确定状态，破产程序将无限期地拖下去。

第三，在法定期间内未申报的债权及其他超过诉讼时效期间的请求权。

第四，在破产宣告前对破产人科处的罚款、罚金及没收财产。这些行政处罚及刑事处罚如未执行或未执行完毕，即不得再执行，因为破产宣告后破产人的财产已属全体债权人的财产，如果执行了对原破产人的处罚就等于对全体债权人的处罚，这显然是不公平的。

第五，债务人在法院受理破产案件后未支付应付款项的滞纳金，不属于破产债权。这些滞纳金包括债务人未执行生效法律文书应当加倍支付的迟延利息和劳动保险金的滞纳金。

第六，破产企业的股权、股票持有人在股权、股票上的权利。如股利的请求权等。

第七，破产财产分配开始后向清算组申报的债权。

第八，债务人开办单位对债务人未收取的管理费、承包费。

第九，清算组解除合同的违约金。

第十，职工向企业的投资。

第十一，政府无偿拨付给债务人的资金。

七、破产财产

（一）破产财产的范围

破产财产又称破产财团，指破产宣告时至破产程序终结前，所有归破产人拥有的可用于破产分配的全部财产的总和。这里"所有归破产人拥有的"应该是归破产企业经营管理的财产总和，即归其经营管理的和它取得的全部财产总和。

关于破产财产各国立法不一，有的是采取固定主义，有的是采取膨胀主义，我国就是采取膨胀主义的立法主张来确定破产财产的范围，这个膨胀主义就是只要破产程序没终止，在破产宣告至破产程序终结前破产企业所取得的一切财产都归入破产财产。固定主义，就是从破产宣告之日起，破产宣告之前破产人所取得的财产，归入破产财产；破产宣告之后，破产人所取得的任何财产都归破产人所有，不归入破产财产。这两种主张各有利弊，固定主义有利于破产人破产后马上东山再起，但是对债权人利益的实现就不利了；那么膨胀主义可以充分保证债权人的利益，但是债务人的利益就得不到更多的保证了。但是好在我国实行法人破产，它破产以后，一般该法人就不存在了，留着财产也没用，所以我国实行膨胀主义的立法主张有其现实意义。

1. 破产财产的范围

第一，破产宣告时破产企业所有的和经营管理的全部资产。这是一个非常抽象的范围，那么这里还有别的财产，如设立了抵押的财产，取回权人没取回的财产，借用、租用别人的财产，那么这都不能算破产财产。

第二，破产企业在被宣告破产后，到破产终结前所取得的财产、破产人的债务人偿还的债务和获得的利息、破产人的财产持有人交付的财产，都应该归入破产财产，还有行使撤销权追回的财产等。

第三，应该由破产企业行使的其他财产权利，包括专利权、商标权、专有技术等；破产企业与其他企业联营所投入的财产和应当得到的利益。

第四，包括破产企业在中国境外购买的股票、债券和投资也可并入破产财产。

第五，债务人与他人共有的物、债权、知识产权等财产或者财产权，应当在破产清算中予以分割，债务人分割所得属于破产财产；不能分割的，应当就其应得部分转让，转让所得属于破产财产。

第六，债务人的开办人在开办时出资不足的，债务人破产立案后应当予以补足，补足部分属于破产财产。

第七，债务人破产前受让他人财产并依法取得所有权或者土地使用权的，不论是否已支付或者已完全支付对价，该财产仍属于破产财产。如债务人在破产前买了一辆汽车，但是只支付1/3价款时被破产立案，这时该汽车仍是破产财产。

第八，债务人的财产被采取民事诉讼执行措施的，在受理破产案件后尚未执行的或者未执行完毕的剩余部分，在破产宣告后列入破产财产。因错误执行应当执行回转的财产，在执行回转后列入破产财产。

第九，债务人依照法律规定取得代位求偿权的，依该代位求偿权享有的债权属于破产财产。如债务人作为保证人履行了保证义务后，他对被保证人享有的债权列入破产财产。

第十，债务人在破产宣告时未到期的债权视为已到期的债权，属于破产财产，但是应当减去未到期的利息。

第十一，债务人设立的分支机构和没有法人资格的全资机构的财产以及在其全资企业中的投资权益属于破产财产。

第十二，债务人对外投资形成的股权，清算组可以将其出售、转让，出售、转让所得和股权收益为破产财产。

2. 下列财产不属于破产财产

第一，取回权的标的物。其包括债务人基于仓储、保管、加工承揽、委托交易、代销、借用、寄存、租赁等法律关系占有、使用的他人财产。

第二，债务人财产中依《担保法》设立了担保的财产和他人依照法律规定享有优先权的财产。其包括抵押物、留置物、出质物，但是权利人放弃优先受偿权的或者优先偿付被担保债权剩余的部分及优先偿付特定债权剩余的部分除外。

第三，担保物灭失后产生的保险金、补偿金、赔偿金等代位物。

第四，特定物买卖中，尚未转移占有但相对人已完全支付对价的特定物。

第五，尚未办理产权证或者产权过户手续但已向买方交付的财产。

第六，债务人在所有权保留买卖中尚未取得所有权的财产。

第七，所有权专属于国家且不得转让的财产。

第八，破产企业工会所有的财产。

第九，破产企业的职工住房，已经签订合同、交付房款，进行房改给个人的，不属于破产财产。

第十，债务人的幼儿园、学校、医院等公益福利性设施，不属于破产财产。

3. 破产财产的收回

收回破产财产由清算组负责，经法院同意，也可以由清算组聘请律师或者其他中介机构人员实施。对债务人享有的债权，其诉讼时效因法院受理债务人的破产申请之日起而中断。债务人与债权人会议达成和解协议的，诉讼时效自法院作出中止破产裁定之日起重新计算。在收回财产时，债务人的全资企业资不抵债的以及其股权价值为负值的，清算组应停止追收。

4. 破产财产的处理

清算组处理破产企业未办理土地征用手续的集体土地使用权,应依法在该集体范围内转让。处理不具备房改条件的职工住房或者职工不购买的住房,清算组根据实际情况处理。

5. 破产财产的变现

变现破产财产,应当依法以拍卖方式进行。但是在拍卖时,应注意以下几点:即依法不得拍卖的、拍卖所得不足以支付拍卖费用的、依法限制流通的破产财产不得拍卖。

(二) 破产财产的分配方案

1. 分配方案内容

破产分配要由清算组制订分配计划、分配方案。分配方案要交由债权人会议表决通过并经法院裁定认可,从法院裁定作出之日起生效,生效后按分配方案来分配。分配方案应包括下列内容:

(1) 可供分配破产财产的种类、总值,已经变现的财产和未变现的财产。
(2) 债权清偿顺序、各顺序的种类与数额。
(3) 破产债权总额和清偿比例。
(4) 破产分配的方式、时间。
(5) 对将来能够追加的财产拟进行追加分配的说明。

2. 分配的原则

破产财产分配应贯彻下列原则。

(1) 破产财产按法定顺序分配。
(2) 破产财产在没有满足上一顺位的全部清偿要求时,不得进行下一顺位的分配。
(3) 破产财产不能满足同一顺位的清偿要求时,按比例分配。

(三) 破产财产的分配方式

破产财产分配包括现金分配、实物分配和债权分配。

破产财产优先拨付破产费用后,按下列顺序分配:

(1) 破产企业所欠职工的工资和劳动保险费(第一顺位)。除了破产企业原正式职工的工资和劳动保险费外,还包括劳动者因破产企业解除劳动合同依法或者依劳动合同对企业享有的补偿金请求权、破产企业所欠的非正式职工(含短期劳动工)的劳动报酬和企业职工集资款,都在这一顺位优先偿还。但是集资款中违反法律的高额利息部分不受保护。

(2) 破产企业所欠的税款(第二顺位)。
(3) 破产债权(第三顺位)。

破产财产不进行拍卖或者拍卖不成的,可以分配实物。

列入破产财产的债权在便于债权人实现的原则基础上,可以进行债权分配。债权分配时,由清算组向债权人出具债权分配书,债权人凭债权分配书向债务人行使权利,债务人拒不履行的,债权人可以申请法院强制执行。

破产程序终结后,又发现可供分配的破产财产的,由法院或者保留下来的清算组、清算组成员按上述原则进行追加分配。该追加分配的财产包括法院行使撤销权追回的财产,在破产程序中因纠正错误支出收回的款项，因权利被承认追回的财产，债权人放弃的财产以及破产程序终结后实现的财产权利等。

债权人在指定期限未领取财产的，清算组可以提存，并向债权人发出催领通知书，债权人收到催领通知书 1 个月后或者清算组发出催领通知书 2 个月后，债权人仍未领取的，清算组应当将该部分财产进行追加分配。

八、取回权

取回权就是从清算人接管的财产中取回不属于破产企业所有的财产的请求权，就是破产企业占有的，但是不归它所有的财产，那么债权人有权通过清算组，请求取回。

取回权的标的物为所有的由破产人合法占有的和非法占有的他人的财产。

取回权人行使权利的相对人是清算组。

取回权一般是原物取回，另外还有一种特别取回权。特别取回权范围很小，它只针对异地交易，就是说在未支付货款或没有全额支付货款的情况下，发货人在对方已经破产但没有实际占有的情况下，可取回自己财产。

取回权标的物应原物返还，但在破产宣告后因清算组的责任毁损灭失的或者债务人转让取回权标的物获利的，取回权人有权获得等价赔偿。

因取回权标的物发生争议的，由受理破产案件的法院裁定。

九、别除权

别除权就是有财产担保债权，别除权的权利人即有财产担保债权人不依破产程序就担保物优先受偿。别除权的标的物是从破产财产中别除掉的那部分财产，其不得列入破产财产。

别除权的构成要件为：

第一，别除权必须是在破产宣告前一定时间合法成立的。《破产法》第 35 条规定，破产人在人民法院受理破产案件前 6 个月至破产宣告的期间内，对原来没有财产担保的债务提供财产担保的无效。也就是说，别除权必须是在法院受理破产案件前 6 个月之前即已合法成立，否则无效。

第二，别除权是对物设立的担保。这里的物是指破产人用于担保的特定的物，债权人可就其优先受偿。

第三，别除权是经依法申报并经确认的债权。即使是有财产担保的债权，如果权利人不按法定期限申报也视为自动放弃，这时，如果权利人占有担保标的物，必须按法院的通知返还，而不能优先受偿。

别除权人行使优先受偿权不受破产程序的约束，如果别除权人占有担保物，可自行折价或变价优先受偿；如果别除权人不占有担保物，其行使优先权时必须通过清算组，才能折价或变价优先受偿。

行使别除权时，如果其标的物的价款超过债权数额时，超过部分收归破产财产；如果债权数额超过担保物价款时，超过部分作为破产债权申报。

十、破产抵销权

破产抵销权是指破产债权人在破产宣告前对破产人负有债务的，不论债务性质、种类及是否到期，在破产宣告前可以等额抵销的权利。抵销权的行使对破产债权人来说，等于抵销部分破产债权是100%受偿，它也是一种优先受偿权，因此，它的行使涉及全体债权人的利益，行使抵销权必须符合法定条件：

第一，破产抵销权的行使必须以破产债权申报为前提，并且该债权已经得到确认。

第二，主张抵销的债权债务均发生在破产宣告之前。

第三，抵销时必须以破产债权人对破产人所负的债务数额为标准来抵销，而不能以破产债权人所享有的债权数额为标准来抵销。

第四，附停止条件的破产债权，在条件未成就时，破产债权人不得行使抵销权；附解除条件的破产债权，在条件未成就时，可以行使抵销权；但是，破产债权人在解除条件成就前主张抵销的，必须按抵销债务额提供相应的担保。

第五，破产债权人行使抵销权必须向清算组提出请求，经许可方可行使。

十一、破产费用

破产费用是指为维护破产债权人的共同利益而从破产财产中支付的费用。其包括：

第一，破产财产的管理、变价、分配所需要的费用。

第二，破产案件的诉讼费用。

第三，债权人会议费用。

第四，催收债务所需费用。

第五，为破产债权人的共同利益而在破产程序中支付的其他费用。

破产案件的受理费从破产财产中支付，当债务人的财产不足以支付破产费用的，如果破产申请是由债权人提出的，由债权人支付。

清算期间破产企业职工的生活费、医疗费等同于破产费用，可以从破产财产中优先拨付。

破产费用的支付受债权人会议的监督，破产费用从破产财产中优先拨付，破产费用根据需要随时拨付。当破产财产不足以支付破产费用时，法院根据清算组的申请终结破产程序。

十二、破产程序的终结

破产程序的终结是指受理破产案件的人民法院以裁定的方式宣告破产案件的最终结束。破产程序终结的情形有以下三种：

（1）经过和解程序，债务人能够按和解协议清偿债务的。

（2）破产财产不足以支付破产费用的。

（3）破产财产分配完毕，清算组申请终结破产程序的。

破产程序终结产生如下法律后果：

（1）因和解成功，债务人清偿了全部债务而终结破产程序，债务人的民事主体资格继续存在。

（2）因破产财产不足以支付破产费用及破产财产分配完毕而终结破产程序，破产企业的民事主体资格不复存在，其未偿还的债务全部豁免。

（3）债权人会议因破产程序终结而自动解散。

（4）清算组在破产程序终结后，办理完破产企业的注销登记后由人民法院宣布撤销。但是，在破产程序终结后仍有可以追收的财产、追加分配等善后事宜需要处理的，经法院同意可以保留清算组或者保留部分清算组成员。

破产程序终结后，清算组应将破产企业的账册、文书等卷宗材料移交给破产企业的上级主管部门，无上级部门的移交给企业开办人或者股东保存。

第十二章
劳动法与劳动合同法

第一节 劳动法

案例讨论

2009年起,大学生小孔因为勤工俭学,一直在南京某商场工作,并且连续两年都签订了实习协议书。今年2月份,小孔在工作期间,因为所在部门正常调整布局,需要拆装部分货架,期间必须挪动货架并将多余的货架送到货架房。按照工作规定,小孔与两个同事用推车一起将多余的T型货架送至后场仓库,每人一辆推车。物流卸货平台有一段下坡路,小孔担心货架倾斜倒塌,侧身一手扶推车的扶手,一手扶货架,下坡时货架滑下倒塌,砸到右脸颊。当时有轻微肿痛,小孔到商场的医务室治疗,医生建议观察几天,没有形成任何病历。之后,小孔感觉症状严重,只好到医院治疗,在医院被诊断为右颊关节受伤,建议打封闭治疗。经过一次右关节上腔封闭后,症状有所缓解,但两周后症状复发,并且有所加重。小孔与商场交涉,商场为小孔向保险公司理赔了4 000余元,并建议小孔向人力资源和社会保障局申请工伤认定。随后,小孔自述了事情经过,商场在小孔所写的书面材料上盖章证明。之后,小孔中断学业,先后在南京、北京、武汉以及杭州等地的医院进行治疗。虽然该商场也积极配合,并出具了相关材料。但是,在之后的申请工伤认定过程中,因为小孔系在校学生,与商场未形成劳动合同关系,该伤害事故被认定为不属于《工伤保险条例》调整范围。小孔无法得到补偿,于是向法院提起诉讼。法院在审理时查明商场在该事故过程中未尽到安全保障义务,但小孔在该事故过程中由于操作方法不当,也有一定的过错。经过法院调解,双方最终达成调解意见,商场考虑到大学生仍在学校从事学习的具体情况,一次性给付小孔医疗费、交通费、住宿费、伙食费、误工费等共计22 000元。

试分析:小孔为什么不能认定为工伤?

一、劳动法概述

(一)劳动法的立法概况

劳动法是指调整劳动关系以及与劳动关系有密切联系的其他社会关系的法律规范的总和。

我国的劳动法体系主要包括:

（1）《中华人民共和国宪法》（以下简称《宪法》）。《宪法》是制定劳动法律制度的基本依据。

（2）《中华人民共和国劳动法》（以下简称《劳动法》）。《劳动法》于1994年7月5日第八届全国人民代表大会常务委员会第八次会议通过，自1995年1月1日起施行。劳动法是劳动法律制度的基本法，其立法目的在于保护劳动者的合法权益，调整劳动关系，建立和维护适应社会主义市场经济的劳动制度。其他劳动法律法规以此为基础而制定。

（3）《中华人民共和国劳动合同法》（以下简称《劳动合同法》）《中华人民共和国就业促进法》（以下简称《就业促进法》）《中华人民共和国社会保险法》（以下简称《社会保险法》）《中华人民共和国劳动争议调解仲裁法》等相关法律。

《劳动合同法》于2007年6月29日第十一届全国人民代表大会常务委员会第二十八次会议通过，自2008年1月1日起施行，主要规定了用人单位与劳动者建立劳动关系，订立、履行、变更、解除或者终止劳动合同的内容。《就业促进法》于2007年8月30日第十届全国人民代表大会常务委员会第二十九次会议通过，自2008年1月1日起施行，其立法目的是促进就业，促进经济发展与扩大就业相协调，促进社会和谐。

《社会保险法》于2010年10月28日第十一届全国人民代表大会常务委员会第十七次会议通过，自2011年7月1日起施行，其立法目的是规范社会保险关系，维护公民参加社会保险和享受社会保险待遇的合法权益，使公民共享发展成果，促进社会和谐稳定。这四部法律为《劳动法》的主要配套规定，与《劳动法》一同构成了劳动法律制度的基本体系。

（4）国务院及劳动与社会保障部（现人力资源和社会保障部）相关劳动法规、规章，各省、自治区、直辖市人民政府制定的地方性劳动法规与规章。以《劳动法》为基础，国务院及劳动与社会保障部（现人力资源和社会保障部）还制定了相应的劳动法规和规章。如国务院于2008年9月3日通过的《中华人民共和国劳动合同法实施条例》、2007年12月7日通过的《职工带薪年休假条例》，劳动和社会保障部于2001年5月8日通过的《社会保险行政争议处理办法》等。《劳动法》还规定省、自治区、直辖市人民政府可根据《劳动法》和劳动地区的实际情况，规定劳动合同制度的实施步骤，报国务院备案。

（二）劳动法的适用范围

1. 适用于《劳动法》的范围

《劳动法》第2条规定："在中华人民共和国境内的企业、个体经济组织（以下统称用人单位）和与之形成劳动关系的劳动者，适用本法。国家机关、事业组织、社会团体和与之建立劳动合同关系的劳动者，依照本法执行。"

可见《劳动法》的适用范围主要包括以下三个方面：

（1）企业、个体经济组织和与之形成劳动关系的劳动者。企业是指依法设立以营利为目的的法人或非法人组织。个体经济组织是指经工商部门批准登记注册，并领取营业执照的个体工商户。从这里看，《劳动法》排除了一般非营利的自然人作为用人单位的资格。

（2）国家机关、事业单位和社会团体。国家机关、事业单位和社会团体分为两种情况，公务员及参考公务员法管理聘用的人员不适用于《劳动法》。国家机关、事业组织、社会团体实行劳动合同制度的以及按规定应实行劳动合同制度的工勤人员；实行企业化管理的事业组织的人员；其他通过劳动合同与国家机关、事业组织、社会团体建立劳动关系的劳动者，适用《劳动法》。

2. 不适用于《劳动法》的范围

《贯彻执行〈中华人民共和国劳动法〉若干问题的意见》规定了以下不适用于《劳动法》的范围：

（1）农村劳动者。这里的农村劳动者主要指的是在农村务农的劳动者，乡镇企业职工和进城务工、经商的农民应适用于《劳动法》。

（2）现役军人。现役军人适用于相关军事法规，且不存在与企业或个人经济组织之间的雇用或管理关系。

（3）家庭保姆。家庭保姆的雇用者一般为家庭或自然人，不符合《劳动法》第2条规定的用工主体条件，仅能视为雇佣关系处理。而且家政服务业本身具有一定的特殊性，如工作时间不易界定、时间长短也无法用《劳动法》来调整，一般家庭也无法为保姆办理相应的社会保险，这使得家庭保姆不受《劳动法》的调整。

到目前为止，我国尚没有一部调整规范家政服务业的全国性法律或法规。

（4）退休人员。根据劳动部《关于实行劳动合同制度若干问题的通知》第13条的规定，已享受养老保险待遇的离退休人员被再次聘用时，双方可不建立劳动关系，但用人单位应与其签订书面协议，明确聘用期内的工作内容、报酬、医疗、劳保待遇等权利和义务。

（5）大学生勤工俭学。根据《关于贯彻执行〈中华人民共和国劳动法〉若干问题的意见》第12条的规定："在校生利用业余时间勤工俭学，不视为就业，未建立劳动关系，可以不签订劳动合同。"在司法实践中，将应届毕业生的就业型实习也视为劳动关系的建立。

二、劳动关系

劳动关系是指用人单位与劳动者之间在劳动过程中建立的社会关系。劳动关系具有以下几个法律特征：

1. 劳动合同主体具有特定性，主体必须为劳动者和用人单位

（1）劳动者。

1）劳动者的定义。劳动者是指具有劳动能力，以从事劳动获取合法劳动报酬的自然人。

2）最低就业年龄。《劳动法》第15条规定："禁止用人单位招用未满16周岁的未成年人。"本条规定了最低的就业年龄为16岁。文艺、体育和特种工艺单位招用未满16周岁的未成年人，必须依照国家有关规定，履行审批手续，并保障其接受义务教育的权利。根据2002年国务院颁布的《禁止使用童工规定》，使用一名童工每月处5 000元处罚，限期不改正的可以处每人每月1万元罚款；童工患病受伤，用人单位负担全部医疗和生活费用；童工伤残、死亡的，如属机关事业单位的，直接责任人给予行政或纪律处分；对伤残死亡的童工按工伤标准给予赔偿；拐骗童工，强迫童工劳动，使用童工从事高空、井下、放射性、高毒、易燃易爆以及国家规定的第四级体力劳动强度的劳动，使用不满14周岁的童工，造成童工死亡或者严重伤残的，还应依法追究刑事责任。

3）劳动者的基本权利。《劳动法》第 3 条第 1 款规定了劳动者有以下权利：平等就业和选择职业的权利、取得劳动报酬的权利、休息休假的权利、获得劳动安全卫生保护的权利、接受职业技能培训的权利、享受社会保险和福利的权利、提请劳动争议处理的权利以及法律规定的其他劳动权利。

案例讨论：

某建筑公司在 2010 年 8 月招收了一批农民工并与之签订了两年的劳动合同。合同履行开始后，建筑公司只在开始的两个月按照合同约定给工人发了工资，之后一直拖欠工人工资。工人多次请求发放工资，建筑公司均表示工程款未能收回无钱发工资，同时却经常要求工人加班，使得每位工人的平均日工作时间达到了 13 小时，如果有工人不愿加班，就以所拖欠工资不予发放相威胁。在建筑过程中，因建筑公司未采取完善的防护措施，使得一名工人在工地上被高空落下的砖头砸伤，构成九级伤残。工人上医院就诊后，建筑公司仅支付了部分医疗费，且工人发现建筑公司并未按照合同上的承诺及法律的规定，为其缴纳社会保险费。

为此，工人们组织起来，推选代表准备向劳动争议仲裁委员会申请仲裁。建筑公司得知后，派人对代表进行威胁和殴打。

试分析：建筑公司的上述行为侵害了劳动者的哪些权利？

4）劳动者义务。《劳动法》第 3 条第 2 款规定了劳动者应当承担以下义务：完成劳动任务、提高职业技能、执行劳动安全卫生规程、遵守劳动纪律和职业道德。

（2）用人单位。

1）用人单位的概念。用人单位是指依法使用和管理劳动者并付给其劳动报酬的单位。

2）用人单位的权利。用人单位的主要权利有：录用职工方面的权利、劳动组织方面的权利、劳动报酬分配方面的权利、劳动纪律方面的权利等。

3）用人单位的义务。《劳动法》第 4 条规定了用人单位应承担以下义务：依法建立和完善规章制度、保障劳动者享有劳动权利和履行劳动义务。

2. 用人单位与劳动者之间具有特定的人身关系

劳动者在劳动期间，其行为受用人单位意志的支配与约束；在执行职务过程中，劳动者按照用人单位的意志实施行为。因此用人单位与劳动者之间有管理与被管理的隶属关系。

（二）劳动关系与劳务关系、承揽关系的区分

案例讨论：

11 月 10 日，宁津县某粮管所发现一车小麦不干净，就临时找了张某等 6 人在粮管所小麦车前卸车扬麦子。张某负责从麦车上解袋往扬场机里倒麦子，不料工作过程中，张某从麦车滑下，左腿被卷进扬场机里，造成左腿多处骨折。事故发生后，张某被送往医院治疗，共花去医药费 8 000 多元，后经宁津县法院技术室鉴定其伤情已构成 8 级伤残。为维护合法权益，张某将该粮管所诉至宁津县法院，同时认为自己与粮管所是劳动关系，其受到伤害造成的损失应由粮管所全部承担。粮管所则认为，其与原告是承揽合同关系，根据承揽合同的法律特征即承揽人在工作中自己承担风险。因此，原告对自己的伤害应自己承担责任。

试分析：某粮管所和张某之间是何种法律关系？

如前所述，劳动关系是指国家机关、事业单位、企业、社会团体和个体经济组织（统称为用人单位）与劳动者个人之间，依据劳动法律规范，签订劳动合同，劳动者接受用人单位的领导和管理，从事用人单位安排的工作，成为用人单位的成员，从用人单位领取报酬和受劳动法律保护所产生的权利义务关系。

劳务合同的概念很宽泛，目前尚没有明确统一的法律定义。劳务合同有广义与狭义之分。广义的劳务合同是指一切与提供活劳动服务（即劳务）有关的协议。它属于民法调整的范畴，该合同标的是劳务。狭义的劳务合同仅指雇佣合同，即指双方当事人约定，在确定或不确定期间内，一方向他方提供劳务，他方给付报酬的合同。本章所称劳务合同是指狭义的劳务合同，即指两个或两个以上的平等主体之间就劳务事项进行等价交换过程中形成的一种经济关系。其特征为：双方为平等主体，可能是法人之间的关系，也可能是自然人之间的关系，还可能是法人与自然人之间的关系；其内容和表现形式是多样化的，法律没有规定固定的格式或必备的条款，其内容可依照《合同法》第12条的规定，由当事人根据具体情况自主随机选择条款。合同可以采用口头、书面或其他形式。

承揽关系是指当事人一方按另一方的要求完成特定工作，并交付工作成果，另一方接受工作成果并给付一定报酬的关系。完成特定工作的一方称为承揽人，相对方称为定作人。承揽人的主要义务是按定作人的要求完成一定的工作，并交付工作成果。

定作人的主要义务则是接受工作成果并支付报酬。《合同法》规定承揽事项包括加工、定作、修理、复制、测试、检验等工作。其特征是：承揽关系是以完成一定工作为目的的合同；是标的物具有特定性的合同；是承揽人以自己的设备、技术和劳动力独立完成工作的合同；是定作人可以采用留置定作物的方式担保的合同。

劳动关系、劳务关系与加工承揽关系三者具有以下区别：

（1）主体不同。劳动关系的主体是确定的，即一方是用人单位，包括国家机关、事业单位、企业、社会团体或个体经济组织；另一方只能是劳动者，该劳动者是自然人，而且必须是符合劳动年龄条件，且具有与履行劳动合同义务相适应的劳动权利能力和劳动行为能力的自然人。而劳务关系、承揽关系的主体是不确定的，可能是法人之间的关系，也可能是自然人之间的关系，还可能是法人与自然人之间的关系。

（2）关系不同。劳动关系两个主体之间不仅存在财产关系即经济关系，还存在着人身关系，即行政隶属关系。也就是说，劳动者除提供劳动之外，还要接受用人单位的管理，服从其安排，遵守其规章制度等。劳动关系双方当事人，虽然法律地位是平等的，但实际生活中的地位是不平等的。这就是我们常说的用人单位是强者，劳动者是弱者。而劳务关系、承揽关系两个主体之间只存在财产关系，或者说是经济关系。即劳动者提供劳务服务或加工承揽成果，用人单位支付报酬。彼此之间不存在行政隶属关系，而是一种相对于劳动关系当事人，主体地位更加平等的关系。

（3）劳动主体的待遇不同。劳动关系中的劳动者除获得工资报酬外，还有福利待遇、社会保险等。工资支付方式为持续性的、定期的支付，其金额必须符合当地有关最低工资标准的规定。而劳务关系、承揽关系中的自然人，一般只获得劳动报酬。劳动报酬的支付方式一般为一次性的即时清结或按阶段按批次支付，其金额由双方根据平等自愿的原则协商确定。

（4）适用的法律和解决纠纷的途径不同。劳动关系适用《劳动法》《劳动合同法》，而劳务关系、承揽关系则一般适用《民法通则》《合同法》。发生纠纷后，劳动关系应先经过劳动仲裁委员会的仲裁，而劳务关系和承揽关系的纠纷可以直接向法院提起诉讼。

（5）合同的法定形式不同。劳动关系用劳动合同来确立，其法定形式是书面的。而劳务关系、承揽关系须用劳务合同或加工承揽合同来确立，其法定形式除书面的以外，还可以是口头或其他形式。

（6）发生人身伤害的后果不同。在劳动关系中，出现劳动者伤亡事故的赔偿责任应由用人单位承担，劳动者可按《工伤保险条例》享受工伤保险待遇。在劳务合同中，一般由雇主承担人身损害赔偿的法律责任。在承揽合同中，承揽人在工作过程中发生的伤亡事故可以约定责任承担方。承揽合同中的伤亡事故的赔偿责任也应按人身损害的规定进行赔偿。若无约定，一般由承揽人自行承担法律责任和经济后果；但是由于定作人过错而导致承揽人损害的，则由定作人承担。

三、劳动基准法

案例讨论：

王某与某商场签订一份劳动合同，其中约定每日工作时间为早 10 点至晚 8 点，遇商场活动日则按活动内容延长工作时间。无论是否有法定节假日，均每周轮休 1 天。除法定节假日支付双倍工资外，王某未领到其他加班工资。王某工作两年后想请年休假 5 日遭到拒绝。

试分析：在本案中用人单位有什么违反劳动法的情形，请说明理由。

（一）工作时间

1. 工作时间的概念和种类

工作时间又称劳动时间，是指法律规定的劳动者在一昼夜和一周内从事劳动的时间。

标准工作时间。标准工作时间是指法律规定的在一般情况下都普遍适用的，按照正常作息安排的工时制度。《劳动法》第 36 条规定："国家实行劳动者每人工作时间不超过 8 小时的工时制度。"第 37 条规定："对实行计件工作的劳动者，用人单位应当根据本法第 36 条规定的工时制度合理确定其劳动定额和计件报酬标准。"第 38 条规定："用人单位应当保证劳动者每周至少休息一日。"以上三条规定了我国的标准工作时间。

2. 缩短工作时间

缩短工作时间是指法律规定的在特殊情况下劳动者的工作时间长度少于标准工作时间的工时制度，适用于：

（1）从事矿山井下、高山、有毒有害、特别繁重或过度紧张等作业的劳动者。

（2）从事夜班工作的劳动者。

（3）哺乳期的女职工。

3. 延长工作时间

（1）加班条件。用人单位由于生产经营需要，须经与工会和劳动者协商后方可延长工作时间。

(2) 加班时限。加班一般每人不得超过 1 小时；因特殊原因需要延长工作时间的，在保障劳动者身体健康的条件下延长工作时间每人不得超过 3 小时，但是每月不得超过 36 小时。但《劳动法》第 42 条规定了加班时限的特殊情况，即有下列情形之一的，延长工作时间不受上述限制：发生自然灾害、事故或者因其他原因，威胁劳动者生命健康和财产安全，需要紧急处理的；生产设备、交通运输线路、公共设施发生故障，影响生产和公众利益，必须及时抢修的；法律、行政法规规定的其他情形。

(3) 加班的报酬。《劳动法》第 44 条规定了加班时应支付的工资报酬：安排劳动者延长工作时间的，支付不低于工资的 150% 的工资报酬；休息日安排劳动者工作又不能安排补休的，支付不低于工资的 200% 的工资报酬；法定休假日安排劳动者工作的，支付不低于工资的 300% 的工资报酬。以上工资基数均按劳动者正常工资标准计算。

(二) 休息休假

1. 休息休假的概念和种类

休息休假是指劳动者行使休息权的一种方式，即劳动者依法在工作时间以外，不从事生产或工作而自行支配的时间。其包括工作日内的间歇时间、工作日间的休息时间与公休假日。

2. 休假

(1) 法定节假日。法定节假日是指根据国家、民族的风俗习惯等要求，由国家以法律形式统一规定的休息时间。《劳动法》第 40 条规定，用人单位在下列节日期间应当依法安排劳动者休假：元旦、春节、国际劳动节、国庆节、法律法规规定的其他休假节日。法律法规规定的其他休假节日目前还有中秋节、端午节等。

(2) 探亲假。探亲假是指劳动者与配偶或父母不住同一城市而可以享受的与配偶、父母团聚的假期。

根据国务院《关于职工探亲待遇的规定》，职工探亲假期为：职工探望配偶的，每年给予一方探亲假一次，假期为 30 天；

未婚职工探望父母，原则上每年给假一次，假期为 20 天，如果因为工作需要，本单位当年不能给予假期，或者职工自愿两年探亲一次，可以两年给假一次，假期为 45 天；已婚职工探望父母的，每 4 年给假一次，假期为 20 天。另外，根据实际需要给予路程假。上述假期均包括公休假日和法定节日在内。

职工在规定的探亲假期和路程假期内，按照本人的标准工资发给工资。

(3) 年休假。年休假是指劳动者在用人单位连续工作 1 年以上的，所享受的一定期限的带薪连续休假。

根据 2007 年国务院颁布的《职工带薪年休假条例》规定，机关、团体、企业、事业单位、民办非企业单位、有雇工的个体工商户等单位的职工连续工作 1 年以上的，享受带薪年休假。

年休假的期限为：职工累计工作已满 1 年不满 10 年的，年休假 5 天；已满 10 年不满 20 年的，年休假 10 天；已满 20 年的，年休假 15 天。国家法定休假日、休息日不计入年休假的假期。

同时《职工带薪年休假条例》还规定了不享受年休假的几种情形：职工依法享受寒暑假，其休假天数多于年休假天数的；职工请事假累计20天以上且单位按照规定不扣工资的；累计工作满1年不满10年的职工，请病假累计2个月以上的；累计工作满10年不满20年的职工，请病假累计3个月以上的；累计工作满20年以上的职工，请病假累计4个月以上的。

职工在年休假期间享受与正常工作期间相同的工资收入。

（三）工资

1. 工资的概念

工资是指用人单位依据法律规定和劳动合同约定的标准，根据劳动者所提供劳动的数量和质量，以货币形式支付给劳动者的劳动报酬。其包括计时工资、计件工资、奖金、津贴、补贴及特殊情况下的工资等。

2. 工资支付保障

（1）同工同酬。《劳动法》第46条规定："工资分配应当遵循按劳分配原则，实行同工同酬。"所谓同工同酬是指用人单位对于岗位、工作内容、工作时间方面等相同的劳动者，不分性别、年龄、民族差异，只要提供相同的劳动数量及质量，就应获得相同的劳动报酬。

（2）最低工资保障。《关于贯彻执行〈中华人民共和国劳动法〉若干问题的意见》第54条规定，最低工资是指劳动者在法定工作时间内履行了正常劳动义务的前提下，由其所在单位支付的最低劳动报酬。

用人单位支付劳动者的工资不得低于当地最低工资标准，且最低工资不包括延长工作时间的工资报酬，以货币形式支付的住房和用人单位支付的伙食补贴，中班、夜班、高温、低温、井下、有毒、有害等特殊工作环境和劳动条件下的津贴，国家法律、法规、规章规定的社会保险福利待遇。

最低工资的具体标准由省、自治区、直辖市人民政府规定，报国务院备案。

3. 工资支付方式

工资应当以货币形式按月支付给劳动者本人。不得克扣或者无故拖欠劳动者的工资。劳动者在法定休假日和婚丧假期间以及依法参加社会活动期间，用人单位应当依法支付工资。

四、劳动保护

（一）劳动安全卫生

1. 用人单位的劳动安全卫生义务

（1）建立、健全劳动安全卫生制度。《劳动法》第52条规定："用人单位必须建立、健全劳动安全卫生制度，严格执行国家劳动安全卫生规程和标准，对劳动者进行劳动安全卫生教育，防止劳动过程中的事故，减少职业危害。"

（2）建设劳动安全卫生设施。《劳动法》第 53 条规定："劳动安全卫生设施必须符合国家规定的标准。"

同时为保障劳动安全卫生设施的建立与维护，还规定"新建、改建、扩建工程的劳动安全卫生设施必须与主体工程同时设计、同时施工、同时投入生产和使用"。

（3）提供符合国家规定的劳动安全卫生条件和必要的劳动防护用品。

（4）对从事有职业危害作业的劳动者应当定期进行健康检查。

2. 劳动者的劳动安全卫生权利和义务

（1）取得特种作业资格的义务。此项义务针对从事特种工作的劳动者，如从事电工作业、金属焊接、矿山安全检查与救护、危险物品作业等工作的劳动者。《劳动法》第 55 条规定："从事特种作业的劳动者必须经过专门培训并取得特种作业资格。"

（2）遵守安全操作规程的义务。

（3）拒绝执行危险指挥的权利。劳动者对用人单位管理人员违章指挥、强令冒险作业，有权拒绝执行；对危害生命安全和身体健康的行为，有权提出批评、检举和控告。

3. 国家对劳动安全卫生的保障

国家建立伤亡事故和职业病统计报告和处理制度。县级以上各级人民政府劳动行政部门、有关部门和用人单位应当依法对劳动者在劳动过程中发生的伤亡事故和劳动者的职业病状况，进行统计、报告和处理。

（二）女职工和未成年工的特殊保护

1. 女职工的保护

（1）劳动强度限制。《劳动法》第 59 条规定："禁止安排女职工从事矿山井下、国家规定的第四级体力劳动强度的劳动和其他禁忌从事的劳动。"

（2）妇女特殊时期的保护。《中华人民共和国妇女权益保护法》规定，任何单位均应根据妇女的特点，依法保护妇女在工作和劳动时的安全和健康，不得安排不适合妇女从事的工作和劳动。妇女在经期、孕期、产期、哺乳期受特殊保护。任何单位不得以结婚、怀孕、产假、哺乳等为由，辞退女职工或者单方解除劳动合同。妇女特殊时期的保护在劳动法中有着具体体现。《劳动法》规定："不得安排女职工在经期从事高处、低温、冷水作业和国家规定的第三级体力劳动强度的劳动""不得安排女职工在怀孕期间从事国家规定的第三级体力劳动强度的劳动和孕期禁忌从事的活动。对怀孕 7 个月以上的女职工，不得安排其延长工作时间和夜班劳动""女职工生育享受不少于 90 天的产假""不得安排女职工在哺乳未满 1 周岁的婴儿期间从事国家规定的第三级体力劳动强度的劳动和哺乳期禁忌从事的其他劳动，不得安排其延长工作时间和夜班劳动"。

（3）享有与男子平等的劳动权利。《中华人民共和国妇女权益保护法》第四章还规定了妇女的劳动权益的保护，其中第 21 条规定："国家保障妇女享有与男子平等的劳动权利。"

第 22 条规定："各单位在录用职工时，除不适合妇女的工种或者岗位外，不得以性别为由拒绝录用妇女或者提高对妇女的录用标准。"第 23 条规定："实行男女同工同酬。在分配住房和享受福利待遇方面男女平等。"第 24 条规定："在晋职、晋级、评定专业技术职务等方面，应当坚持男女平等的原则，不得歧视妇女。"

2. 未成年工的保护

未成年工是指年满 16 周岁未满 18 周岁的劳动者。劳动法中对未成年人的保护主要有以下两点：

（1）不得安排未成年工从事矿山井下、有毒有害、国家规定的第四级体力劳动强度的劳动和其他禁忌从事的劳动。

（2）用人单位应当对未成年工定期进行健康检查。

第二节 劳动合同法

一、劳动合同法概述

《劳动合同法》由中华人民共和国第十届全国人民代表大会常务委员会第二十八次会议于 2007 年 6 月 29 日通过，自 2008 年 1 月 1 日起施行。在 2005 年《劳动法》颁布实施十周年时，我国曾进行了一次劳动执法大检查，发现在劳动合同制度实施上存在五大问题：一是事实劳动关系普遍化；有不少单位没有按照法律规定与职工签订劳动合同，尤其是私营企业更为突出，大量地使用农民工的建筑业、餐饮业的劳动合同签订率更低，这些都严重损害了劳动者的合法权益。二是劳动合同短期化；三是对试用期、违约金的滥用；四是劳务派遣用工不够规范；五是劳动争议率高，影响劳动关系的和谐稳定。在此背景下我国制定了《劳动合同法》，其宗旨就是要完善劳动合同，明确劳动双方的权利与义务，保护劳动者的合法权益，构建和谐稳定的劳动关系。

《劳动合同法》的适用范围为：中华人民共和国境内的企业、个体经济组织、民办非企业单位等组织（以下称用人单位）与劳动者建立劳动关系，订立、履行、变更、解除或者终止劳动合同。国家机关、事业单位、社会团体和与其建立劳动关系的劳动者，订立、履行、变更、解除或者终止劳动合同，依照劳动《合同法》执行。

二、劳动合同概述

（一）劳动合同的概念

劳动合同是劳动者和用人单位之间依法确立劳动关系，明确双方权利和义务的书面协议。其具有以下特征：

（1）劳动合同的主体特定。劳动合同的主体必然一方为用人单位，另一方为劳动者。

（2）劳动合同具有从属性。劳动者对用人单位具有从属性，用人单位有权依法对劳动者进行管理。

（3）劳动合同具有较强的法定性。劳动合同的订立方式、合同内容均有法律的严格规定。对劳动合同的解除与终止也有特别规定。

（二）劳动合同的种类

1. 固定期限的劳动合同

固定期限的劳动合同，是指用人单位与劳动者约定合同终止时间的劳动合同。用人单位与劳动者协商一致，可以订立固定期限的劳动合同。

2. 无固定期限的劳动合同

无固定期限的劳动合同，是指用人单位与劳动者未约定确定的终止时间的劳动合同。用人单位与劳动者协商一致，可以订立无固定期限的劳动合同。有下列情形之一，劳动者提出或者同意续订、订立劳动合同的，除劳动者提出订立固定期限的劳动合同外，应当订立无固定期限的劳动合同：

（1）劳动者在该用人单位连续工作满10年的。

（2）用人单位初次实行劳动合同制度或者国有企业改制重新订立劳动合同时，劳动者在该用人单位连续工作满10年且距法定退休年龄不足10年的。

（3）连续订立2次固定期限劳动合同，且劳动者没有《劳动合同法》第39条和第40条第1项、第2项规定的情形，续订劳动合同的。

另外，用人单位自用工之日起满1年不与劳动者订立书面劳动合同的，视为用人单位与劳动者已订立无固定期限的劳动合同。

3. 完成一定工作任务的合同

以完成一定工作任务为期限的劳动合同，是指用人单位与劳动者约定以某项工作的完成为合同期限的劳动合同。

三、劳动合同的订立

（一）劳动合同的订立方式

《劳动合同法》规定，建立劳动关系，应当订立书面劳动合同。已建立劳动关系，未同时订立书面劳动合同的，应当自用工之日起1个月内订立书面劳动合同。用人单位与劳动者在用工前订立劳动合同的，劳动关系自用工之日起建立。

用人单位若自用工之日起超过1个月不满1年未与劳动者订立书面劳动合同的，应当向劳动者每月支付2倍的工资；用人单位自用工之日起满1年未与劳动者订立书面劳动合同的，自用工之日满1个月的次日至满1年的前一日向劳动者每月支付2倍的工资，并视为自用工之日起满1年的当日已经与劳动者订立无固定期限的劳动合同。

（二）用人单位的知情权与告知义务

《劳动法》第8条规定了用人单位有权了解劳动者与劳动合同直接相关的基本情况，劳动者应当如实说明。以欺诈、胁迫的手段或者乘人之危，使对方在违背真实意思的情况下订立或者变更劳动合同的，劳动合同无效。

用人单位招用劳动者时，应当如实告知劳动者工作内容、工作条件、工作地点、职业危害、安全生产状况、劳动报酬,以及劳动者要求了解的其他情况。

四、劳动合同的内容

(一)劳动合同的必备条款

必备条款是指在劳动合同中是必须具备的条款。
《劳动合同法》第 17 条规定,劳动合同应当具备以下条款:
(1) 用人单位的名称、住所和法定代表人或者主要负责人。
(2) 劳动者的姓名、住址和居民身份证或者其他有效身份证件号码。
(3) 劳动合同期限。
(4) 工作内容和工作地点。
(5) 工作时间和休息休假。
(6) 劳动报酬。
(7) 社会保险。
(8) 劳动保护、劳动条件和职业危害防护。
(9) 法律、法规规定应当纳入劳动合同的其他事项。
《劳动合同法》第 81 条规定:"用人单位提供的劳动合同文本未载明本法规定的劳动合同必备条款或者用人单位未将劳动合同文本交付劳动者的,由劳动行政部门责令改正;给劳动者造成损害的,应当承担赔偿责任。"

(二)可备条款

可备条款是指除劳动合同必备条款外,法律允许用人单位与劳动者自行协商选择的条款。《劳动合同法》规定,用人单位与劳动者可以约定试用期、培训、保守秘密、补充保险和福利待遇等其他事项。

1. 试用期条款

(1) 试用期的期限限制。劳动合同期限 3 个月以上不满 1 年的,试用期不得超过 1 个月;劳动合同期限 1 年以上不满 3 年的,试用期不得超过 2 个月;3 年以上固定期限和无固定期限的劳动合同,试用期不得超过 6 个月。试用期包含在劳动合同期限内。劳动合同仅约定试用期的,试用期不成立,该期限为劳动合同期限。

(2) 试用期的次数限制。同一用人单位与同一劳动者只能约定一次试用期。另外以完成一定工作任务为期限的劳动合同或者劳动合同期限不满 3 个月的,不得约定试用期。

(3) 试用期的工资。劳动者在试用期的工资不得低于本单位相同岗位最低档工资或者劳动合同约定工资的 80%,并且不得低于用人单位所在地的最低工资标准。

(4) 试用期的劳动合同解除。在试用期内,劳动者可以随时解除合同。而在试用期内,用人单位解除劳动合同的,应当向劳动者说明理由,且可解除的情形仅限于以下几种:
1) 在试用期间被证明不符合录用条件的。
2) 严重违反用人单位的规章制度的。

3）严重失职，营私舞弊，给用人单位造成重大损害的。

4）劳动者同时与其他用人单位建立劳动关系，对完成本单位的工作任务造成严重影响，或者经用人单位提出，拒不改正的。

5）因《劳动合同法》第 26 条第 1 款第 1 项规定的情形致使劳动合同无效的。

6）被依法追究刑事责任的。

用人单位违反《劳动合同法》规定与劳动者约定试用期的，由劳动行政部门责令改正；违法约定的试用期已经履行的，由用人单位以劳动者试用期满月工资为标准，按已经履行的超过法定试用期的期间向劳动者支付赔偿金。

2. 服务期条款

（1）约定服务期的情形。《劳动合同法》第 22 条规定："用人单位为劳动者提供专项培训费用，对其进行专业技术培训的，可以与该劳动者订立协议，约定服务期。"也即约定服务期的情形限于用人单位为劳动者提供专项培训，并支付了专项培训费用。

（2）违反服务期约定的法律后果。劳动者违反服务期约定的，应当按照约定向用人单位支付违约金。

违约金的数额不得超过用人单位提供的培训费用。用人单位要求劳动者支付的违约金不得超过服务期尚未履行部分所应分摊的培训费用。

3. 保守商业秘密条款

《劳动合同法》第 23 条规定，用人单位与劳动者可以在劳动合同中约定保守用人单位的商业秘密和与知识产权相关的保密事项。

4. 竞业限制条款

（1）竞业限制的概念。竞业限制是指用人单位和劳动者在劳动合同或者保密协议中与劳动者约定，在解除或者终止劳动合同后，承担竞业限制义务的人员在一定期限内不得到与本单位生产或者经营同类产品、从事同类业务的有竞争关系的其他用人单位，或者自己开业生产或者经营同类产品、从事同类业务。

劳动者承担竞业限制义务的前提条件为用人单位具有商业秘密，且竞业限制的人员应限于用人单位的高级管理人员、高级技术人员和其他负有保密义务的人员。

（2）竞业限制的期限限制。依据《劳动合同法》的规定，竞业限制期限不得超过 2 年。

（3）竞业限制的范围。竞业限制的范围、地域、期限由用人单位与劳动者约定，竞业限制的约定不得违反法律、法规的规定，也即其范围不能超出合理的范围而任意扩大，应以能够与用人单位形成实际竞争关系的范围为限。

（4）经济补偿。劳动合同中应约定在解除或者终止劳动合同后，在竞业限制期限内按月给予劳动者经济补偿，而且还应该明确补偿的数额或计算公式。

五、劳动合同的效力

（一）劳动合同的生效

劳动合同的生效是指劳动合同产生法律约束力。《劳动合同法》第 16 条规定，劳动合同由用人单位与劳动者协商一致，并经用人单位与劳动者在劳动合同文本上签字或者盖章生效。劳动合同文本由用人单位和劳动者各执一份。

(二) 劳动合同的无效

1. 劳动合同无效的情形

《劳动合同法》第 26 条规定，下列劳动合同无效或者部分无效：

（1）以欺诈、胁迫的手段或者乘人之危，使对方在违背真实意思的情况下订立或者变更劳动合同的。

（2）用人单位免除自己的法定责任、排除劳动者权利的。

（3）违反法律、行政法规强制性规定的。

2. 劳动合同的无效处理

劳动合同部分无效，不影响其他部分效力的，其他部分仍然有效。劳动合同被确认无效，给对方造成损害的，有过错的一方应当承担赔偿责任。

劳动合同被确认无效，劳动者已付出劳动的，用人单位应当向劳动者支付劳动报酬。劳动报酬的数额，参照本单位相同或者相近岗位劳动者的劳动报酬确定。

对劳动合同的无效或者部分无效有争议的，由劳动争议仲裁机构或者人民法院确认。

六、劳动合同的履行和变更

(一) 劳动合同的履行

用人单位与劳动者应当按照劳动合同的约定，全面履行各自的义务。用人单位应当按照劳动合同约定和国家规定，向劳动者及时足额支付劳动报酬。用人单位拖欠或者未足额支付劳动报酬的，劳动者可以依法向当地人民法院申请支付令，人民法院应当依法发出支付令。

用人单位应当严格执行劳动定额标准，不得强迫或者变相强迫劳动者加班。用人单位安排加班的，应当按照国家有关规定向劳动者支付加班费。

劳动者拒绝用人单位管理人员违章指挥、强令冒险作业的，不视为违反劳动合同。

劳动者对危害生命安全和身体健康的劳动条件，有权对用人单位提出批评、检举和控告。

用人单位变更名称、法定代表人、主要负责人或者投资人等事项，不影响劳动合同的履行。用人单位发生合并或者分立等情况，原劳动合同继续有效，劳动合同由承继其权利和义务的用人单位继续履行。

(二) 劳动合同的变更

用人单位与劳动者协商一致，可以变更劳动合同约定的内容。变更劳动合同，应当采用书面形式。变更后的劳动合同文本由用人单位和劳动者各执一份。

七、劳动合同的解除和终止

（一）劳动合同的解除

1. 协商解除

《劳动合同法》第 36 条规定，用人单位与劳动者协商一致，可以解除劳动合同。

2. 劳动者单方解除

（1）提前通知解除。《劳动合同法》第 37 条规定，劳动者提前 30 日以书面形式通知用人单位，可以解除劳动合同。劳动者在试用期内提前 3 日通知用人单位，可以解除劳动合同。

（2）即时通知解除。《劳动合同法》第 38 条规定，用人单位有下列情形之一的，劳动者可以解除劳动合同：

1）未按照劳动合同约定提供劳动保护或者劳动条件的。

2）未及时足额支付劳动报酬的。

3）未依法为劳动者缴纳社会保险费的。

4）用人单位的规章制度违反法律、法规的规定，损害劳动者权益的。

5）因本法第 26 条第 1 款规定的情形致使劳动合同无效的。

6）法律、行政法规规定劳动者可以解除劳动合同的其他情形。

（3）无须通知解除。用人单位以暴力、威胁或者非法限制人身自由的手段强迫劳动者劳动的，或者用人单位违章指挥、强令冒险作业危及劳动者人身安全的，劳动者可以立即解除劳动合同，不需事先告知用人单位。

3. 用人单位单方解除

（1）用人单位即时解除。《劳动合同法》第 39 条规定，劳动者有下列情形之一的，用人单位可以解除劳动合同：

1）在试用期间被证明不符合录用条件的。

2）严重违反用人单位的规章制度的。

3）严重失职，营私舞弊，给用人单位造成重大损害的。

4）劳动者同时与其他用人单位建立劳动关系，对完成本单位的工作任务造成严重影响，或者经用人单位提出，拒不改正的。

5）因《劳动合同法》第 26 条第 1 款第 1 项规定的情形致使劳动合同无效的。

6）被依法追究刑事责任的。

（2）用人单位提前通知解除。《劳动合同法》第 40 条规定，有下列情形之一的，用人单位提前 30 日以书面形式通知劳动者本人或者额外支付劳动者 1 个月工资后，可以解除劳动合同：

1）劳动者患病或者非因工负伤，在规定的医疗期满后不能从事原工作，也不能从事由用人单位另行安排的工作的。

2）劳动者不能胜任工作，经过培训或者调整工作岗位，仍不能胜任工作的。

3）劳动合同订立时所依据的客观情况发生重大变化，致使劳动合同无法履行，经用人单位与劳动者协商，未能就变更劳动合同内容达成协议的。

（3）裁员。

1）裁员的情形。有下列情形之一，需要裁减人员20人以上或者裁减不足20人但占企业职工总数10%以上的，可以裁减人员。

a. 依照企业破产法规定进行重整的；生产经营发生严重困难的。

b. 企业转产、重大技术革新或者经营方式调整，经变更劳动合同后，仍需裁减人员的。

c. 其他因劳动合同订立时所依据的客观经济情况发生重大变化，致使劳动合同无法履行的。

2）裁员的人员留用。裁减人员时，应当优先留用下列人员：

a. 与本单位订立较长期限的固定期限劳动合同的。

b. 与本单位订立无固定期限劳动合同的。

c. 家庭无其他就业人员，有需要扶养的老人或者未成年人的。用人单位裁减人员，在6个月内重新招用人员的，应当通知被裁减的人员，并在同等条件下优先招用被裁减的人员。

3）裁员的程序。用人单位应提前30日向工会或者全体职工说明情况，听取工会或者职工的意见后作出裁员方案。裁减人员方案应向劳动行政部门报告，报告后方可裁员。

《劳动合同法》第43条还规定了用人单位单方解除合同的程序：用人单位单方解除劳动合同，应当事先将理由通知工会。用人单位违反法律、行政法规规定或者劳动合同约定的，工会有权要求用人单位纠正。用人单位应当研究工会的意见，并将处理结果书面通知工会。

4. 不得解除劳动合同的情形

劳动者有下列情形之一的，用人单位不得解除劳动合同：

（1）从事接触职业病危害作业的劳动者未进行离岗前职业健康检查，或者疑似职业病病人在诊断或者医学观察期间的。

（2）在本单位患职业病或者因工负伤并被确认丧失或者部分丧失劳动能力的。

（3）患病或者非因工负伤，在规定的医疗期内的。

（4）女职工在孕期、产期、哺乳期的。

（5）在本单位连续工作满15年，且距法定退休年龄不足5年的。

（6）法律、行政法规规定的其他情形。

（二）劳动合同的终止

《劳动合同法》第44条规定有下列情形之一的，劳动合同终止：

（1）劳动合同期满的。

（2）劳动者开始依法享受基本养老保险待遇的。

（3）劳动者死亡，或者被人民法院宣告死亡或者宣告失踪的。

（4）用人单位被依法宣告破产的。

（5）用人单位被吊销营业执照、责令关闭、撤销或者用人单位决定提前解散的。

（6）法律、行政法规规定的其他情形。

劳动合同期满，有《劳动合同法》第42条规定的不得解除劳动合同情形之一的，劳动合同应当续延至相应的情形消失时终止。但是，在本单位患职业病或者因工负伤丧失或者部分丧失劳动能力劳动者的劳动合同的终止，按照国家有关工伤保险的规定执行。

第十三章
仲裁与民事诉讼

第一节 仲裁

开篇案例：

甲是美国的一家公司，乙是中国的一家公司。甲、乙双方在北京履行中外合资经营企业合同时发生纠纷。

依据我国法律规定，请回答：

(1) 甲、乙双方能否以书面协议将纠纷提交美国联邦法院审理？为什么？

(2) 甲、乙双方能否订立仲裁协议，将该纠纷提交美国仲裁协会，通过仲裁方式解决？为什么？

经济活动过程中发生争议，解决争议的方式有协商、诉讼和仲裁等。协商是最经常采用的争议解决方式，效率高并有利于维持良好的业务关系。诉讼是通过国家审判机关解决争议，一切争议都可以通过诉讼解决，并最终得到一个有法律效力的裁决。仲裁是一种民间解决方式，仲裁机构是民间组织。仲裁是一种准司法，依法作出的裁决有法律执行力。

一、仲裁的概念及适用范围

（一）仲裁的概念

仲裁，又称公断，是指纠纷双方在纠纷发生前或者发生后达成协议或者根据有关法律规定，将纠纷交给中立的民间组织进行审理，并作出约束纠纷双方的裁决的一种解纷机制。

（二）仲裁的适用范围

仲裁是争议的民间解决方式，平等主体的公民、法人和其他组织之间发生的合同纠纷和其他财产权益纠纷，可以仲裁。

下列纠纷不能仲裁：

(1) 婚姻、收养、监护、扶养、继承纠纷。

(2) 依法应当由行政机关处理的行政争议。

（三）仲裁的效力

仲裁实行一裁终局的制度。裁决作出后，当事人就同一纠纷再申请仲裁或者向人民法院起诉的，仲裁委员会或者人民法院不予受理。

二、仲裁协议

（一）仲裁协议的含义和效力

1. 含义

仲裁协议是指双方当事人自愿将其发生的或可能发生的争议提交仲裁解决的共同意思表示。仲裁协议是民商事仲裁的前提，其内容应当包括以下三个要素：

（1）有明确的请求仲裁的意思表示。当事人在订立合同时，在"合同纠纷的解决方式"条款中，如欲选择仲裁途径解决争议，必须确切写明通过仲裁解决纠纷。

（2）有具体约定的提请仲裁的事项。无论是合同中的仲裁条款，还是事后双方达成的仲裁协议，必须对提请仲裁的事项予以明确约定，否则有可能导致仲裁协议无效。

（3）有选定的仲裁委员会。当事人在仲裁协议中必须约定向何地、何仲裁机关申请仲裁。

2. 效力

（1）仲裁协议赋予仲裁委员会管辖权，没有仲裁协议的仲裁委员会无权受理。

（2）仲裁协议同时排除法院的管辖权，有仲裁协议的，法院不得受理。

（二）仲裁协议的形式和内容

1. 形式

仲裁协议包括合同中订立的仲裁条款和以其他书面方式在纠纷发生前或者发生后达成的请求仲裁的协议。

2. 仲裁协议应当具有下列内容

（1）请求仲裁的意思表示。

（2）仲裁事项。

（3）选定的仲裁委员会。

三、仲裁程序

（一）申请与受理

1. 当事人申请仲裁应当符合下列条件

（1）有仲裁协议。

（2）有具体的仲裁请求和事实、理由。

(3) 属于仲裁委员会的受理范围。

当事人申请仲裁，应当向仲裁委员会递交仲裁协议、仲裁申请书及副本。

2. 受理

仲裁委员会在收到仲裁申请书5日内作出受理与否的决定，并通知当事人。

（二）仲裁庭的组成

1. 独任仲裁庭

仲裁庭可以由1人组成，当事人约定由1名仲裁员成立仲裁庭的，应当由当事人共同选定或者共同委托仲裁委员会主任指定仲裁员。

2. 合议仲裁庭

仲裁庭也可以由3人组成。当事人约定由3名仲裁员组成仲裁庭的，应当各自选定或者各自委托仲裁委员会主任指定1名仲裁员，第三名仲裁员由当事人共同选定或者共同委托仲裁委员会主任指定。第三名仲裁员是首席仲裁员。

（三）开庭与裁决

仲裁的审理过程包括开庭、搜集证据和调查事实、调解、采取保全措施及作出裁决等步骤。仲裁裁决应当在规定的期限内作出。作出仲裁裁决书的日期，即为仲裁裁决生效的日期，当事人应当依据仲裁裁决书自动履行。

（四）申请撤销仲裁裁决

当事人提出证据证明裁决有下列情形之一的，可以向仲裁委员会所在地的中级人民法院申请撤销裁决：

(1) 没有仲裁协议的。
(2) 裁决的事项不属于仲裁协议的范围或者仲裁委员会无权仲裁的。
(3) 仲裁庭的组成或者仲裁的程序违反法定程序的。
(4) 裁决所根据的证据是伪造的。
(5) 对方当事人隐瞒了足以影响公正裁决的证据的。
(6) 仲裁员在仲裁该案时有索贿受贿、徇私舞弊、枉法裁决行为的。

人民法院经组成合议庭审查核实裁决有前款规定情形之一的，应当裁定撤销。人民法院认定该裁决违背社会公共利益的，应当裁定撤销。

（五）仲裁裁决执行

《仲裁法》规定，当事人应当履行仲裁裁决。一方当事人不履行的，另一方当事人可以按照民事诉讼法的相关规定向人民法院申请执行，受理申请的人民法院应当执行。

一方当事人申请执行裁决，另一方当事人申请撤销裁决的，人民法院应当裁定中止执行。人民法院裁定撤销裁决的，应当裁定终结执行。撤销裁决的申请裁定驳回的，人民法院应当裁定恢复执行。

第二节 民事诉讼

开篇案例：
2008年6月，飞达汽车配件商店（以下简称"飞达商店"，地址：北京西城区西内南小街58号）与珠海恒昌汽车配件有限公司（以下简称"恒昌公司"，地址：珠海拱北区金山大厦F座）签订了一份书面购销合同。合同规定：由恒昌公司（供方）给飞达商店（需方）提供价值16万元的汽车配件，同时，自合同订立起一个月内由恒昌公司负责将货物由广州火车站发运至北京广安门车站。合同还规定，合同签订后，飞达商店先向恒昌公司给付定金5万元，合同实际履行后，飞达商店将全部货款给付恒昌公司。因恒昌公司违约未按期发运汽车配件，双方购销合同未实际履行，双方发生纠纷。12月13日，飞达商店向其住所地西城区法院提起诉讼，要求被告恒昌公司双倍返还定金10万元，并承担诉讼费用。

依据我国法律规定，请回答：
本案应由哪个法院管辖？

一、民事诉讼的含义

民事诉讼即打官司，是通过国家审判机关的参与解决民事争议的过程。民事诉讼法是规定法院怎样审理案件，当事人和其他诉讼参与人在诉讼过程中有哪些权利和义务的法律，是程序法。

我国的民事诉讼实行的是两审终审制。

二、民事诉讼管辖

人民法院对民商纠纷案件的管辖，是指法院内部对民商案件处理权限的划分。

（一）级别管辖

1. 含义
级别管辖是指一个案件应该由哪一级法院受理。
2. 级别管辖的有关规定
（1）基层人民法院管辖第一审民事纠纷案件。
（2）中级人民法院管辖重大涉外民商纠纷案件及在本辖区有重大影响的案件。
（3）高级人民法院管辖在本辖区有重大影响的案件。
（4）最高人民法院管辖在全国有重大影响的案件等。

（二）地域管辖

1. 含义
地域管辖是指一个案件应该由哪个地方的法院受理。

2. 有关地域管辖的规定

（1）因合同纠纷提起的诉讼，由被告住所地或者合同履行地人民法院管辖。合同的双方当事人可以在书面合同中协议选择被告住所地、合同履行地、合同签订地、原告住所地、标的物所在地人民法院管辖，但不得违反法律对级别管辖和专属管辖的规定。

（2）因侵权行为提起的诉讼，由侵权行为地或者被告住所地人民法院管辖。

（3）因不动产纠纷提起的诉讼，由不动产所在地人民法院管辖。

（三）指定管辖

（1）有管辖权的人民法院由于特殊原因，不能行使管辖权的，由上级人民法院指定管辖。

（2）管辖权发生争议时，由争议双方协商解决；协商解决不了的，报请它们的共同上级人民法院指定管辖。

（四）移送管辖

人民法院受理民事纠纷案件后发现不属自己管辖时，应当移送有管辖权的人民法院。

三、审判程序

民事诉讼法所规定的审判程序包括一审程序和二审程序，一审程序又有普通程序和简易程序。二审只有普通程序，没有简易程序。

（一）第一审简易程序

简易程序是简化了的普通程序，是基层人民法院及其派出法庭审理简单的民事案件所运用的一种独立的简便易行的诉讼程序。根据《最高人民法院关于适用简易程序审理民事案件的若干规定》，基层人民法院适用简易程序审理简单的民事案件一般是指那些事实清楚、情节简单、争议不大、影响较小的案件。

（二）第一审普通程序

第一审程序是指人民法院审理第一审民事案件、经济案件所适用的程序。普通程序是指人民法院审理第一审民事案件、经济纠纷案件通常适用的程序。普通程序是诉讼程序中的基础程序。

1. 起诉与受理

（1）起诉。

起诉是审判程序发生的根据，起诉应当符合以下条件：

其一，原告是与本案有直接利害关系的个人、企事业单位、机关、团体。

其二，有明确的被告、具体的诉讼请求和事实根据。

其三，属于人民法院的主管范围和受诉人民法院管辖。

起诉应向人民法院提交起诉状，并按被告人数提交起诉状副本。起诉状应当载明以下事项：当事人的姓名、性别、年龄、民族、籍贯、职业、工作单位和住址，企事业单位、机关、团体的名称、所在地和法定代表人的姓名和职务，诉讼请求及所根据的事实和理由，证据和证据来源，证人姓名和住址。

（2）受理。

人民法院接受起诉状后，应当及时查明起诉状是否符合以上条件，还要查明是否超过诉讼时效。符合条件的，应当在接到起诉状之日起 7 日内立案；不符合条件的，应当在 7 日内通知原告不予受理，并说明理由。人民法院对起诉进行审查，符合起诉条件的，必须受理。

对下列起诉，分别情形，予以处理：

1）依照行政诉讼法的规定，属于行政诉讼受案范围的，告知原告提起行政诉讼。

2）依照法律规定，双方当事人对合同纠纷自愿达成书面仲裁协议向仲裁机构申请仲裁、不得向人民法院起诉的，告知原告向仲裁机构申请仲裁。

3）依照法律规定，应当由其他机关处理的争议，告知原告向有关机关申请解决。

4）对不属于本院管辖的案件，告知原告向有管辖权的人民法院起诉。

5）对判决、裁定已经发生法律效力的案件，当事人又起诉的，告知原告按照申诉处理，但人民法院准许撤诉的裁定除外。

6）依照法律规定，在一定期限内不得起诉的案件，在不得起诉的期限内起诉的，不予受理。

7）判决不准离婚和调解和好的离婚案件，判决、调解维持收养关系的案件，没有新情况、新理由，原告在 6 个月内又起诉的，不予受理。

2. 审理前的准备

人民法院立案之日起 5 日内将起诉状副本发送被告，被告在收到之日起 15 日内提出答辩状。

被告提出答辩状的，人民法院在收到之日起 5 日内将答辩状副本发送原告。

被告不提出答辩状的，不影响人民法院审理。

组成合议庭，并在 3 日内告知当事人。

3. 开庭审理

开庭审理前，书记员应当查明当事人和其他诉讼参与人是否到庭，宣布法庭纪律。

开庭审理时，由审判长核对当事人，宣布案由，宣布审判人员、书记员名单，告知当事人有关的诉讼权利义务，询问当事人是否提出回避申请。

4. 法庭调查

法庭调查的主要任务是核对事实和审查证据。法庭调查按照下列顺序进行：

第一，当事人陈述。

第二，告知证人的权利义务，证人作证，宣读未到庭的证人证言。

第三，出示书证、物证和视听资料。

第四，宣读鉴定结论。

第五，宣读勘验笔录。

5. 法庭辩论

法庭辩论是在审判人员的主持下，当事人就法庭调查已经查明的事实、证据和运用的法律发表意见、互相辩驳的活动。法庭辩论的目的在于使当事人就争议的问题充分阐发自己的主张和证据，以维护自己的民事权益。

法庭辩论按照下列顺序进行：

第一，原告及其诉讼代理人发言；

第二，被告及其诉讼代理人答辩；

第三，第三人及其诉讼代理人发言或者答辩；

第四，互相辩论。

法庭辩论终结，由审判长按照原告、被告、第三人的先后顺序征询各方最后意见。

6. 调解

我国民事诉讼法有调解原则。法院在审理、执行民事案件的过程中可以进行调解。调解实行自愿原则。经法院调解，当事人达成和解协议的，法院制作调解书。调解书送达当事人后生效。

7. 判决

调解不成的，法院应当及时判决。原告经传票传唤，无正当理由拒不到庭的，或者未经法庭许可中途退庭的，可以按撤诉处理；被告反诉的，可以缺席判决；被告经传票传唤，无正当理由拒不到庭的，或者未经法庭许可中途退庭的，可以缺席判决。

（三）第二审程序

1. 上诉

当事人不服地方人民法院第一审判决的，有权在判决书送达之日起15日内向上一级人民法院提起上诉。

当事人不服地方人民法院第一审裁定的，有权在裁定书送达之日起10日内向上一级人民法院提起上诉。

上诉应当递交上诉状。上诉状的内容，应当包括当事人的姓名，法人的名称及其法定代表人的姓名或者其他组织的名称及其主要负责人的姓名；原审人民法院名称、案件的编号和案由；上诉的请求和理由。

上诉状应当通过原审人民法院提出，并按照对方当事人或者代表人的人数提出副本。当事人直接向第二审人民法院上诉的，第二审人民法院应当在5日内将上诉状移交原审人民法院。

2. 二审判决

二审判决是终审判决，不能再上诉。对二审判决不服的，可以提起申诉。但申诉期间不影响判决的执行。

人民法院适用普通程序审理的一审案件，应当在立案之日起6个月内审结。有特殊情况需要延长的，由本院院长批准，可以延长6个月；还需要延长的，报请上级人民法院批准。

上诉案件，应当在第二审立案之日起3个月内审结。有特殊情况需要延长的，由本院院长批准。

人民法院审理对裁定的上诉案件，应当在第二审立案之日起30日内作出终审裁定。

四、审判监督程序

(一) 审判监督程序的概念

审判监督程序是指人民法院发现已经发生法律效力的判决或裁定确有错误,对案件依法重新审理并作出裁判的程序。审判监督程序又叫再审程序。审判监督程序是对已经发生法律效力的错误判决、裁定的再次审理,是为了保证人民法院裁判的正确性与合法性,保护当事人的合法权益,体现实事求是的精神和有错必纠的原则而设立的一种补救制度。

(二) 审判监督程序的提起

根据《民事诉讼法》规定,有权启动审判监督程序的是以下特殊主体:①各级人民法院院长对本院已生效的判决、裁定发现确有错误、认为需要再审的,应当提交审判委员会讨论决定。②最高人民法院对地方各级人民法院已生效的判决、裁定,上级人民法院对下级人民法院已生效的判决、裁定发现确有错误的,有权提审或指令下级人民法院再审。③各级人民检察院对各级人民法院已生效的判决、裁定发现确有错误,可按审判监督程序提出抗诉。对人民检察院提出的抗诉案件,人民法院应当再审。

五、执行程序

执行是指人民法院根据一方当事人的申请或依职权采取法定措施,强制不履行义务的一方当事人履行已经发生法律效力的判决、裁定及其他法律文书的程序。

(一) 执行根据和执行法院

执行根据是指执行所依据的法律文书。它包括:①人民法院发生法律效力的具有给付内容的民事判决、裁定和调解书,以及具有财产执行内容的刑事判决、裁定书。②其他机关制作,依法申请由人民法院执行的法律文书,如仲裁机关的生效裁决书、调解书。③公证机关依法赋予强制执行的已经确定的裁判,我国法院经审查决定承认外国法院裁判效力的裁定书。发生法律效力的民事判决、裁定,以及刑事判决、裁定中的财产部分,由第一审人民法院执行。

(二) 执行措施

执行员在接到申请执行书或者移交执行书,应当通知被执行人在指定的期限内履行。逾期不履行的,强制执行。执行的措施有:扣留、提取储蓄存款或者劳动收入;经人民法院院长批准,查封、扣押、冻结、变卖被执行人的财产;强制交付财产或者票证;由人民法院院长签发公告,强制迁出房屋或者退出土地;强制执行法律文书指定的行为;向银行、信用合作社签发协助执行通知书,并附有关裁判文书副本。强制迁房或退出土地时,应当通知被执行人或成年家属到场;拒不到场的,不影响执行。被执行的工作单位和房屋,土地所在地基层组织应当派员参加。

(三) 申请执行的期限

申请执行的期限,双方或者一方当事人是公民的为 1 年,双方是法人或者其他组织的为 6 个月,从法律文书规定履行期间的最后一日起计算;法律文书规定分期履行的,从规定的每次履行期间的最后一日起计算。

参考文献

[1] 陈祖德．经济法教程［M］．杭州：浙江大学出版社，2018.
[2] 财政部会计资格评价中心．初级会计实务［M］．北京：中国财政经济出版社，2015.
[3] 葛书环．经济法［M］．镇江：江苏大学出版社，2020.
[4] 张新莉．经济法基础［M］．上海：上海交通大学出版社，2019.
[5] 喻晓文．经济法教程［M］．北京：北京理工大学出版社，2011.
[6] 黄娟．新编经济法教程［M］．北京：经济科学出版社，2016.
[7] 财政部．企业会计准则——应用指南［M］．北京：中国财政经济出版社，2006.
[8] 顾功耘．经济法教程［M］．上海：上海人民大学出版社，2013.
[9] 罗安成．新编经济法教程［M］．北京：北京大学出版社，2016.
[10] 王宾容．新编经济法教程［M］．北京：科学出版社，2018.
[11] 殷洁．经济法［M］．北京：法律出版社，2016.